EL ORO DE AMÉRICA

CLÍO

CRÓNICAS DE LA HISTORIA

Carlos Canales Torres
Miguel del Rey Vicente

EL ORO DE AMÉRICA

Galeones, flotas y piratas

www.edaf.net

MADRID - MÉXICO - BUENOS AIRES - SAN JUAN - SANTIAGO
2016

El oro de América
© 2016. Carlos Canales Torres y Miguel del Rey Vicente
© 2016. De esta edición, Editorial EDAF, S. L. U.
© Diseño de la cubierta: Ricardo Sánchez

Editorial EDAF, S. L. U.
Jorge Juan, 68. 28009 Madrid
Tel. (34) 91 435 82 60
http://www.edaf.net
edaf@edaf.net

Algaba Ediciones, S. A. de C. V.
Calle 21, Poniente 3323, entre la 33 Sur y
la 35 Sur
Colonia Belisario Domínguez
Puebla 72180. México
522222111387
jaimebreton@edaf.com.mx

EDAF del Plata, S. A.
Chile, 2222
1227 Buenos Aires, Argentina
11 43 08 52 22
edaf4@speedy.com.ar

EDAF Chile, S. A.
Coyancura, 2270 Oficina, 914
Providencia, Santiago de Chile
Tel (56) 2/335 75 11 - (56) 2/334 84 17
Fax (56) 2/ 231 13 97
e-mail: comercialedafchile@edafchile.cl

EDAF Antillas, Inc/FORSA
Local 30 A-2
Zona Portuaria Puerto Nuevo
San Juan PR 00920
Tel. (787) 707-1792 - Fax (787) 707 17 97
e-mail: carlos@forsapr.com

Primera edición: Mayo 2016

ISBN: 978-84-414-3655-8
Depósito legal: M-12887-2016

IMPRESO EN ESPAÑA — PRINTED IN SPAIN

Gráficas Cofás, Pol. Ind. Prado Regordoño, Móstoles (Madrid)

ÍNDICE

INTERMEDIO

EL AMANECER RESULTÓ ALGO MÁS DESPEJADO que el crepúsculo, pero no mucho. El viento soplaba favorable y prometedor. Se mantenía, firme y frío, del Noroeste. Las gotas de lluvia, al mezclarse con la espuma que volaba en todas direcciones hacían brillar la cubierta y las jarcias como cristal pulido.

En cada uno de los mástiles, ágiles gavieros trepaban a las vergas para pelear con la lona en lo alto del aparejo, al tiempo que intentaban no perder el equilibrio en aquella superficie tambaleante, muchos metros por encima de la seguridad de la cubierta. Mientras, otros hombres, experimentados y fuertes, trabajaban sin descanso en las drizas y brazas. A medida que se sucedían los gritos de atención y las órdenes, algunos grupos de marineros surgieron por las escotillas y se desparramaron sobre la media cubierta.

En escasos segundos, las rápidas figuras de marinos, mozos y soldados, estos con sus correajes de cuero que les cruzaban el pecho, se reunieron en formaciones compactas bajo el mando de sus correspondientes sargentos. Costaba creer que ese casco de oscura madera, con sus poco más de doscientos pies de eslora que se prolongaban desde el mascarón de proa al espejo de popa, pudiese dar cabida a tantos cuerpos.

El buque prosiguió su giro hasta ofrecer la aleta al viento. Al mismo tiempo, pivotaron las vergas y, enseguida, las velas, totalmente liberadas, se fueron llenando una a una. El casco cabeceó con fuerza, hundió la amura en una masa de espuma y levantó una estela blanca que arrastró bajo el agua las portas de los cañones de sotavento.

El capitán cruzó la cubierta, oteó de nuevo la lejanía por encima de la batayola y se agarró con fuerza a la borda de barlovento para mantener el equilibrio. Las pirámides de velas que se alzaban sobre él no dejaban de impresionarlo, a pesar de hallarse ya muy habituado a ellas. Especialmente —pensó—, tras la continua frustración y el penoso esfuerzo que habían supuesto los cuatro últimos días de navegación, sin apenas poderse desplazar más que unas millas.

Un día entero les había costado alcanzar el cabo, rodear sus bajíos y llevar el buque al resguardo de unas aguas más profundas. Ahora, sin embargo, el viento bramaba entre las jarcias con gritos salvajes y seguro que podrían alcanzar con facilidad cinco y hasta seis nudos. Lo ideal para mantener el rumbo lo más próximo al Norte y poder maniobrar si se acercaba más su perseguidor.

Recorrió con la mirada la escasa superficie de su reino particular. Los hombres, algunos sentados, otros de pie, esperaban el primer rancho. No iba a variar mucho respecto a mañanas anteriores: una mezcla de buey salado arrancado de los barriles de salmuera, mezclado con la clásica galleta en diversos estados de dureza. Lo justo para llenarles el estómago, pero no se quejaban.

Se volvió a sotavento haciendo visera con la mano para evitar un mínimo reflejo. Allí estaba. Les seguía a la espera de un golpe de suerte desde que se habían descolgado del resto de la flota.

—¡Atención, cubierta!

Era la voz del vigía apostado en lo alto del palo mayor. Una silueta enana proyectada sobre la pantalla de nubarrones. Él también había visto como navegaba detrás de su estela.

—¡Una vela —gritó—, por el través de barlovento, señor!

Costaba distinguir la línea de horizonte que dividía el cielo y el océano, cuya superficie parecía un desierto. Las olas llegaban separadas, en filas paralelas y alzaban sus crestas contra la rechoncha aleta del galeón, escorándolo y, en ocasiones, saltando por encima del trancanil de barlovento antes de alejarse ondulantes, en la dirección del horizonte opuesto. Los masteleros del barco enemigo sobresalían por encima del lomo de cada una de ellas. Era como si el resto del buque se lo tragase el mar.

Pero solo lo parecía. Sin duda se trataba de una embarcación mucho más ágil y marinera y, con ese viento, no le llevaría más de tres o cuatro horas, cinco a lo sumo, darles alcance. Él lo sabía, y buena parte de sus hombres también. Solo restaba esperar, encomendarse a la providencia y, llegado el momento, comenzar el baile. Como habían hecho tantas veces.

No se equivocó. Apenas le había dado el paje la sexta vuelta al reloj de arena de 45 minutos, cuando ordenó zafarrancho. Estaba a tiro, y todas las oportunidades eran pocas si se quería salvar la jornada con escasas bajas y los mínimos inconvenientes.

El casco se sacudió como si fuera a desencajarse cuando los grandes cañones de 30 libras de la cubierta alta soltaron su andanada, seguida por los de la batería baja. Era curioso que, aunque ya todos lo esperaban, el ensordecedor estampido del fuego artillero superara siempre cualquier previsión. El estruendo parecía no terminar nunca a medida que cada uno de los cañones retrocedía hacia el centro de la cubierta y tiraba de sus bragueros.

La densa humareda, empujada a sotavento por la brisa, voló en la dirección del navío enemigo. El agua que le rodeaba se veía surcada por una colección de plumas blancas. Había braceado al máximo sus vergas para acortar la distancia y se dirigía hacia ellos en rumbo convergente. Era imposible todavía descubrir si había sido alcanzado, aunque una andanada tan cerrada bien podía haber hallado algún blanco.

El enemigo no tardo en abrir fuego a su vez. Tuvo suerte o fue especialmente certero. Una bala perdida desgarró la gavia del mayor que comenzó a romperse de arriba abajo ayudada por el viento. Era una estrategia habitual, intentar paralizar al adversario antes que nada. Una vez inutilizado su aparejo, e imposibilitada su dotación para gobernar el casco, era más fácil castigar su alcázar con mortíferas descargas de artillería. Así, un bombardeo preciso que alcanzase al navío por el espejo y la toldilla, podía convertir el interior del buque en un auténtico matadero.

También en su caso se apreciaban señales de los daños recibidos. Varios orificios perforaban sus velas y, en el pasamanos de babor, en el lugar donde, sin duda, había impactado de forma directa una de las balas, se veía claramente un salvaje tajo.

Ambos buques cobraron velocidad y se aproximaron peligrosamente. Ya solo les separaba algo menos de media milla.

De nuevo brotó una humareda seguida por el peculiar sonido de las mortíferas balas encadenadas destinadas a partir alguno de los palos. Su aullido cortó el aliento a más de uno de los hombres que se esforzaban junto a los cañones. Un proyectil gimió por encima de ellos, atravesó la castigada gavia del mayor, e hizo caer a un marinero desde la verga, sobre cubierta. Allí quedó tendido sobre un charco de resbaladiza sangre que empapaba la madera, con la cabeza rota y los brazos estirados, como si estuviera crucificado, hasta que sus compañeros pudieron acudir en su ayuda.

El botalón de foque del buque corsario estaba ya a la altura de los ventanales de la aleta. Mientras continuaba su avance, el capitán vio disparar a los hombres de las cofas con la intención de abatir a cualquiera que pareciera ejercer algún mando. Una andanada de los falconetes giratorios de popa repartieron su carga de metralla, barrieron el parapeto de madera de la cofa del trinquete rival y consiguieron hacer saltar por los aires a los tiradores, como a pájaros de una rama.

Los tres primeros cañones del costado enemigo escupieron de nuevo sus lenguas de fuego y todos sintieron como las balas aporreaban el barco. Una tras otra se incrustaron en la madera o entraron por las portas y provocaron una salvaje carnicería en la cubierta inferior.

Se estremeció cuando una de los proyectiles aplastó a un grupo de hombres que llevaban a un compañero herido hacia la escotilla principal, para ponerlo en la mesa del cirujano. Brazos y piernas volaron por los aires en un confuso y violento amasijo sanguinolento. Cerca de las escaleras distinguió perfectamente como caían dos manos arrancadas de cuajo, que extendieron velozmente sobre la cubierta otro reguero de sangre densa y oscura.

El humo le impidió ver al buque al que se enfrentaba. Solo pudo oír el retumbar de otra andanada, pronto igualada por el siniestro crujido de las balas de hierro que golpeaban con un lúgubre repiqueteo sobre el costado y las cubiertas superiores.

—¡Ahora!— le gritó al timonel mientras ayudaba con su propio peso a que la rueda, que ya chirriaba por el esfuerzo, girara lo más fácilmente posible ¡Todo el timón a estribor!

—¡Virad! Aulló ¡Con fuerza! ¡Más!

El buque enemigo comenzó a quedar a su costado, a pocos metros de distancia. Sus cañones se preparaban para disparar otra vez, sin que desapareciera el humo de la anterior descarga. Mientras, en la toldilla, decenas de vociferantes rostros sudorosos bramaban y agitaban en el aire las armas, dispuestos a conseguir la fabulosa presa cargada de oro y plata que los convertiría en pocos instantes, de por vida, en hombres prósperos y acaudalados.

El impulso de la virada dejó la machacada popa del galeón casi fuera de la línea de fuego de su atacante. A cambio, el buque corsario quedó al alcance de los artilleros españoles que esperaban su oportunidad con el odio reflejado en sus ojos. La descarga fue brutal. Inenarrable. Alcanzado de pleno por la lluvia de hierro, el navío se estremeció como un animal moribundo.

Tambaleante y sin control, chocó su popa con el galeón. Mientras los barcos se golpeaban, los cañones volvieron a abrir fuego. Desgarradores aullidos de dolor, como un tremendo apoteosis final, se mezclaron con el acre humo que lo impregnaba todo.

Tras un momento que se hizo eterno, un trozo de abordaje armado hasta los dientes apareció en cubierta, de proa a popa, y en los ventanales del castillo. Se lanzaron a cruzar el mínimo espacio que separaba ambos buques de forma salvaje, como enloquecidos.

Un ayudante del contramaestre cayó muerto de un disparo de pistola antes de que ni siquiera pudiera saltar. El marinero holandés que sostenía en la mano el arma todavía humeante soltó un alarido cuando un sablazo le derribó de un tajo brutal que dejó su brazo medio colgando.

El combate cuerpo a cuerpo se hizo general y todo se olvidó en una sangrienta lucha sin cuartel en la que nadie pensaba en dejar supervivientes.

Cuando el humo se retiró en pequeños remolinos, vio desde el alcázar a ambos buques aferrados por el costado con arpeos de abordaje que podían haber sido lanzados por cualquiera de las dos dotaciones. Junto a ellos, cuerpos y sables se movían bruscamente, en una danza macabra de pasos titubeantes. Ensordecido por los gritos, los feroces insultos y el entrechocar del metal, se relajó. Estaba completamente seguro, por la furibunda determinación que había llevado a sus hombres casi a un estado de locura, que la resistencia de los corsarios sería inútil.

INTRODUCCIÓN

Hollywood miente. Es hora de decirlo a las claras, sin paños calientes. A pesar de lo que cuentan las crónicas anglosajonas y los relatos novelados de sus aventuras navales —enormemente exageradas en beneficio propio—, los fenómenos meteorológicos, más que los piratas o los buques de las naciones con las que se mantenían conflictos, fueron los auténticos enemigos de los buques cargados de tesoros que cubrían la Carrera de Indias, la extraordinaria ruta marítima que unía los territorios de la monarquía a través del océano Atlántico.

En 1493 regresó a la Península la expedición capitaneada por Cristóbal Colón, que anunció el descubrimiento de nuevas islas hacia las Indias. Lo recibieron de inmediato sus patrocinadores, Isabel I y Fernando V, los reyes de Castilla y Aragón, que le sugirieron realizar un nuevo viaje para continuar con la exploración y estudiar la posibilidad de asentar una colonia. Por supuesto, también lo financiaron, interesados en expandir el prestigio y poder de la Corona, pero sobre todo, con la intención de conseguir nuevas rutas de comercio, fuera del control y la influencia portuguesa, que permitieran obtener tanto cualquier fuente de ingresos, como especias1 y oro.

Colón, que contaba para este segundo viaje con más y mejores medios —5 naos, 12 carabelas y unos 1500 hombres—, no había encontrado hasta entonces especias, pero sí oro. Se lo entregó en la isla de La Española el cacique local Guacanagari a cambio de que sus hombres y sus armas le protegieran de los indios caníbales que dirigía un líder rival, Caonabo.

Así empezó todo, con los castellanos de isla en isla, hasta pisar el continente, dirigidos por guías locales que siempre les aseguraban que había vetas de oro realmente cerca.

La expansión española en ese nuevo mundo descubierto por Colón fue rápida. A finales del siglo XVI, transcurridos apenas cien años, las florecientes ciudades de México, Lima y Potosí, a la sombra de ricas minas de metales preciosos, tenían más habitantes que las más grandes de la Península. A los colonizadores les otorgaron tierras de cultivo para exportar sus productos al continente europeo, pero a la Corona lo que más le importó siempre fueron las riquezas de oro y plata extraídas en el continente, imprescindibles para mantener su política de expansión y el crecimiento continuo del reino. Principalmente esas fueron las razones por las que se decidió controlar con mano férrea el comercio con América y seguir un sistema bien organizado de comunicaciones.

---

[1]   Ver nuestra obra *Naves negras, la ruta de las especias*. EDAF, 2015.

Desde 1561 y hasta 1748, para evitar los peligros de la navegación en solitario, pero sobre todo, para controlar los productos que se hacinaban en las bodegas y el pago de impuestos, partieron de la Península dos flotas anuales. Los barcos llevaban suministros a los colonos y luego se llenaban de plata, oro, mercancías y productos agrícolas para el viaje de regreso a España.

Eran barcos del Rey, llenos de riquezas de la Corona y de particulares, por lo que su pérdida era una cuestión de Estado. Lo cierto es que, pese a su número, no hubo demasiados naufragios ni capturas si tenemos en cuenta que cada año, durante dos siglos y medio, atravesaban el océano convoyes de una docena o más de galeones sobrecargados, que navegaban por estima y no disponían de más previsiones meteorológicas que la experiencia. Por eso mismo, por pura necesidad, los avatares de un naufragio, los testimonios de los supervivientes, las posiciones de los buques, las circunstancias de un ataque o el manifiesto de carga aparecen siempre cuidadosamente anotados por los escribanos al servicio del reino.

Las flotas zarpaban de Cádiz a primeros de año y seguían aproximadamente la ruta de Colón. A la llegada al Caribe, se separaban. La flota de Nueva España continuaba para Veracruz, México, y la de Tierra Firme para Portobelo, Panamá. Allí se descargaban las bodegas de mercancías europeas, para volver a llenarse con el oro, la plata y los productos de América, a los que había que sumar los obtenidos en Asia. Porque no hemos de olvidar que al hablar de las Indias también debemos incluir a las Filipinas, que gracias al viaje realizado en 1572 por Miguel López de Legazpi se conectaron con la costa occidental de Nueva España a través del océano Pacífico. Esa travesía, que para su regreso debía tomar como puente a los vientos alisios del oeste, sentaría durante siglos las bases del Galeón de Manila, que conectaba Acapulco con la ciudad asiática y ampliaba el monopolio comercial de la corona española hasta el lejano Oriente.

Todos los buques de la Carrera, se reunían en La Habana. Desde allí navegaban con la corriente del Golfo a favor, a lo largo de la costa de Florida, hasta que cogían la ruta de la Península.

Es ese épico viaje, vital durante más de dos siglos para los intereses españoles, en el que nos embarcaremos durante las páginas siguientes. Veremos cómo las flotas tuvieron que plantar cara a peligros y obstáculos de toda índole, pero estamos seguros que el lector, como nosotros, llegará a la conclusión que el más temible al que debieron enfrentarse durante meses aquellos navegantes, sus tripulaciones y su pasaje, fueron las incontrolables fuerzas de la naturaleza y el inmenso y oscuro mar.

Miami / Madrid, 2016.

1.ª PARTE

Producción

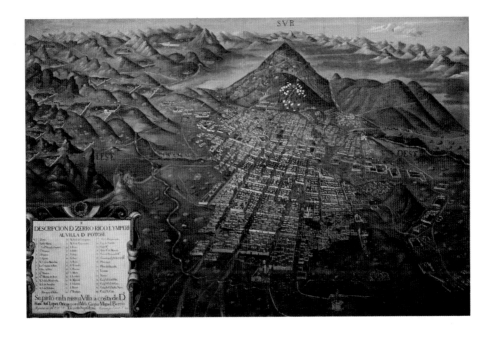

Descripción del Cerro Rico e Imperial Villa de Potosí, obra de Gaspar Miguel de Berrío realizada en 1758. *Una perspectiva a ojo de pájaro de Potosí, en el siglo XVI la ciudad más rica e importante de hispanoamérica y, hasta su decadencia en el siglo XVIII, el centro mundial de producción de plata. Fue una de las primeras ciudades industriales que explotaron los recursos naturales del entorno, configurada para sus habitantes según estrictas separaciones de clase.* Museo Colonial Charcas, Sucre.

Después que el sabio rey Salomón fabricó y mandó hacer el santo templo de Jerusalén con el oro y plata que le trajeron de las islas de Tarsis y Ofir, en Saba, no se ha oído en ninguna escritura antigua que más oro y plata y riquezas hayan ido cotidianamente a Castilla que de estas tierras.

Historia verdadera de la conquista de Nueva España
Bernal Díaz del Castillo

1.1 Tierra de mitos

Es indiscutible que mucho antes de la llegada de los españoles, los pueblos del continente recién descubierto conocían el uso de muchos minerales de los que se obtenían metales. Además, no se contentaban con los que se encontraban en su estado natural en la superficie de la tierra, en los lechos de los ríos o en las barrancas formadas por los torrentes, sino que emprendían obras subterráneas para obtener sus vetas.

Los pueblos aztecas, por ejemplo, extraían el plomo y el estaño de las vetas de Tasco, al Norte de Chilpancingo, y de Ixmiquilpan; y el cinabrio, que servía de colorante a los pintores, de las minas de Chilapan. El cobre, sin embargo, que era el metal que utilizaban de forma más común en las herramientas y reemplazaba hasta cierto punto al hierro y al acero lo extraían de las montañas de Zacatollan y Cohuixco. Con él y con obsidiana, se hacían las armas, las hachas, los cuchillos y la mayoría de utensilios.

No hay duda de que las hachas y otros objetos mexicanos eran casi tan cortantes como los de acero; pero su dureza se debía a la mezcla con estaño, y no a su temple. No hay forma de saber si se debía a que en algunas vetas se hallaban reunidos ambos metales, o si también sabían alear metales y buscaron realizar una proporción constante, hasta conseguir el resultado deseado.

Estos mismos pueblos precolombinos ya pagaban por entonces sus tributos a los dioses o a sus caciques de dos maneras: o bien reunían en sacos de cuero o en canastillas de junco las pepitas de oro que obtenían, o fundían los metales preciosos en barras. En ambos casos el destino final de las ofrendas era prácticamente el mismo: la orfebrería, en la que habían alcanzado un alto grado de desarrollo.

En todas sus grandes ciudades se fabricaban adornos, joyas, objetos de culto, vasos y enseres de oro y plata, aunque esta última no la estimasen tanto.

También se empleaban algunos metales preciosos como moneda, luego conocían su valor. En el gran mercado azteca de Tenochtitlan se compraban géneros de toda especie cambiándolos por oro en polvo contenido en cañones de plumas de aves. Era imposible que los europeos recién llegados, para los que el éxito y el bienestar iban indivisiblemente unidos al dinero y las riquezas, no fueran esclavos de su codicia desde el momento en que todos esos tesoros se desplegaron ante sus ojos.

La búsqueda del oro y los metales preciosos fueron durante los primeros años el incentivo principal para abrirse paso en vastas áreas de América muchas veces hostiles, tanto por sus pobladores como por sus características geográficas. Ese, el valor de las abrumadoras fortunas que se obtenían, y no otro, fue el origen de la fundación de muchas villas y ciudades. Lugares incluso donde vivir era difícil, en los que, a expensas de la minería, se potenciaron o crearon directamente en zonas próxima otros desarrollos, como el agrícola o el ganadero, imprescindibles para su subsistencia.

El mayor incremento de las explotaciones auríferas se alcanzó en la década de 1530, con los trabajos sistemáticos que se llevaron a cabo en las minas mexicanas de Tehuantepec y Oaxaca. Muchas veces mediante la violencia y el trato vejatorio hacia los trabajadores. El oro extraído, en polvo, pepitas, o bajo forma de cuarzo aurífero, se trabajaba de diversas formas hasta conseguir una masa llamada jagua, luego se trataba por amalgama para su destilación y fundición, o bien, en el caso de rocas auríferas, se trituraban mediante molinos hidráulicos para lavarlas posteriormente.

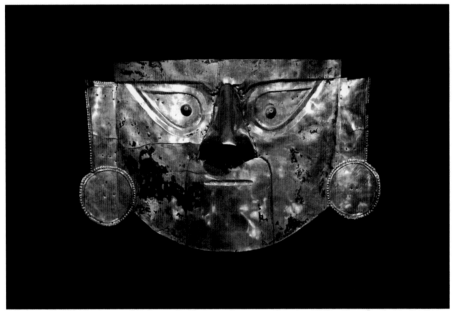

Máscara mortuoria en oro del Señor de Sipán, gobernante de una civilización anterior a los incas. Piezas similares a esta llenaban los fardos de los conquistadores y hacían volar su imaginación. Museo Nacional de Arqueología y Etnografía Hans Heinrich Brüning. Lambayeque, Perú.

Todo fue bien hasta que la producción de estas primeras minas comenzó a disminuir por el agotamiento de las vetas. A partir de ese momento, el principal incentivo para nuevas expediciones fue localizar otros yacimientos. Cuanto más grandes y ricos, mejor.

Ahí entró en juego una nueva faceta de la aventura americana que supuso también la exploración de nuevos territorios, la de la ilusión, el engaño y los espejismos. La de un mundo irreal e imaginario, que mantuvo en constante actividad a los españoles e hizo posible su extraordinaria resistencia a las adversidades, ante la perspectiva de un sueño al alcance de la mano, pero que muy pocos lograrían conseguir.

La gran mayoría de los conquistadores que llegaron a América no eran cultos, no nos vamos a engañar. Por eso prendió en ellos fácilmente la superstición, recogieron toda clase de leyendas y creyeron —a pesar de los continuos engaños de los indios—, que iban a encontrar los fabulosos tesoros de los que les hablaban. Una obsesión que incluso dio nombre a gran número de las regiones exploradas: Castilla de Oro, Río de la Plata, Puerto Rico o Costa Rica no son más que una muestra de esa toponimia de la avaricia.

Mapa con la supuesta localización de la mítica ciudad de Paititi, el lugar en el que se pensaba que o bien se había creado un rico imperio en secreto, o que el inca Atahualpa había escondido un fabuloso tesoro de oro y plata antes de su muerte, para no tener que entregárselo a los españoles.

La ambición hizo delirar a los conquistadores con tesoros fantásticos, y a medida que la realidad confirmó y superó a cada paso sus primeras ilusiones, para llenar sus bolsillos de oro, perlas y piedras preciosas, comenzaron a no maravillarse ya de nada y a creer las suposiciones más absurdas.

Desde buscar ciudades quiméricas con templos de oro y palacios de plata, o príncipes misteriosos que cubrían sus cuerpos de oro y lo despreciaban por su abundancia, hasta intentar localizar ríos y lagos en los que la más fantástica riqueza solo esperaba la llegada del primer poseedor. Fue la época del «hombre de oro», buscado por las selvas de un Amazonas ni siquiera descubierto; de la

«Casa del Sol», colocada por la imaginación de los exploradores en las mesetas de los Andes; del riquísimo Imperio Omagua, a quien se creía más fastuoso que el recién descubierto de los Incas; del lago Parimé, con cordilleras de montañas de plata, ilusión que duró hasta que Humboldt, en el siglo XIX, lo identificó con el río Orinoco; de las tribus de oro del Meta, buscadas por toda la región ecuatorial; de las fabulosas ciudades de Paititi, Manoa y Enim; de las no menos fantásticas de Cíbola y Quivira; de Jauja, o del país de la canela, ruta segura hacia riquísimos territorios auríferos. Hasta las regiones de la actual Argentina, las más alejadas de los primitivos lugares legendarios, sufrieron la influencia de esos mitos, y se habló en ellas del «Rey Blanco», poderoso señor de dilatados y ubérrimos territorios, o de la «Ciudad de los Césares», encantada, remota y llena de riquezas.

Entre aquella gente que desde que abandonaba la Península vivía en una continua exaltación de la fantasía de una manera que a nosotros hoy nos resulta inimaginable, nunca faltaba alguien que afirmase haber visto tales maravillas. Y tan íntimamente se mezclaba lo falso con lo verdadero que la comprobación de un detalle exacto hacía verosímil todo lo imaginario.

1.1.1 Cíbola y Quivira. Las quimeras de Coronado

EN 1530, el presidente de la Audiencia de México, Nuño Beltrán de Guzmán, capturó a un indio llamado Tejo, nativo del valle de Oxitipar. Le aseguró que su padre comerciaba con las tribus del interior y, de niño, le había acompañado en sus viajes. Había visto grandes poblaciones con altos edificios, repletas de oro y plata. Era posible llegar a ellas en cuarenta días, lo que equivalía a unas 200 leguas a través del desierto, si se seguía una ruta siempre hacia el Norte.

Esos informes despertaron la codicia y las ansias conquistadoras de Guzmán, que abandonó sus funciones meramente burocráticas en la Audiencia y se puso al frente de una fuerza de 400 españoles y 20 000 indios aliados que partieron de Ciudad de México.

La expedición llegó a Tarasca, en la provincia de Michoacán, y avanzó hasta una región que, según Tejo, había que cruzar para llegar al país que albergaba las riquezas prometidas, pero el cálculo del ambicioso Nuño de Guzmán resultó erróneo. Aunque conquistó un extenso territorio que bautizó como Reino de la Nueva Galicia —los actuales estados mexicanos de Sinaloa, Jalisco, Aguascalientes, Zacatecas y parte de San Luis Potosí—, y lo declaró provincia del virreinato de Nueva España, no encontró las ambicionadas riquezas. Enfrentados a una cadena montañosa infranqueable —la Sierra Madre Occidental— los expedicionarios se vieron obligados a detenerse en Culiacán.

Pronto cundió el desánimo, y más aún cuando Nuño se enteró de que Hernán Cortés, con el que mantenía una gran rivalidad, había regresado de España, donde Carlos I lo había colmado de honores y le había otorgado poderes extraordinarios. La noticia le hizo regresar a la capital novohispana. Tejo falleció y la búsqueda de aquellas fabulosas y ricas ciudades quedó interrumpida.

Los años pasaron, Nuño de Guzmán fue acusado de crueldad y despotismo, detenido, enviado a España y encarcelado[2]. Para dirigir los asuntos de México, la corona nombró un virrey, Antonio de Mendoza y Pacheco, un experimentado diplomático, militar y político con más de 40 años de experiencia. En su séquito, como hombre de confianza, viajaba un joven salmantino de apenas 25 años de edad, hijo segundón de familia hidalga, que había ascendido rápidamente en la corte gracias a su matrimonio[3]: Francisco Vázquez de Coronado.

Apenas llevaba el virrey unos meses en Nueva España cuando, en marzo de 1536, llegaron a México los supervivientes de la fracasada empresa de Pánfilo de Narváez en las costas de Florida. Eran Álvar Núñez Cabeza de Vaca y tres compañeros, que llegaron primero a Culiacán y después a Ciudad de México tras atravesar, desde Florida, todo el sur de Texas y parte del actual estado norteamericano de Nuevo México, bordeando toda la costa del Golfo de México.

Informaron con detalle a Mendoza de su largo y angustioso viaje, y le mencionaron que habían escuchado hablar a los indios de ricas ciudades, con casas altas, situadas en alguno de los países que habían recorrido, aunque ellos —le dijeron—, no habían podido verlas. El virrey, impresionado por sus historias, decidió preparar y enviar hacia el Norte una reducida expedición, poco costosa, que confirmara los datos recogidos por Cabeza de Vaca. Nombró para organizarla a Coronado, designado para el puesto de gobernador de Nueva Galicia, y la formaron el «Negro» Esteban —Estebanico, un antiguo esclavo árabe de raza negra que había llegado con Álvar Núñez— y tres frailes franciscanos deseosos de acción misionera: fray Marcos de Niza —natural de esa provincia, que entonces formaba parte del ducado de Saboya, aliado del emperador Carlos V—, fray Honorato y fray Antonio de Santa María, acompañados de algunos indios mexicanos cristianizados.

---

[2] Falleció en prisión en 1544, en el castillo de Torrejón de Velasco.
[3] Nacido en 1510 era hijo de Juan Vázquez de Coronado y Sosa de Ulloa e Isabel de Luján, dama de la reina Isabel la Católica. Estaba casado con Beatriz de Estrada, hija del influyente Alonso de Estrada, tesorero de Nueva España, de quien se decía que era hijo ilegítimo del rey Fernando el Católico.

Los franciscanos de Nueva España, como el fraile Marcos, que había acompañado a Pizarro en Perú, eran hombres movidos por un genuino afán evangelizador que contribuyeron mucho a ampliar los límites de la aventura americana. Su impaciencia misionera les hacía alentar continuamente nuevas empresas conquistadoras, pero no les estaba permitido actuar por su cuenta, ni viajar sin permiso del virrey y sin protección armada por territorio indio.

Antonio de Mendoza y Pacheco, caballero de Santiago. Nacido en Jaén en 1490, su experiencia diplomática en la capitanía general de Granada y su proximidad a Carlos I lo llevó a ser elegido en 1535 como primer virrey de Nueva España. Su ferviente interés en encontrar Cíbola solo puede explicarse desde el halo religioso que rodeaba la leyenda de las siete ciudades. Obra anónima. Museo Nacional de Historia. México D.F.

El pequeño grupo explorador, cuyo verdadero objetivo era encontrar las míticas ciudades, partió de Culiacán en marzo de 1539. Pronto surgieron las desavenencias entre los frailes y Estebanico, ya que este parecía solo interesado en engrosar su bolsa con las abundantes turquesas que se encontraban en la región y apoderarse de cuantas mujeres indias se pusieran a su alcance, con las que llegó a formar una especie de gran harén nómada. En ambos casos, intenciones muy diferentes de las espirituales que motivaban a los frailes.

Cuando el «Negro» escuchó de algunos nativos que existía una magnífica ciudad llamada Cíbola, decidió adelantarse con unos cuantos hombres a los frailes e intentar descubrirla por su cuenta, pensando —como dice el cronista Pedro Castañeda de Nájera— «ganar toda reputación y honra por su atrevimiento en descubrir aquellos poblados» sin saber, de nuevo en palabras de Castañeda, «que pronto, su imprudente osadía y codicia le saldrían caras».

La expedición de Coronado, gobernador de Nueva Galicia, en busca de las míticas siete ciudades de Cíbola. Obra de Frederick Remington realizada entre 1890 y 1900. Colección particular.

Confiado en que podía atravesar aquel territorio sin peligro, Estebanico se alejó tanto de los frailes que, cuando estos, tras caminar por tierras de la actual Arizona, llegaron a Chichilticalli, en los lindes del desierto, él estaba ya 80 leguas más lejos, en la aldea india zuñi de Háwikuk, donde le ofrecieron alojamiento. Recelosos, los indios le preguntaron durante tres días por las razones de su viaje. Él se anunció como adelantado de un gran señor de hombres blancos al que obedecían muchas naciones, pero sus respuestas no los convencieron. Como el «Negro» insistía en exigir turquesas y mujeres, lo consideraron un espía o enviado de alguna nación que los quería saquear y decidieron matarlo. Así lo hicieron, aunque dejaron en libertad a casi todos los que iban con él, que emprendieron la vuelta a través del desierto y se encontraron con los frailes rezagados que iban camino de Cíbola. «Cuando los indios supervivientes —relata Castañeda— contaron a los frailes lo que le había ocurrido a Esteban, estos se asustaron y emprendieron el regreso a México a marchas forzadas, sin tener de Cíbola otra idea que lo que los indios les habían contado». La apresurada vuelta debieron de hacerla por el valle de Sonora hasta San Miguel de Culiacán y Compostela.

Quizás para provocar el envío de una gran expedición militar, y a pesar de la escasa información real de que disponía, fray Marcos dijo haber visto con sus propios ojos Cíbola, y se inventó un relato fantástico en el que comparaba a esa ciudad con la de México, y aseguraba que sus gentes «tienen esmeraldas y otras joyas», y usaban vasijas de oro y plata, que eran más abundantes que en Perú. Todo esto hizo suponer a los españoles que tenían a mano la grandiosa riqueza de otro Imperio Inca. Para rematar su fábula, fray Marcos bautizó Cíbola como «el nuevo reino de San Francisco», y dijo haber descubierto las Siete Ciudades, la mayor de las cuales era Tontonteac, donde habitaban los indios Hopi, una de las etnias más antiguas de Norteamérica, procedentes del norte de Arizona.

En el ánimo del virrey Mendoza y de muchos de sus compatriotas, Cíbola se convirtió pronto en una palabra de resonancia mítica, al ser relacionada en el libro de caballerías *Amadís de Gaula*, publicado por primera vez en 1508. Según uno de los relatos incluidos en la obra, siete obispos huyeron de España al producirse la invasión musulmana en el siglo VIII, y se llevaron consigo un fabuloso tesoro a tierras situadas allende los mares. Allí fundaron siete ciudades de casas doradas, decoradas con piedras preciosas, donde la gente comía en vajillas de oro, que los españoles de Nuevo México se apresuraron a identificar como las Siete Ciudades de Cíbola.

Mientras, Coronado había emprendido una infructuosa exploración por una región llamada Topira, al norte de Culiacán. A su regreso, se entrevistó con fray Marcos y sus compañeros, que le contaron lo que los indios habían dicho de las «ciudades altas». Como antes le había pasado a Nuño de Guzmán, se dispuso a encontrarlas y, sin pérdida de tiempo, marchó con el fraile a Ciudad de México para informar al virrey de su próxima expedición. Un viaje que desató el entusiasmo entre la población. Con fray Marcos, hasta los púlpitos sirvieron de altavoz para proclamar las maravillas que esperaban a quienes tomaran parte en la empresa. En pocos días, más de 300 españoles y unos 800 indios bajo el mando del Coronado, nombrado para la ocasión capitán general, estaban dispuestos para partir.

Como maestres de campo de la fuerza española, dividida en seis compañías de caballería, una de infantería y otra de artillería, Coronado designó a Pedro de Tovar, antiguo mayordomo y guardián de la reina Juana —Juana la Loca—, y a Lope de Samaniego, gobernador del arsenal de Ciudad de México. Los jefes de la caballería eran Tristán de Luna Arellano, Pedro de Guevara, el sargento García López de Cárdenas, y Rodrigo Maldonado —cuñado del duque del Infantado—. De jefe de la infantería iba Pablo de Melgosa, y de la artillería, Hernando de Alvarado.

Otros miembros distinguidos integrantes de la expedición fueron Francisco de Barrionuevo, caballero de Granada; Juan de Zaldívar, Francisco de

Ovando, Juan Gallego, el capitán Melchor Díaz, Alonso Manrique de Lara, el aragonés Lope de Urrea, Gómez Suárez de Figueroa, Luis Ramírez de Vargas, Juan de Sotomayor, Francisco Gorbalán, y el capitán de infantería burgalés Pablo de Melgosa. También participaban en la empresa, además de Pedro Castañeda, que debía escribir el relato de lo que aconteciera, algunas mujeres, como Francisca de Hozes, esposa del zapatero Alonso Sánchez; María Maldonado, casada con el sastre Juan Paradinas; y la esposa mexicana de Lope Caballero. El componente religioso lo integraban el imaginativo Marcos de Niza y otros tres franciscanos: fray Juan de Padilla, el capellán militar fray Antonio de Victoria y fray Luis de Escalona.

Aunque contaba con el apoyo oficial de la Corona, fue financiada principalmente por Mendoza, que aportó 60 000 ducados, y por Coronado, que puso otros 50 000. Mientras se organizaban los preparativos, el virrey envió un destacamento de quince hombres, al mando del capitán Melchor Díaz, para inspeccionar el terreno. El grupo salió de Culiacán el 17 de noviembre de 1539 y, tras caminar unas cien leguas hacia el norte, encontró en la frontera entre Sonora y Arizona a unos indios que decían haber vivido en Cíbola. Luego continuaron hasta la actual ciudad de Phoenix, en Arizona, y siguieron la orilla del río Gila hasta que las fuertes nevadas y las abruptas montañas les obligaron a detener la marcha y montar un campamento para pasar el inverno. Al no recibir noticias del destacamento de vanguardia se pensó que los indios lo habían aniquilado para proteger el secreto de las enormes riquezas de Cíbola, y eso aceleró los deseos de partir de los hombres de Coronado.

El 23 de febrero de 1540, la expedición al completo partió de Compostela, capital de Nueva Galicia, a unos 600 kilómetros de Ciudad México. Antes de emprender la marcha, el virrey pasó revista a las compañías y arengó a los hombres. Todos juraron sobre los Evangelios que seguirían a Coronado y obedecerían ciegamente sus órdenes. Mendoza los acompañó hasta los alrededores del lago Pátzcuaro, en Michoacán, y ellos continuaron su camino. Cuando la larga columna dejó Culiacán, donde había hecho un alto, llevaba unos 550 caballos y más de mil acémilas cargadas de provisiones y pertrechos.

Dos meses después zarpó del puerto de Natividad Pedro de Alarcón con dos buques para apoyar a los expedicionarios a lo largo de la costa del Pacífico y transportar el equipaje que ellos no habían podido acarrear. Nunca lograron ponerse en contacto.

Tras duras jornadas Coronado llegó a Chiametla, donde permaneció unos días para procurarse comida. Allí, además de algunos altercados con los indios en los que murió Samaniego se produjo el encuentro con la pequeña tropa de Melchor Díaz. El capitán describió Cíbola como un conjunto de pueblos hechos de piedra y adobe, habitado por indios que desconocían el oro. Nadie lo creyó.

Desde Chiametla continuaron a Culiacán. La expedición se veía entorpecida por la cantidad de impedimenta que transportaba, por lo que el 22 de abril, Coronado decidió adelantarse con una vanguardia de unos 50 jinetes, algunos soldados de a pie y 30 indios mexicanos. Atravesaron la inhóspita región que se extiende desde Culiacán hasta Chichilticalli y, a finales de mayo, penetraron en Arizona.

Retrato de un jefe zuñi. Obra del francés Henry Farny realizada en 1882 para un artículo sobre la historia de la tribu publicado en el semanario estadounidense Century Magazine. *Tras él, las típicas edificaciones de sus pueblos: viviendas adosadas de arenisca y adobe, algunas colocadas encima de otras, con la entrada situada en el techo, al que se accedía con escaleras de mano. Nada que pudiera parecerse a la mítica ciudad de Cíbola, bañada de oro y plata que se esperaba encontrar.* Colección particular.

Tras quince días de penoso caminar por un polvoriento desierto llegaron a un río a unos 40 kilómetros de Cíbola, que llamaron río Rojo por el color de sus aguas fangosas. Cuando por fin alcanzaron el 7 de julio el poblado de Hawikuh, todos quedaron decepcionados y maldijeron a fray Marcos por haberlos engañado. No había reinos ni ciudades ricas llenas de oro y plata. Hawikuh, que algunos identificaron con la misma Cíbola, era una modesta población. Algo muy diferente de las maravillas que habían pensado hallar.

Por si fuera poco, sus habitantes, los indios zuñis, se resistieron a los extranjeros. Hubo que combatir para que huyeran y poder saquear sus almacenes, repletos de maíz y otros alimentos, con los que saciar el hambre de los expedicionarios.

Tenaz en su intento de hallar las supuestas riquezas de Cíbola, Coronado envió desde el poblado zuñi pequeñas expediciones en varias direcciones del extenso y desconocido territorio. Algunas llevaron a cabo hallazgos sorprendentes.

Cuenta el cronista Castañeda que cuando Coronado estaba en Háwikuh se reunió con un pequeño grupo de indios que procedían de la región del río Pecos. A dos de ellos, que parecían los principales, los españoles los llamaron «Cacique» y «Bigotes». Contaron historias de ricas tierras al Este y Coronado envió a explorarlas a Hernando de Alvarado, el sacerdote Juan de Padilla y un grupo de jinetes, con «Bigotes» y «Cacique» como guías. Les dio un plazo de 80 días para ir y volver.

El Cañón del río Colorado. Un impresionante escenario natural de 290 kilómetros de largo que llega a alcanzar una profundidad de casi dos kilómetros, y catorce de anchura máxima. Lo encontró el sargento García López de Cárdenas, al explorar por orden de Vázquez de Coronado el territorio que rodeaba a la anhelada Cíbola.

Alvarado partió el 29 de agosto de 1540 y se dirigió a un lugar que fray Marcos de Niza había llamado «el reino de Hacus», conocido por Ahko o Acoma por los indios —hoy todavía existe en Nuevo México—. Cuando Hernando de Alvarado la contempló por primera vez, se dice que creyó haber llegado, para su fortuna, a una ciudad bañada en oro, al observar el brillo causado por el reflejo del fuego de los hogares indios sobre el ocre terroso de las casas.

En Acoma habitada por unos indios del grupo Pueblo, los queres, los recibieron bien. Era una fortaleza natural que durante siglos había servido de baluarte a sus moradores, construida sobre una alta cumbre aplanada elevada más de cien metros sobre una amplia llanura. Estaba situada en el centro de un valle de seis kilómetros de ancho, y bordeada de hendiduras y precipicios casi inaccesibles. Solo unas pocas y estrechas sendas talladas en la roca conducían a la cima. Alvarado la describió como inexpugnable, y lo sería hasta que 50 años después la asaltó y conquistó un grupo de soldados de la expedición de Juan de Oñate, al mando de Vicente de Zaldívar, tras una titánica lucha cuerpo a cuerpo, casa por casa.

El grupo de Alvarado prosiguió su camino y, tras pasar por la zona de Laguna Pueblo, llegó al río Grande, que llamaron río de Nuestra Señora. En todo momento, durante su recorrido por las tierras de Texas, fueron recibidos amistosamente por los indios, que procedían de las grandes praderas situadas al noreste.

Fue por entonces cuando un indio al que por su aspecto llamaban «el Turco», y que utilizaban como guía, comenzó a hablarle a Alvarado de otro fabuloso mito, la ciudad de Quivira, que se suponía repleta de riquezas. Lo que pretendía el indio era que el capitán, guiado por su afán de encontrar tesoros, variara su ruta y le permitiera regresar a su tierra.

Las mentiras del Turco hicieron mella en Alvarado, que decidió regresar a informar a Coronado. Pero antes pasó por Cicuyé, para recoger a dos caciques indios que, según el Turco, habían visto el oro de Quivira. Como ambos jefes indígenas se negaron a acompañarlo para ir a ver a Coronado y contarle lo que supuestamente sabían, Alvarado se los llevó prisioneros y encadenados. Como era de suponer, la acción soliviantó mucho a los indios de la zona, apaches nómadas llaneros que seguían a las manadas de bisontes, vivían pobremente en tiendas de piel y empleaban perros para transportar sus escasos enseres, que trocaron su anterior generosidad en odio.

Mientras Alvarado exploraba el alto valle del río Grande al este de Nuevo México, Coronado abandonó Háwikuh. Ordenó adelantarse al sargento Cárdenas para que buscase un sitio apropiado donde establecer el campamento de invierno y se decidió ocupar uno de los pueblos de los indios de Tiguex, Alcanfor. A finales de noviembre, al nuevo emplazamiento elegido por los expedicionarios, llegó también Alvarado con el Turco y los cautivos de Cicuyé.

El Turco continuó con sus maravillosos relatos de una tierra situada al Norte en la que había peces tan grandes como caballos y en los árboles colgaban cascabeles de oro. Todo aquello reforzó todavía más la calenturienta ambición de Coronado y el resto de los expedicionarios.

El 23 de abril de 1541, Coronado, con una parte de su ejército, emprendió la marcha a Quivira llevando como prisionero a «Bigotes» y de guía al

Turco, quien decía ser oriundo de Quivira. Al pasar de nuevo por Cicuyé, puso en libertad a los dos caciques apresados para no tener problemas, en lo que se llamó Pecos Pueblo: un lugar amurallado, con casas de cuatro plantas a las que se accedía con escaleras y habitado por unos dos mil indios.

Por extensas llanuras pobladas por enormes manadas de «vacas salvajes» —bisontes—, Coronado llegó hasta el cañón de Palo Duro, bautizado también por los españoles como la Gran Barranca y situado cerca de Amarillo, en Texas, Allí se dividió de nuevo la expedición el 26 de mayo. El salmantino, con 30 jinetes, atravesó el río Arkansas, se internó hacia el noroeste de Kansas, en busca de Quivira, y envió de regreso a Tiguex al grueso de la columna.

No tardó en encontrar a otra tribu, los teyas, que le advirtieron que Quivira, en contra de los informes que recibía del «Turco», no era una tierra rica. Tras varias semanas de dar vueltas en vano El Turco acabó por admitir su engaño y que intentaba extraviar a los españoles. Lo encadenaron y lo ejecutaron.

Coronado siguió adelante con guías de los indios teyos, buenos conocedores del territorio, hasta llegar a un pequeño pueblo habitado por una tribu que sí se denominaba Quivira. Aquellos indios —que mucho después se denominarían wichita—, no tenían nada. Eran muy pobres y vivían en cabañas con techo de paja. Con su fracaso a cuestas Coronado volvió a Tiguex, donde lo esperaba el resto de sus tropas, para pasar el invierno.

La buena estrella de Coronado, ya desanimado y confuso, se apagó definitivamente en Tiguex. Cerca de Alcanfor sufrió una caída del caballo que puso en grave riesgo su vida. A partir de entonces quedó con la salud muy quebrantada, lo que unido a la decepción de no haber encontrado riqueza alguna le decidió a abandonar el proyecto de colonizar a fondo el Norte de Nueva España —el Sur de los actuales Estados Unidos—, sin esperar siquiera el permiso del virrey.

Volvió a Ciudad de México en el verano de 1542 por la misma ruta que había utilizado a la ida sin que la aventura, aparentemente, hubiera conseguido resultado alguno. Solo cien de sus hombres lo acompañaban. No es de extrañar que el virrey lo recibiera con frialdad, le reprochara su actuación y le iniciara un proceso por haber abandonado la expedición que tenía a su cargo, la mala gestión de su ejército y las crueldades cometidas contra los pueblos nativos. A pesar de ello, Coronado continuó como Gobernador de Nueva Galicia hasta 1544, y después se retiró a la ciudad de México, donde murió el 22 de septiembre de 1554. Sus restos fueron enterrados en la antigua iglesia de Santo Domingo de la capital mexicana, destruida por una inundación, y hoy se dan por desaparecidos.

Las legendarias ciudades rebosantes de oro nunca aparecieron. Los españoles de la que sería una famosa expedición, tras recorrer miles de kilómetros, apenas vieron otra cosa que territorio inhóspito y tribus de indios en general poco amistosas. Solo que la búsqueda de riquezas de Coronado no iba tan desencaminada, en pocos años la plata de Nueva España, extraída de las minas de Zacatecas o San Luis Potosí permitirían a Carlos I financiar a las tropas que pondrían de rodillas a los herejes del viejo continente.

Un curioso mapa de Alaska y el paso del Noroeste dibujado en 1597 —pura conjetura, ya que ningún europeo pisaría ese territorio hasta mucho después—, en el que aparece una nueva región de Quivira. Tres siglos más tarde, en esa misma zona, se encontrarían los yacimientos de oro del río Klondike. Obra de Cornelis van Wytfliet.

1.1.2 Andacollo. En los límites de la realidad

Diego de Almagro no era un hombre joven —tenía 39 años—, cuando desembarcó en Santa María la Antigua del Darién el 30 de junio de 1514. Tampoco era un noble ni un hidalgo, solo un oscuro miembro de la expedición que enviaba a las Indias Fernando el Católico, al mando de Pedro Arias de Ávila, con la intención de afianzar las posiciones de la corona en Castilla del Oro, una enorme región que comprendía los actuales países de Nicaragua, Panamá, Costa Rica y el Norte de Colombia.

No se sabe mucho de su primer año en el Nuevo Mundo. Su pista se pierde hasta el 30 de noviembre de 1515, día que salió de Darién con una fuerza de 260 hombres con la misión de fundar una ciudad en Acla, en la costa al noroeste de Panamá, que sirviera de base en el Caribe para continuar camino hacia la costa del océano Pacífico, recién descubierto por Vasco Núñez de Balboa. Era un sitio malsano, y Almagro pronto cayó enfermo. Tuvo que regresar a Darién y desistir de su empresa, que completó el licenciado Gaspar de Espinosa.

Francisco Pizarro, nacido en Trujillo el 16 de marzo de 1478, conquistador del Perú. Veterano de los tercios, a los 20 años combatió en las campañas de Italia, contra los franceses, a las órdenes de Gonzalo Fernández de Córdoba. Obra de Daniel Hernández Morillo realizada en 1929. Biblioteca Municipal, Lima.

Espinosa partió en diciembre con 200 hombres, entre los que estaba un ya recuperado Almagro, y Francisco Pizarro, por primera vez con el título de capitán. Durante la expedición, que duró 14 meses, se encontraron con el padre Hernando de Luque a quien Espinosa ya conocía. Los tres, aunque aún no habían formado sociedad, se demostraron confianza y amistad. De Almagro solo conocemos que durante ese tiempo sirvió como testigo en las listas que levantaba Espinosa sobre todo los relacionado con los indígenas. Luego permaneció en Santa María la Antigua del Darién y ayudó a poblarla. Durante cuatro años no participó de nuevas expediciones, ocupó su tiempo en la administración de sus bienes y los de Pizarro.

En 1529, Pizarro viajó a la Península y consiguió la firma de la Capitulación de Toledo, mediante la que la Corona le autorizaba la ocupación del Birú —el Perú—, el centro del imperio inca, que expediciones previas realizadas entre 1524 y 1528 habían revelado como un territorio de sorprendentes riquezas[4]. A su regreso a América, reunidos Pizarro, Almagro y Luque, iniciarían desde Cajamarca, en 1532, la conquista del territorio, que pasaría a denominarse Nueva Castilla.

No es este el momento de narrar la conquista del Perú y enumerar los fabulosos e increíbles tesoros descubiertos. Nos basta saber que los éxitos y la fortuna que obtuvo Pizarro movieron a Almagro a solicitar el permiso real para explorar por cuenta propia nuevos territorios y que le fue denegado. Eso comenzó a agrietar la amistad entre ambos, que solo pareció restaurarse cuando a principios de 1535, por mediación de Pizarro, Carlos I recompensó a Almagro, que pensaba establecerse en Cuzco, con la gobernación de Nueva Toledo, al sur de Perú, y el título de Adelantado de las tierras más allá del lago Titicaca. Una región que el Inca Manco Capac II llamaba Chili, con una afamada riqueza aurífera.

Según su relato se ubicaba en esa zona un lugar denominado Andacollo, cuajado de metales preciosos, donde los pueblos pagaban sus tributos en oro y plata. Para convencerlo de que se dirigiera hacia allí y lo viera con sus ojos, mandó que su hermano Paullo Tupac y el Sumo Pontífice del Sol, lo acompañaran en el viaje.

A la llamada del oro, no le fue difícil a Almagro organizar una expedición. La vanguardia, una columna de 100 soldados al mando de Juan de Saavedra partió a finales de junio de ese mismo año. Debía fundar un pueblo a unas 130 leguas, reunir a los indios de la comarca y esperar con alimentos.

Almagro salió de la capital del Perú el 3 de julio con 50 hombres y un numeroso grupo de indios auxiliares yanaconas. Se detuvo en Molina hasta el día 20 por la inesperada rebelión de Manco Capac II y su posterior arresto por Juan Pizarro, una acción que le supuso los primeros contratiempos. Desde allí tomó el camino del Inca, recorrió el área occidental del lago Titicaca, cruzó el río Desaguadero y se reunió con Saavedra y un grupo de otros 50 españoles que habían decidido abandonar a su capitán, Gabriel de Rojas, para salir a su encuentro. En total eran ya 150 hombres de armas que permanecieron todo agosto en Paria, en las proximidades del lago Aullagas a la espera de que comenzara el deshielo en la cordillera de los Andes.

Unos 200 kilómetros más adelante, en Tupiza, tras recorrer una región seca, fría y estéril, Almagro tuvo las primeras evidencias de las riquezas prometidas, pues los emisarios del Inca le entregaron 200 000 pesos en oro y plata,

---

[4]   A finales de septiembre de 1526, en uno de eso viajes de exploración previos, se produciría en la isla del Gallo el conocido episodio de «Los Trece de la Fama».

más dos pepitas de oro de once y catorce libras respectivamente. Ese tesoro, aunque todavía fuese algo pequeño, les sirvió de acicate para, en enero de 1536, continuar su avance hacia el Sur e intentar cruzar por primera vez la impresionante mole andina.

La muralla de roca y nieve, con picos de 5000 y 6000 metros, se acometió por un pequeño sendero que los incas indicaron como el lugar más favorable. El paso —hoy denominado San Francisco—, estaba a 4400 metros de altura, lo batía el viento, hacía frío y su altura apenas permitía respirar.

La expedición, muy mermada y exhausta, llegó a Copiapó, en el valle del Aconcagua, en abril, tras un penosísimo cruce de los Andes. El recibimiento pacífico de los indígenas permitió su recuperación y enseguida se hizo un reconocimiento en los lavaderos de oro del Inca, ubicados en las quebradas y cauces de los arroyos. No tardó en comprobarse que su rendimiento era ínfimo y totalmente insuficiente de dar de comer siquiera a los 50 vecinos que residían en la zona. La desilusión fue profunda y al cabo de unos meses, Almagro, convencido de que le habían engañado tanto los indios como sus paisanos decidió regresar, no sin antes arrasar tanto la tierra como los pueblos de los alrededores que se habían mostrado más agresivos, para luego esclavizar a todos sus habitantes y utilizarlos como porteadores.

De vuelta en Perú, Almagro acabaría enfrentado en una guerra civil con Francisco Pizarro y dos de sus hermanos —Hernando y Gonzalo—, por las riquezas del codiciado imperio inca. Fue hecho prisionero en la batalla de las Salinas y ejecutado por Hernando en Cuzco, el 8 de julio de 1538. Tampoco les fue muy bien a sus opositores, como si una maldición hubiera extendido sobre ellos su negro velo. Francisco Pizarro murió en su palacio de Lima el 26 de junio de 1541, asesinado por un grupo de partidarios del fallecido Almagro, encabezados por Juan de Rada. Hernando Pizarro viajó a la Corte para justificar su conducta ante el rey y fue encarcelado por más de 20 años en el castillo de la Mota, en Medina del Campo y Gonzalo, que por motivos económicos se rebeló en 1544 contra el primer virrey del Perú, Blasco Núñez de Vela, fue derrotado y apresado por tropas leales en Jaquijahuana el 9 de abril de 1548. Lo decapitaron al día siguiente.

Mientras, un total descrédito sumió a las tierras de Chili o Chilli, cuyo nombre se asoció al fracaso. Al menos hasta 1540, cuando el extremeño Pedro de Valdivia, tras revisar algunas notas de Almagro, decidió volver a explorarlas. La expedición, que controló el territorio desde Atacama hasta el Maule en un breve período de tiempo, demostró que sí había abundante oro, pues en mayo de 1541, solo tres meses después de fundar Santiago de Nuevo Extremo, Valdivia instaló a 1200 hombres y 500 mujeres para extraerlo de la quebrada de Malga Malga, los antiguos lavaderos de oro incaicos, obtenidos como rescate del caudillo Michimalonco.

Demostraron ser productivos, pues en el momento del asalto e incendio de Santiago, el 11 de septiembre de ese año, los españoles y sus indios ya habían acumulado 7000 pesos de oro. Lo mismo ocurriría años después, en 1545, cuando en un tiempo de apenas nueve meses 500 indios yanaconas obtuvieron 23 000 castellanos a partir de los relaves[5] de Quillota. O en 1547, año en el que 20 españoles lograron acumular más de 80 000 pesos de oro, 8000 solo propiedad del presbítero de Santiago, González Marmolejo.

La expedición de Diego de Almagro saliendo de Cuzco. *Obra de Pedro Subercaseaux realizada en 1907.* Museo Histórico Nacional. Santiago de Chile.

Hagamos un alto que nos sirva para entender algo que nos encontraremos a lo largo de toda la obra. Trasladar esas cantidades a moneda actual, como se hace con demasiada frecuencia, es un absurdo. En 1540, el valor de un castellano de oro era de 485 maravedíes, aproximadamente 15 reales. Veamos lo que ocurre si aplicamos esas cantidades a este ejemplo: 23 000 castellanos serían 11 155 000 maravedíes. Dando el cambio más asumido —1 euro, 9051 maravedíes— supondría una cantidad prácticamente ridícula, 1232 euros. No era esa la realidad en un mundo en que un caballo costaba menos de 5000 maravedíes.

La paz llegó a su fin durante los últimos meses de 1548, cuando los indios de las regiones de Copiapó y Coquimbo, en el Norte, mataron a 40

---

5   Los relaves son las acumulaciones de mineral, tierra, agua y rocas. Todo mezclado. Para obtener una pequeña cantidad de mineral es necesario generar una gran cantidad de relave.

españoles y, luego, asaltaron, quemaron y arrasaron hasta sus cimientos la pequeña localidad de La Serena, colindante con la ciudadela inca de Altovalsol[6]. En marzo de 1549, Valdivia vio personalmente los escombros y la suerte de sus habitantes. Esta vez la brutal represalia española duró tres meses, a manos de Francisco de Villagra y 40 soldados. En julio, Francisco de Aguirre, al mando de 80 hombres, terminó de pacificar el territorio y fundó de nuevo La Serena —esta vez como Bartolomé de la Serena—, en un emplazamiento próximo. Desde allí se inició la búsqueda de los placeres de oro en las quebradas y cerros y, en 1550 o 1551, lograron ubicar Andacollo.

Pedro de Valdivia, gobernador de Chile de 1541 a 1547, con uniforme de capitán general. Nacido en Villanueva de la Serena el 17 de abril de 1497, combatió en las campañas de Flandes y de Italia y viajó a América en 1535. Falleció en la batalla de Tucapel, Chile, el 25 de diciembre de 1553, durante la campaña contra los indios mapuche. Obra de Francisco Mandiola realizada en 1854. Biblioteca Nacional de Chile.

Uno de los gobernadores del siglo XVII diría de Andacollo: «es uno de los ríos de oro que hay en el mundo, y tanto es así, que hoy —se refiere a 1603— cuando corre el agua, el oro se hace líquido». La leyenda, el mito y la realidad se unían para explicar en cifras tales afirmaciones. Entre 1571 y 1598 se produjeron allí un total de 213 069 pesos de oro.

---

[6] Villanueva de la Serena la fundó con 30 españoles el soriano Juan Bohón el 26 de agosto de 1544. Se estableció con apenas 13 vecinos, lo que da idea de lo incierto que era el futuro en muchos de los asentamientos.

1.1.3 El Dorado, el mito eterno

En 1535 Pizarro fundó en el valle del Rimac, en Perú, la ciudad de Lima. Desde ese momento, y mientras los conquistadores se despedazaban mutuamente
por ver quién se hacía con el poder, se desarrolló también una extraordinaria
actividad exploradora en toda la región al Norte del río Amazonas.

El motivo no era otro que la imaginación, atormentada por las pesadillas
producidas por una leyenda inca que suponía la existencia de otro mundo aun
más maravilloso que el que se acababa de encontrar, capaz de obscurecer la
riqueza de los anteriores: el Dorado. El mito que sintetizaba de una vez por
todas las ilusiones de los españoles.

Como toda leyenda tiene un fondo de realidad, también esta se basaba
en una costumbre de los indios de Nueva Granada, pero rodeada y vestida de
forma tan fantástica, con tantos detalles añadidos por la imaginación, que se
volvió irreconocible.

La primera noticia acerca del Hombre Dorado que daba vida al mito
la llevó al Ecuador, en 1554, un indio de Bogotá. Enseguida comenzó a correr
el relato de que en la aldea de Guataviiá, en Nueva Granada, había existido
la esposa adúltera de un cacique a la que este, una vez descubierta, obligó, en
castigo de su delito, a comerse durante el banquete de una fiesta el pene y los
testículos de su amante, para luego —esta era una variación que podía escu-
charse con o sin el aditamento del festín anterior—, entregarla a los indios más
ruines de la ciudad para que abusaran de ella. Siempre, por supuesto, el crimen
debía ser cantado y propagado al mismo tiempo por todas partes, para servir
de escarmiento de las demás mujeres.

La esposa, deshonrada y desesperada, se arrojó con su hija a la laguna
de Guaiavitá. El cacique, arrepentido, consultó con los sacerdotes, quienes le
hicieron creer que ella estaba viva en un palacio escondido en el fondo de la
laguna y que había que honrarla con ofrendas de oro; desde entonces el cacique «entraba algunas veces al año, en unas balsas bien hechas, al medio de ella,
yendo en cueros, pero todo el cuerpo lleno desde la cabeza a los pies y manos
de una trementina muy pegajosa, y sobre ella echado mucho oro en polvo fino.
Entrando así hasta el medio de la laguna allí hacía sacrificios y ofrendas, arro-
jando al agua algunas piezas de oro y esmeraldas[7].»

Fuese el adulterio el motivo de esa costumbre, o cualquier otra razón,
lo cierto es que existió. No solo Gonzalo Fernández de Oviedo recogió el texto
completo de la tradición en su *Historia General y Natural de las Indias, Islas y Tierra
Firme del Mar Océno*, cuya primera parte se imprimió en Sevilla en 1535, si no

---

[7]   Fray Pedro Simón. *Noticias historiales de las conquistas de Tierra Firme en las
Indias Occidentales*. Tercera noticia, cap. I.

que en 1856, al desaguar parcialmente la laguna de Siecha para recoger el oro que se suponía en el fondo, se encontró una tosca balsa de oro puro, que se vendió al Museo de Berlín, pero que se perdió a su llegada a Bremen en el incendio del barco que la transportaba.

Ahora, también es indudable que esa práctica ya no se llevaba a cabo cuando llegaron los españoles a aquellas regiones; los belicosos indios muiscas habían terminado con ella al declarar la guerra a la tribu de Guatavita y exterminar a casi todos sus miembros. Lo que sí se mantuvo fue su recuerdo y, al transmitirse sus detalles, sufrieron poco a poco las adulteraciones y mixtificaciones suficientes para hacer que lo que primero no era más que «El hombre dorado», pasase después a ser «El país dorado» y acabara por transformarse en «El Dorado», lugar recubierto de oro, que había que buscar en una dilatada región que se extendía entre los actuales Perú y Venezuela, o por las amplias cuencas del Amazonas y el Orinoco. Una región virgen e inaccesible, muy apropiada para esconder lugares mitológicos.

Hagamos otro alto para explicar, aunque hoy parezca un poco simple o infantil, por qué en todas las exploraciones de esa época en busca del Dorado o de cualquier país rico, tienen una importancia excepcional las montañas y los lagos. Las primeras porque son el obstáculo, la prohibición, el guardián que solo le dará el tesoro escondido al osado que consiga superarlas; los segundos, porque bajo sus aguas tranquilas esconden su secreto y, algunas veces, cuando reverberan al sol, parece desde lejos que dejan ver grandes láminas de oro escondidas. Como tanto la montaña y el lago pueden dar origen al río, este lo mismo puede arrastrar trozos del tesoro que se encuentra en su nacimiento que servir de acceso y fácil comunicación hasta el pueblo o región que aprovecha esas deslumbrantes riquezas.

Una vez que sabemos por qué buscaban accidentes geográficos, e imaginamos las dificultades que ofrecía la exploración de estas regiones, podemos suponer también lo invencible que era la tentación que representaba El Dorado. Gracias a ese mito, que aparecía, desaparecía y cambiaba constantemente de aspecto, se pudo llegar a recorrer la salvaje selva ecuatoriana en todas direcciones. A pesar de las continuas desilusiones.

Entre las expediciones perseguidoras del Dorado, hubo algunas, las menos, que entendieron por tal al cacique de Guatavita y hacia él se encaminaron. Otras, que podríamos llamar de falsos Dorados, prescindieron o ignoraron la ceremonia de la laguna y buscaron países ricos, de nombre determinado —Cenú, Meta, Casa del Sol—, a los que solo por extensión se les podía dar el nombre de la leyenda; y hubo, por último, expedicionarios que acabaron tras montañas y lagos imaginarios, en los que el espejismo y el deseo habían hecho ver fantásticas riquezas.

El primero que pensó en dirigirse a buscar al cacique fue Sebastián de Benalcázar, el conquistador de Quito, que supo allí de la ceremonia de Guatavita y en lugar de quedarse tranquilo en su gobernación de Popayán, emprendió la marcha hacia el Norte. Hasta las tierras que Carlos I le había concedido a Gonzalo Jiménez de Quesada con el brillante título honorífico de Gobernador de El Dorado. Por supuesto, ninguno de los dos logró su objetivo.

Las mismas informaciones, aunque con más interesantes consecuencias, llegaron a oídos del codicioso Gonzalo Pizarro, que encabezó una expedición hacia las regiones orientales de Quito, donde se decía que abundaba la canela —para poder rivalizar con el monopolio que mantenían los portugueses[8]—, y donde, además, un poco más lejos, esperaba encontrar las poderosas tribus indias, ricas en oro, que identificaba con el Dorado.

La balsa muisca, una figura artística de orfebrería precolombina realizada entre los años 1200 y 1500, que hace alusión a la ceremonia de la leyenda de El Dorado en Guatavita. El cacique —la figura de tamaño doble al resto—, y su séquito, se disponen a ir en la balsa al centro de la laguna para realizar la tradicional ofrenda. Fue hallada por tres campesinos a principios de 1969 en una cueva en Pasca, Cundinamarca. Museo del Oro. Bogotá.

El grupo, con 280 hombres y 260 caballos, partió en diciembre de 1540. Dos años, en los que sufrieron toda clase de calamidades y perecieron a montones, estuvieron dando vueltas. Tuvieron que devorar sus propios caballos para poder regresar a Quito. Se encontró el árbol de la canela, aunque de una calidad mucho menor a la de las Indias Orientales, pero ni el «hombre dorado», ni nada parecido. Y eso que habían emprendido la marcha con la absoluta

---

[8]   Ver nuestra obra *Naves negras. La ruta de las especias.* EDAF, 2015.

certeza de encontrarlo. Toribio de Ortigueira, cronista de la expedición no vaciló en criticar a Pizarro: «perdió aquel tiempo —escribió—, sin haber dado con la tierra que buscaba, ni con las minas ricas que tenía Guaynacapa, a quien estaba sujeto el Perú; de ellas hay mucha noticia y serían fáciles de descubrir si hubiese curiosidad y diligencia, según dicen los que lo entienden[9]».

El cacique de Guatavita recubierto de oro. En palabras de Fernández de Oviedo: «Polvorizarse con oro es cosa peregrina, inusitada, nueva y muy costosa, pues lo que se pone un día por la mañana se lo quita y lava en la noche y se echa y pierde por tierra. Andar de tal forma vestido o cubierto, no le da estorbo ni empacho, ni se cubre ni ofende la linda proporción de su persona. Yo querría más la escobilla de la cámara de este príncipe que las fundiciones grandes de oro del Perú o que puede haber en otra parte del mundo». Obra de Teodoro de Bry realizada en 1599.

Lo que sí tuvo la jornada de Gonzalo Pizarro fue una segunda parte llena de interés. Como llegaron a orillas de un río muy caudaloso y les faltaban los víveres, ordenó a Francisco de Orellana que bajase por el río —el Coca—, embarcado en un bergantín en busca de provisiones. Fuera porque lo violento de la corriente les dificultase el regreso, o porque se despertase la ambición de Orellana, el caso es que ni él, ni ninguno de los 57 hombres que le acompañaban cuando partió el 26 de diciembre de 1541, regresaron. Se dejaron llevar

---

9   Toribio de Ortigueira. *Jornada del río Marañón con todo lo acaecido en ella y otras cosas notables dignas de ser sabidas acaecidas en las Indias Occidentales.* Publicado en 1585.

primero por las aguas del Coca, luego por las del Napo y, finalmente, por las del río que calificaron como Grande —el Amazonas—, llegaron al Atlántico, por el que navegaron hasta la isla de Cubagua. Habían recorrido más de 4800 kilómetros.

Desde la costa atlántica Orellana zarpó hacia la Península a finales de 1542. Llevó a Castilla no solo los datos geográficos propios de su descubrimiento, sino la noticia de haber recorrido una tierra muy rica donde, de nuevo, había visto que se hallaba el oro y la plata en abundancia. En virtud del importante descubrimiento realizado, el Consejo de Indias, restó importancia a su traición y le extendió la capitulación para que conquistara el País de las Amazonas, al que habían puesto ese nombre porque fueron atacados en el río, según ellos, por unas feroces guerreras indias que les recordaron a las mitológicas mujeres de la antigüedad. Regresó a América para hacerse rico y falleció trágicamente en febrero de 1546 en la desembocadura del río, víctima de las fiebres, tras sufrir el ataque de unos indios caribes.

Esta primera sospecha de las riquezas de la región amazónica se vio confirmada años después por la llegada al Perú de unos centenares de indios «brasiles» que, habían sido arrojados de sus tierras por la hostilidad de las tribus vecinas y remontaron el Amazonas dirigidos por su jefe, Viarazu, y acompañados por dos portugueses. Habían sufrido grandes penalidades en su prolongada huida y comenzaron a contar cosas tan fantásticas de las regiones que habían atravesado que empequeñecieron lo relatado por Orellana.

Cuenta Ortigueira: «Fueron tantas y tan grandes las cosas que le dijeron al marqués de Cañete —Andrés Hurtado de Mendoza, el virrey del Perú— de la tierra y la grandeza de sus muchas poblaciones; del oro y plata que habían visto, del que daba testimonio una rodela que Virazu llevó con brazaletes de plata claveteados de oro, que movió los corazones de los hombres a quererlo ver y conquistarlo».

La imaginación fácilmente excitable de los españoles vio enseguida a las orillas del Amazonas grandes ciudades cuajadas de oro y rebosantes de piedras preciosas; se olvidaron del cacique de Guatavita, y consideraron que era mucho mejor Dorado ese que describían aquellos «brasiles» como «tierra más rica que el Perú». Hacia allí se dirigieron. Hurtado de Mendoza, encargó al capitán navarro Pedro de Ursúa el mando de la expedición que más repercusión tendría de todas las que partieron en pos de la leyenda. *La jornada de Omagua y el Dorado*, nombre con el que se conoce esta empresa, escrita por Francisco Vázquez, es sin ninguna duda la más novelesca relación de cuantas se refieren a los descubrimientos.

Iniciada la navegación del Amazonas, pronto apareció el desencanto por no encontrar oro, al confirmarse la falsedad de los relatos de los «brasiles». Con él surgieron las primeras muestras de indisciplina, que fueron llevadas a extremos increíbles por el guipuzcoano Lope de Aguirre, alma de una amplia rebelión. Asesinado Ursúa, se nombró en su lugar a Fernando de Guzmán con el sedicioso título de Príncipe de Tierra Firme, Perú y Chile. No tardó el nuevo y flamante jefe en seguir la suerte del anterior, para ponerse Aguirre al frente de los sublevados. Proyectó los más locos sueños mientras sus naves se deslizaban hasta el Atlántico. En la isla Margarita y en la costa de Venezuela su presencia se señaló por una estela de crímenes y rapiñas hasta que, sitiado en Barquisimeto y después de apuñalar a su propia hija, que lo había acompañado en sus terribles correrías, recibió la muerte con la misma altivez y orgullo que había mostrado en todos sus actos.

Aparte de las expediciones que tuvieron como punto de arranque el Perú, hubo otros grupos procedentes de la costa que buscaron primero regiones de grandes riquezas y acabaron también por perseguir la ilusión de El Dorado. Pedro de Heredia y Gonzalo Jiménez de Quesada, por ejemplo, que desde las gobernaciones gemelas de Cartagena y Santa Marta se dedicaron a buscar respectivamente las riquezas del Cenú y los prodigios del país de las esmeraldas. Lo descubierto resultó para ellos su Dorado particular, pero estaban tan ajenos a la ceremonia de la laguna de Guatavita, que Quesada llegó hasta esa población sin sospechar siquiera que, a pesar de que ya casi no existía el recuerdo de la ofrenda, se encontraba en el centro del mito, el lugar tan ansiosamente buscado por todas partes.

Paralela a las gobernaciones de Cartagena y Santa Marta se hallaba la de Venezuela y de ella salieron otro sin fin de expediciones. Diego Caballero y Juan de Ampies fueron los primeros que iniciaron la búsqueda de oro en las partes de Tierra Firme de Castilla del Oro y en las islas adyacentes, con el encargo además de poblar territorios y adoctrinar a los indios. Ampies fundó Santa Ana de Coro y entabló amistad con algunos caciques, pero tuvo que interrumpir su labor porque la conquista de Venezuela iba a ser una empresa alemana. En 1528 Carlos I firmó capitulaciones con los alemanes Enrique Ehinger y Hieronymus Sailer para que colonizasen y descubriesen las regiones del interior; poco después los concesionarios renunciaban sus derechos en favor de los ricos banqueros de Augsburgo, Antonio y Bartolomé Welser, traspaso que también confirmó el emperador.

Bajo esta dirección alemana se iniciaron expediciones en las que, al principio, para nada se habló de El Dorado. Ambrosio Ehinger y Bartolomé Sayler, hermanos de los primitivos concesionarios, partieron de Coro en 1529, en busca de «una muy rica tierra, de la cual se podía sacar mucho provecho, porque en ella se habían descubierto muchas minas[10]». El recorrido de Ehinger por las orillas del lago Maracaibo y la península de Goajira, hasta el río Magdalena,

---

[10] Antonio de Herrera y Tordesillas. *Década IV*.

lo marcó la crueldad. Logró obtener algún oro y envió a su capitán Íñigo de Vascuña para que llevase a Coro unos 60 000 pesos que había reunido[11], pero su violencia y agresividad contra los indios fue de tal magnitud que, rebelados a su paso, mantuvieron continuos combates hasta que, en mayo de 1533, acabaron con el explorador con una flecha en su garganta que le causó cuatro días de angustiosa agonía.

No solo los españoles se volvieron locos con El Dorado. En 1595, sir Walther Raleigh, uno de los favoritos de Isabel I de Inglaterra encabezó una expedición a la Guayana para localizarlo. No lo encontró, pero se entretuvo molestando un poco por las posesiones de Felipe II. El grabado, obra de Teodoro de Bry realizada en 1599, muestra a Raleigh reunido con una de las tribus del Orinoco.

Su sucesor, Georg Hohermuth von Speyer, preparó la segunda expedición en 1535. Salió de Coro con toda la abundancia de pertrechos que la factoría que tenían en Santo Domingo los poderosos Welser podían ofrecerle y, esta vez sí que, con toda seguridad, llevaba entre sus propósitos, encontrar

---

[11]   La marcha de Vascuña y sus veinticinco hombres fue una de las más trágicas del Nuevo Mundo. Extraviados en la selva tuvieron que enterrar el oro para poder continuar. Acosados después por la falta de víveres, acabaron por devorar a los indios e indias que llevaban consigo, diseminándose después entre las montañas hasta perecer. Solo uno de ellos, Francisco Martín, logró regresar, después de haber pasado muchos años entre los indios, vivir como ellos y llegar a identificarse completamente con sus costumbres. Del oro enterrado nada se volvió a saber.

El Dorado. Atravesó la provincia de Barquisimeto y después de vadear el caudaloso Apure, comenzó a recibir información de los indios de que «de la otra parte de las sierras, que pasaría sin peligro, hallaría mucho oro, plata y ovejas mansas —se refiere a llamas—, como las que había en el Perú. Que era una tierra de sabanas y falta de leña, y que todas las vasijas del servicio de los indios eran de oro y plata[12]».

Un dibujo anónimo de 1540 que representa a Hohermuth, arriba a la derecha, y a Von Hutten, en el centro, en su búsqueda de El Dorado. Los Welser tenían enorme experiencia en el suministro de crédito para operaciones económicas en el extranjero. Habían financiado comercio portugués en el Lejano Oriente, tráfico de esclavos en África y en las Islas Canarias, y algunas de las campañas en América de Carlos I.

Animados, se dispusieron a atravesar la sierra, pero fueron tales las dificultades que hallaron que se vieron desviados hacia las selvas del alto Orinoco, donde recibieron otra sorprendente noticia: que se hallaban cerca del nacimiento del Meta, otro de los mitos del oro que había originado expediciones en su busca. Decidieron ver aquel lugar. Llegaron al nacimiento del río y se encontraron con que los indios que lo habitaban tenían láminas de oro y plata muy fina. Les preguntaron por su origen y, como siempre, contestaron que venía del otro lado de las montañas. Lo intentaron de nuevo, pero no consiguieron cruzarlas. Cada vez

---

[12] Oviedo. Obra citada.

con una fuerza más mermada por las enfermedades y los continuos combates, decidieron regresar a Coro antes de que fuera demasiado tarde.

Spira había dejado en Coro, como lugarteniente a Nicolás Federman, pero el afán de aventuras y el ansia de oro pudo más que la disciplina y, sin esperar a su jefe, organizó por su cuenta una expedición en busca de El Dorado. Procuró esquivar a Spira y se dirigió hacia la sierra que, en teoría, lo separaban de las ricas tierras en las que se encontraba el oro. Atravesó las heladas cumbres a costa de increíbles esfuerzos y, cuando llegó al otro lado y avistó por fin la tierra deseada, se encontró con los hombres de Jiménez de Quesada, a los que se unieron enseguida los de Benalcázar.

Federman regresó a Europa para luchar ante el Consejo de Indias por los derechos que pensaba le correspondían por descubrir Nueva Granada, pero no le fueron las cosas como esperaba. Acababa de iniciarse la Reforma protestante y fue detenido en Amberes. Luego intentó trasladarse a Madrid para preparar su defensa ante la Corte, pero en febrero de 1542 falleció de camino, probablemente en Valladolid, sin conseguirlo.

En 1541 partió en busca de El Dorado y las legendarias amazonas, que ahora se suponía que lo defendían, otro joven y ambicioso alemán, Philipp von Hutten, que siguió la misma ruta que Hohermuth. Después de vagar desorientado y describir un ancho círculo, tuvo noticias de la existencia de una tribu poderosa y rica, muy belicosa, pero con ciudades cuajadas de tesoros. Marchó tras ella y encontró el país de los Omaguas, la rica tribu de que tanto habían hablado los indios «brasiles» y que fue el motivo de la expedición de Ursúa. Von Hutten ni siquiera pudo comprobar la riqueza del país. Los indios eran demasiado agresivos y ellos muy pocos. Tuvieron que emprender la retirada después de que Von Hutten fuera gravemente herido en un ataque.

A su regreso, tanto él como Bartholomaus Welser representante de la firma alemana fueron detenidos por Juan de Carvajal, que se había hecho con el poder. Carvajal denunció la administración de los Welser en un simulacro de juicio y consiguió que fueran asesinados brutalmente. Con ellos terminó la presencia alemana en Venezuela y comenzaron a perder brillo los relatos de los primeros conquistadores.

El círculo se cerró en las cuencas del Marañón y el Orinoco, que también ejercían gran atracción sobre los españoles, pues suponían que unos ríos tan grandes solo podían emanar de enormes lagos que les evocaba la imagen del Guatavita.

Entre los atraídos por el Orinoco estaba Diego de Ordaz, que obtuvo permiso en 1531 para descubrir y poblar desde el término de Venezuela hasta el Marañón. Comenzó por remontar el Orinoco y apresó un indio, que al ver la sortija que llevaba, le dijo que había mucho oro tras una cordillera próxima, en la margen izquierda del río. A pesar de las promesas del indio y de tener noticias de una provincia llamada Meta, fabulosamente rica, que se hallaba hacia el nacimiento del río, la expedición terminó en desastre: al llegar a unas cataratas no pudieron seguir, no hallaron tierra que poblar ni oro que recoger y casi todos murieron de hambre y enfermedades.

Pero el fracaso no hizo olvidar el rumor de la tribu de oro del Meta y no faltaron continuadores, como Jerónimo de Ortal, Alonso Herrera o Antonio Sedeño. Todos buscaban fabulosas riquezas y todos vieron de igual forma fracasar sus ilusiones, con el agravante en este caso de las luchas internas y las muertes de los expedicionarios sin haber logrado llegar, como no podía ser de otra forma, a la ansiada tribu dorada.

Y es que la leyenda del Dorado, con todas sus ramificaciones y derivaciones —el Meta, los Omaguas, la casa del Sol, el lago Parimc, la ciudad de Manoa, o tantos otros fantasmas perseguidos sin descanso—, sintetiza mejor que ninguna otra el mito de América que, mezcla de ilusiones, errores y verdades, ofrecía el suficiente aliciente económico como para lanzarse a la aventura, a pesar de las dificultades, los peligros y las enfermedades.

1.2 EL ORO Y LA PLATA DE CORTÉS

EN ESOS AÑOS, de 1540 a 1547, el marqués del Valle de Oaxaca —nombramiento hereditario con el que Carlos I había favorecido el 6 de julio de 1529 a Hernán Cortés, en reconocimiento por sus servicios a la Corona en México[13]—, no se dedicaba a buscar lugares imaginarios, mantenía una empresa minera en Tehuantepec en la que cuadrillas de esclavos indios buscaban oro en el río de Nuestra Señora de la Merced, en las minas de Nuestra Señora de los Remedios y en las minas de Macuiltepec. Cada cuadrilla, formada de 28 a 100 personas, disponía de un capataz indio y estaba al cargo de un minero español —que a veces estaba solo asalariado y otras recibía un veinteno del oro recogido—. Un mayordomo cuidaba el conjunto de la empresa y tenía también a su cargo a una cuadrilla, de cuya producción recibía el diezmo o el seteno.

Dos veces al año, el mayordomo llevaba a Tehuantepac el oro en polvo recogido durante los seis meses previos. El alcalde mayor lo pesaba en presencia del escribano y de varios testigos, lo metía en bolsas de cuero que se sellaban y, junto al oro de los tributos de Tehuantepec y Xalapa lo enviaba a Juan Altamirano, gobernador del marquesado en México para que lo hiciera fundir, retirase el quinto y los derechos del monarca y se cobrasen las partidas de los mineros.

---

[13] Para todo lo relativo a Nueva España, ver nuestra obra *Los años de España en México*. EDAF, 2012.

Las cantidades eran tan pequeñas —la mayor en el primer semestre de 1541 fue de 4458 pesos[14]—, que una explotación de esas características era inviable sin el apoyo de una encomienda. Es decir, Cortés suministraba un capital constituido por la mano de obra esclava y las herramientas, pero la mayor parte del mantenimiento de las minas y de su personal corría a cargo de los propios indios del marquesado, que debían de proveer de mantas y alimentos —gallinas, pescado, sal, maíz y frijoles—, hacer las casas y bohíos que fueran necesarios y pagar un tributo de 1650 pesos anuales en oro.

Explotación de una mina de oro en América con mano de obra esclava. Grabado de Teodoro de Bry realizado en 1590.

Si además del quinto del rey y las cantidades de los mineros, quitamos la cuarta parte por mermas —la reducción de oro de baja ley a oro de marca

[14]   De 1541 a 1547 el descenso de la producción fue casi continuo. Además, durante el segundo semestre de cada año disminuía aún más, pues la temporada de lluvias dificultaba el trabajo de los esclavos en los ríos y arroyos.

de ley perfecta— y los derechos que recibía el fundidor y ensayador, quedaban apenas dos terceras partes, más o menos, como producto neto. Es decir, cada esclavo producía en un año bueno unos 10 pesos netos, menos de la quinta parte del capital que representaba su propio valor. Un disparate económico que llevó a los administradores del marquesado a poner todo su afán en la búsqueda y explotación de depósitos de plata.

Grabado del siglo XIX en el que se representa la actividad minera en el siglo XVI. Las malas condiciones de vida de los mineros, con una enorme tasa de mortalidad, agudizaron la crisis demográfica que existía en Nueva España por la acción de la conquista y el azote de las epidemias. Amenazada la producción y sus ganancias, hubo que fomentar una regulación laboral que precisara los términos para el empleo de los indios y la cantidad proporcional de trabajadores que debían ofrecer los pueblos para no abandonar el resto de actividades.

No es ninguna casualidad que gracias a ese interés se descubrieran por entonces numerosas vetas de ese metal en Tasco, Sultepec, Tlalpujahua y Pachuca —las cuatro, las primeras explotadas por los españoles— en Zacatecas, en 1546; Guanajuato, en 1548; Real del Monte, en 1552 y Fresnillo, Sombrerete y varias otras en los años siguientes. De hecho, a partir de 1550 las minas de plata sustituyeron definitivamente a las de oro, que nunca había sido muy abundante como fuente de producción de metales preciosos en Nueva España, mientras los centros mineros se desplazaban poco a poco hacia el Norte del territorio. Máxime cuando a partir de 1545, comenzaron además a aplicarse allí las Leyes Nuevas, promulgadas por el rey en 1542, que prohibían esclavizar a los indios.

En esas condiciones la producción de oro era insostenible. A partir de entonces su cuantía en Nueva España se redujo al que aparecía mezclado con el mineral argentífero y al que, en cantidades muy moderadas, se comenzó a recibir de las Islas Filipinas a partir de 1576.

Por el contrario, la plata que producían las vetas mexicanas se obtenía en gran cantidad y de una enorme variedad de minerales, según la estructura, mantos y cúmulos en que se presentasen. La plata sulfúrea y la negra prismática eran muy comunes en las vetas de Guanajuato, Zacatecas, y en la veta Vizcaína de Real del Monte. La de Zacatecas, con la notable singularidad de ser más pura y no contener nada de oro.

La plata roja o rosicler formaba parte de las riquezas de Sombrerete, de Cosalá y de Zolaga, cerca de Villalta, en la provincia de Oaxaca. Solo la verdadera mina de plata blanca era muy rara en Nueva España. Podía encontrarse una variedad de ella, blanca pardusca, muy abundante en plomo, en Sonora, en las vetas de Cosalá, donde estaba acompañada de galena argentífera, plata roja, blenda parda, cuarzo y de sulfato de barita.

Los pocos conocimientos técnicos que se tenían en el siglo XVI de la extracción del mineral y su fundición en Alemania, Vizcaya y Bélgica pasaron rápidamente primero a Nueva España y luego al Perú. En teoría el minero no era esclavo, aunque se dio el caso de condenas a trabajos forzados, pero su jornada era tan extremadamente agotadora y miserablemente retribuida que solo se empleaban como mano de obra los más pobres y necesitados.

El mineral se sacaba en los túneles, día y noche alumbrados por fétidas velas de sebo que los mantenían en niebla perpetua, a golpe de mazo. En un ambiente cargado e insalubre. Luego se subía a cuestas, por escaleras hechas de madera o cuero de vaca retorcido. Cada hombre —iban de tres en tres—, llevaba una manta sobre la espalda y el pecho y cargaba en cestas de estera 2 arrobas —25 kilogramos—. El que abría la marcha, con una vela atada en el dedo pulgar, para que todos pudieran ver el camino. Así, una y otra vez, día tras día. Solo con pausas para comer y con turnos para dormir que no siempre coincidían con las horas nocturnas.

No hace falta explicar que esa forma de trabajar equivalía, a medio plazo, a una condena a muerte por enfermedad —la tuberculosis y otras enfermedades infecciosas eran moneda común—. Eso, si no se producían accidentes. Lo más horrible que podía ocurrir era un incendio. El fuego consumía rápidamente toda la madera utilizada en la cimbra que sostenía la bóveda de las galerías y, aunque no alcanzase a los trabajadores, numerosos mineros perecían asfixiados antes de poder llegar a las salidas de aire.

Por lo general, el mayor defecto de las minas de plata mexicanas, que hacía extremadamente costosa su explotación, fue la falta de comunicación entre sus diferentes planos. La mina de la Valenciana, en Guanajuato, bien entibada, con facilidad de acceso por escaleras espaciosas y cómodas, solo tenía pequeños planos para llegar a la veta, de forma demasiado irregular y sin ninguna comunicación lateral. De ahí que resultara imposible introducir en las galerías carretones o animales de tiro —por entonces también se utilizaban en las minas perros para esa labor—, y que los trabajadores se vieran obligados a permanecer cargados hasta que podían dejar el mineral en los talleres o los lugares destinados a almacén. Un tremendo esfuerzo fácil de evitar si se hubiesen podido colocar poleas. Otra costumbre que hacía más inhabitables si cabe las minas mexicanas, era utilizar mulos en su interior siempre que fuera posible. Los animales bajaban todas las mañanas sin guías y en completa oscuridad y se distribuían por sí solos en los diferentes sitios en que están colocadas las norias utilizadas para el bombeo del agua que anegaba muchas veces las galerías.

El mayor problema en Nueva España era que las grandes y productivas vetas, a excepción de las minas de Pachuca, Real del Monte y Morán, ricas y próximas a la capital, estaban localizadas en zonas marginales que planteaban infinitas dificultades para su explotación. Las de Zacatecas, Sombrerete, y Parral estaban muy al Norte, en unos territorios áridos, donde no vivían más indios que los bárbaros y seminómadas chichimecas, que se dedicaban a atacar a quienes penetraban en sus dominios[15]. Para poner en producción esas regiones fue preciso organizar, como veremos más adelante, un puente terrestre, un camino desde Ciudad de México, jalonado de presidios y misioneros que trataban de evangelizar a los paganos, por el que pudieran circular mineros, trabajadores, comerciantes, alimentos, vestidos, herramientas y materias primas.

Como el resto de los yacimientos, la propiedad de las minas de plata de Nueva España fue en principio exclusiva de la Corona, pero ante la dificultades de una explotación directa, y como se percató rápidamente de que la cantidad de plata que se extraía anualmente era diez veces mayor que la de todas las minas de Europa, acabó por ceder su derecho a particulares. Bien reservándose el acotamiento de la veta principal, bien, y era lo más común, mediante el cobro de un quinto del beneficio obtenido —aunque esa cifra varió con el tiempo—, o por asientos en subasta pública.

En la práctica, casi siempre se reconocía la propiedad de la mina a su descubridor si la trabajaba y abonaba el derecho real correspondiente, así se estimulaba la producción. Como sistema de control de esa producción había la obligación de entregar el metal en las oficinas de ensayo, casas de moneda o los denominados bancos de rescates, donde se recaudaba el quinto real y se abonaban los derechos de fundición y ensayo. Luego, el metal ya sellado quedaba en propiedad de su dueño o se le entregaba en moneda. El control sobre todos los

---

[15] Sirva como ejemplo Zacatecas. En 1570 vivían allí unos 300 españoles y 500 indios traídos del centro de México, rodeados de chichimecas.

metales preciosos a través de los impuestos siempre fue muy riguroso. Estaba terminantemente prohibida la circulación de metal no ensayado y quintado, se consideraba contrabando y estaba penado con la cárcel.

1.2.1 El peso de la alquimia

Corría el año 1540 cuando se publicó en Venecia un manual sobre el arte de la fundición de metales: *De la pirotechnia*. Era la obra póstuma de un hombre nacido en Siena, Vanoccio Biringuccio, fallecido el año anterior, que había dedicado su vida a los secretos de la metalurgia y sus aplicaciones militares. El trabajo, con una valiosa base científica y técnica estaba dividido en 10 libros en los que se describían minuciosamente minerales, semiminerales, ensayos, métodos de fundición, aleaciones, algunos métodos experimentales basados en la alquimia y, lo más importante para los intereses españoles: la primera descripción de un procedimiento para extraer el oro y la plata de sus minerales mediante el mercurio.

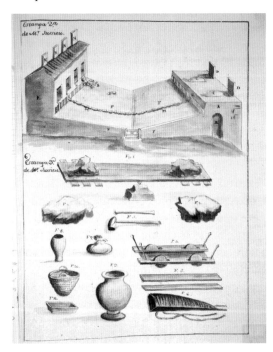

Representación de los hornos que servían para la separación de la plata y el azogue. Junto a ellos, los instrumentos y enseres utilizados para el trabajo: balanza, martillo, cincel, carretón, cestos, bolsa de badana, vasija de barro para guardar el mercurio y molde.

Sus estudios, que se aplicaban en las minas de Europa Central, por entonces en plena actividad, se introdujeron en Nueva España poco a poco, entre 1542 y 1552, de la mano de mineros de ascendencia alemana, pero sin que llegaran a desarrollarse esas técnicas de amalgama a escala industrial. Al menos hasta que Bartolomé de Medina decidió en 1555 aplicarlas en las minas de Pachuca.

Medina, un próspero comerciante sevillano, se había trasladado a América un año antes, después de haber realizado varias pruebas en la Península.

Instalado en su hacienda[16] de la falda del cerro de la Magdalena, junto al río de las Avenidas, optó por poner en práctica el sistema a gran escala.

Hasta entonces, la aplicación de calor continuo a los minerales, para separar su contenido metálico y liberarlo de las impurezas —la fundición—, era la única técnica para obtener la plata. Se realizaba de dos formas, por fundición sencilla, en típicos hornos castellanos, donde no era necesario moler el material triturado y, mediante la técnica de copelación[17] se separaban las impurezas de la plata y el oro; o mediante fundición combinada, por medio de hornos de reverbero y tostadillo, en donde era necesario no solo la trituración del mineral, sino también su molienda, después de haber pasado por el horno y dar como resultado un polvo fino que, recibiría el nombre de «harina», para después concluir con una fundición con copelación.

Los hornos castellanos, en los que muchas veces se podía realizar el proceso sin la necesidad de triturar la mena, se levantaban en forma de pilar, con sección cuadrada. Su altura dependía del tamaño de los fuelles que se utilizaran, de la dureza de los metales y la cantidad de material a fundir. El suelo del horno se preparaba con dos partes de carbón molido, y una de tierra buena, apisonadas y se calentaba con leña, carbón vegetal o estiércol. En los muros tenía unas aberturas o entradas, que permitían la entrada del fuelle, y otras por donde salían el metal fundido y las escorias.

Los de reverbero se construían a base de mampostería de piedra y barro. Tenían una bóveda semiesférica y, debajo de ella, estaba la caldera, alimentada por el combustible del que se pudiera disponer. De estos hornos derivaban los de tostadillo, que se caracterizaban por tener la plaza cóncava, al igual que la bóveda, para que pudieran usarse también para tostar la harina mineral con el fin de eliminar parte de las impurezas antes de proceder a la fundición.

Todos funcionaban por medio de fuelles hechos a base de madera y cuero lo suficientemente grandes para proporcionarles el soplado necesario para la combustión. El tipo de horno se elegía según la clase de mineral de que se tratara; para los de fundición se distinguían los metales con un gran porcentaje de plata y que además tuvieran bajo contenido de sulfuro de plomo, a los que se les daba

---

[16] Poco queda hoy de la hacienda de Medina, conocida como Purísima Concepción. En su lugar se instaló a principios del siglo XX el club de tenis de la Compañía Real del Monte y Pachuca y hoy forma parte del campus de la Universidad Autónoma del Estado de Hidalgo.

[17] El método de copelación, utilizado durante la Edad Media y buena parte del Renacimiento, era uno de los procesos más comunes para refinar metales preciosos. A grandes rasgos, se calentaba en el horno un metal impuro como el plomo a más de 300° —el plomo funde a 327° y la plata a 900 o 1000°— y se dirigía una corriente de aire caliente. Con el flujo del aire, el metal formaba un óxido que, mediante una reacción química, dejaba libres los metales preciosos.

una ley de plata elevada. Algunos, por su gran concentración, no se sometían a los hornos de fundición, si no que se llevaban directamente a los hornos de afinación.

Cuando se presentaban menas con baja ley, se realizaban las fundiciones preparando el suelo del horno con escorias de fundiciones anteriores y una proporción determinada de mineral, al que se añadía más óxido de plomo en pedazos y en cenizas. Los minerales cuya composición estaba conformada por cobre, se sometían a varias fundiciones con temperaturas aún más elevadas, pues necesitaba un tiempo superior al de los otros metales para fusionarse, hasta que quedaba la plata líquida en la superficie. Las operaciones de fundición se realizaban en crisoles, unos depósitos que iban dentro de los hornos, donde les metales no tenían contacto directo con el fuego. Después de todas las operaciones necesarias, se retiraban para obtener los productos fusionados.

Con el método de Medina, primero era necesario mezclar el mineral de plata triturado y pulverizado muy fino, para que presentara el mayor contacto posible con el mercurio. Luego se extendía en «tortas» de 18 a 35 quintales en patios muy grandes, al aire libre o bajo techado, donde se añadía agua, salmuera, mercurio y otros compuestos y se incorporaba el sulfato de hierro como reactivo. Después se daban «los repasos». Es decir, se mezclaba todo con ayuda de animales y se vigilaba que las reacciones químicas se efectuaran adecuadamente a fin de que el mineral se descompusiera con la sal, y la plata formara amalgama con el mercurio. Pasadas varias semanas se lavaba la torta para retirar los materiales de desecho y la amalgama se pasaba a un horno especial donde, con mucho cuidado, se volatizaba el mercurio a altas temperaturas y quedaba solo la plata —a veces con pequeñas cantidades de oro que se apartaban—, en forma esponjosa. Finalmente se fundía y se vertía en moldes para obtener las barras del preciado metal.

La principal consecuencia de la innovación que Medina denominó «Beneficio de patio» fue un enorme aumento de la actividad minera, pues requería de menos tiempo y menor cantidad de mano de obra que los procedimientos habituales. Su principal problema, que suponía un mayor coste económico al utilizar sal, pirita de hierro, cobre y mercurio, se vio paliado rápidamente por el incremento de las ganancias obtenidas. Cinco años después del descubrimiento de Medina, en 1562, se contaban ya en Zacatecas treinta y cinco haciendas de «beneficio» donde se trataban los minerales con el azogue.

La fama de Pachuca y sus modos de trabajo se extendió por Nueva España. Con ella llegaron nuevos operarios deseosos de hallar acomodo en un lugar tan fructífero y movimientos de indios procedentes de Atotonilco, Actopan y Tizayuca para utilizarlos como mano de obra.

A finales del siglo XVIII, Antonio de Ulloa describiría a Pachuca que llevaba dos siglos a pleno rendimiento, como una ciudad de reducida extensión poblada en su mayoría de operarios de las minas con «pocas facultades» la manera de la época de decir que no sabían ni leer ni escribir.

La puesta en marcha de manera industrial de los simples y efectivos procedimientos metalúrgicos para el beneficio de los minerales argentíferos mediante el azogue, que hasta entonces se había empleado básicamente en la fabricación de espejos, para dorar y platear objetos diversos, o en cosmética y medicina, disparó su demanda. En cuanto la Corona se percató de su importancia, procedió a monopolizar su producción y comercialización en las Indias.

Solo que se encontró con que los nuevos métodos suponían un problema. Se necesitaba una enorme cantidad de azogue para aumentar la producción de plata, pero en Nueva España no había mercurio suficiente, solo algunas vetas en las minas de San Juan de la Chica, el Rincón del Centeno y el Gigante. Había que buscarlo en América o conseguirlo en la Península y trasladarlo por el Atlántico.

1.3 EL CERRO RICO

UNA MAÑANA DE ENERO de 1545, Diego Huallpa, natural de Cantumarca, un pueblo minero preincaico de la región del Cuzco situado en una zona especialmente húmeda y cenagosa, sacó a apacentar sus llamas por las laderas de la alta montaña próxima a su vivienda. Era una costumbre adquirida con el tiempo y nunca le había causado problemas, pero esa tarde algunos animales se alejaron cerro arriba y uno de ellos se extravió. Huallpa, que no estaba dispuesto a abandonar la fuente de su sustento, se dispuso a buscarlo entre los riscos. Allí estaba cuando el sol se ocultó tras el horizonte.

La noche trajo consigo un intenso frío y Huallpa decidió encender una hoguera con keñua y paja brava, dos tipos de arbustos nativos que crecían por los alrededores, para cobijarse al calor del fuego. Al amanecer, su asombro fue enorme al descubrir pequeños hilos de plata derretidos, fundidos a flor de roca, que sobresalían de los restos de la fogata.

Contento de su suerte, comenzó a venderla, y las noticias de su hallazgo llegaron al capitán extremeño Juan de Villarroel, uno de los fundadores de Porco, en la actual Bolivia, a unos 25 kilómetros del cerro. Villarroel no tardaría en darse cuenta de que la riqueza de la mina encontrada podía convertirla en una de las más importantes del continente.

Hasta ahí la leyenda. Lo cierto es que, es más que probable, que los indios conocieran la riqueza argentífera del cerro, pero estuviera consagrado a los dioses y hubieran decidido no explotarlo[18]. De una manera u otra, el 21 de abril de ese año la mina fue inscrita en el registro que mantenía el licencia-

---

[18] Carta enviada el 29 de abril de 1599 por el padre José de Arriaga al General de la Orden de los jesuitas en Lima, Claudio Aquaviva, en referencia a Potosí: «En el camino real están dos cerros a los que los indios, desde tiempos inmemoriales, han tenido extraña devoción, acudiendo allí a hacer sus ofrendas y sacrificios».

do Pedro de Torres por Diego de Centeno, capitán de Su Majestad Imperial Carlos V en los reinos del Perú y justicia de Chuquisaca. Tomaba posesión de ella en nombre de varios asociados —entre los que se encontraba el propio Villarroel—, que no tardaron en comenzar su explotación.

La mina estaba a 4700 metros de altura, en pleno páramo andino, donde no había animales, ni apenas vegetación. Para explotarla, se abrieron caminos desde Cuzco, Arica e incluso Córdoba, por los que se pudiera transportar todo lo necesario, desde trabajadores hasta ganado. Las primeras cuatro vetas en las que se trabajó fueron la Centeno —la que había encontrado Villarroel—, la Estaño, descubierta por Juan Sánchez poco después; la Rica, localizada y estacada por Pedro de Fuentes, y la Mendieta, que ese agosto registró Rodrigo de Benavente, un mozo de 16 años. Desde entonces, miles de bocas horadaron el Cerro Rico en todas direcciones.

Dos años después de iniciado el aprovechamiento de las riquezas mineras, Carlos I concedió a Villarroel una Real Cédula en la que le hacía descubridor oficial del enorme cerro argentífero y lo nombraba fundador de la villa Imperial nacida a sus pies. Ambos recibieron el nombre de Potosí[19]. La riqueza del lugar llevaría a Miguel de Cervantes a acuñar en *El Quijote* un dicho popular que aún se puede escuchar. Decir que algo «vale un Potosí» o «más que un Potosí» tiene la connotación de ser mejor que el más grande de los tesoros jamás encontrados.

A partir de 1555, en cuanto se aplicaron las técnicas desarrolladas por Bartolomé Medina que hemos visto, comenzó también allí la producción masiva de plata en cantidades inimaginables hasta entonces. El mineral en bruto, extraído del Cerro Rico, se transportaba a la zona de producción del metal: una serie de factorías independientes, recorridas de forma incesante por caravanas de mulos de carga, encadenadas una tras otra a través de una canalización. Por ella discurría sin descanso el agua imprescindible para accionar los diferentes ingenios hidráulicos, molinos u hornos, destinados al proceso de amalgama. Era la única forma de mantenerlos siempre en funcionamiento y obtener un suministro constante a lo largo del año.

Se construyeron gran número de presas en las colinas cercanas a la ciudad. Todas ellas comunicadas entre sí y con pequeñas capillas en las que se hallaba el santo que las protegía sobre las compuertas. Además de cómo estanque sirvieron para la cría de aves acuáticas y, probablemente, de piscifactoría, para alimentar a las miles de personas de todas las clases sociales que, en poco

---

[19] El origen del nombre es incierto. Desde *Potojsi* o *Potojchi*, que según algunos autores significaba en quechua «brotador de plata», hasta la versión del escritor e historiador Gómez Suárez de Figueroa —el Inca Garcilaso de la Vega—, que en 1609 afirmó que *Potojsi* no significaba nada y era solo el nombre del cerro; o la de Pedro Cieza de León, autor de la *Crónica del Perú*, que de su visita a la zona en 1549 sacó la conclusión que los incas llamaban Potosí «a todos los cerros y cosas altas».

tiempo, acudieron a buscar trabajo y fortuna, azuzadas por el brillo de la plata de aquellas fabulosas minas.

En pleno siglo XVI, cuando en Europa apenas había unas pocas vetas de plata que ya no daban más que un exiguo porcentaje de mineral, como las de Sajonia, en Alemania, que estaban en declive desde el medievo, aquel hallazgo en las lejanas tierras andinas fue todo un filón que hizo aumentar la producción del ansiado metal en enormes proporciones.

Uno de los primero dibujos de Potosí. El artista ha representado la Casa de la Moneda y, en primer plano, hornos, crisoles y grandes montones de mineral de plata. Puede verse a muchos indios y "mayordomos" españoles ocupados en las diversas etapas del proceso de fusión. El Cerro, al fondo, tiene una cruz en su cima. Al Este se encuentra el camino de Tucumán y, al Oeste, un montículo llamado Tollochi. Por las laderas, caravanas de llamas, ganaderos y jinetes se dirigen hacia las minas. Obra anónima realizada en 1585.

Mientras que hasta 1530 América había exportado a Europa casi exclusivamente oro, en los 30 años siguientes, la proporción cambió por completo, y la plata representó el 99% de los metales preciosos enviados. Fue tal la enorme cantidad que, a través de España se vertió en Europa desde el Alto Perú, que revolucionó los mercados y los precios.

Un inusitado movimiento económico y humano que llevó a conglomerar una populosa y cosmopolita población, formada por miles de indígenas, españoles, negros y extranjeros, llegados de las regiones más apartadas de la tierra.

La intensa actividad laboral y comercial debido al gran rendimiento lucrativo, convirtió a aquella pequeña villa imperial —concesión de Carlos I mediante un decreto firmado el 28 de enero, 1547—, en el más rico mercado virreinal, donde, poco a poco se desarrollaron en forma intensa, con el apoyo de los acaudalados propietarios de las minas y de todos los productores de los servicios que necesitaban, la escultura, pintura y arquitectura.

En 1572, a menos de 30 años de su descubrimiento, en Potosí se había establecido una población mayor que Sevilla, medio siglo después, en la primera década del XVII, su montaña blindada de plata, que absorbía la codicia del mundo, era el centro más importante de la actividad económica, social y cultural de América y una de las ciudades más pobladas de la tierra. Superaba los 160 000 habitantes, una cantidad mayor que París o Londres. Una gigantesca urbe donde todos sus habitantes obtenían buenas ganancias. Un lugar en el que reinaban tanto el boato y el lujo como las intrigas y los enfrentamientos entre los miembros de una sociedad que competía entre sí mientras alardeaba de sus riquezas.

Mineros, ejército, nobleza, religiosos, comerciantes. Todos sentaron las bases de una ciudad en la que también recayó mucha de la riqueza obtenida del cerro milagroso. Potosí creció de una forma desordenada, pero con edificios deslumbrantes. Se levantó la Casa de la Moneda, conocida como El Escorial de América, casas palaciegas con suntuosas balconadas y numerosos templos religiosos con fachadas barrocas, opulentas y recargadas.

Por entonces, en el momento de su máximo desarrollo, en el centro, alrededor de las plazas de mercado, se localizaban sus equipamientos más representativos. Era el lugar habitado por las clases altas, con edificios de cubiertas de teja y acabados de buena calidad, adornados con miradores, patios y soportales. Más allá, en los barrios periféricos, poblados por comerciantes, artesanos y trabajadores libres de las minas, ya no había tejas de cerámica, sino paja. Los edificios disponían de una sola planta, sin ningún ornamento en fachada, pero su trazado continuaba ordenado, paralelo y regular, a la manera típica de las ciudades que se fundaban en Hispanoamerica.

Tras estos, las afueras las ocupaban ya un gran número de «asentamientos espontáneos» —las chabolas actuales—, destinados a alojar a los mineros indios y sus familias, que llegaban en masa como emigrantes para trabajar en las minas. El trazado de ese emplazamiento ya no estaba planificado. Era caótico. Por allí, entre el abandono y la miseria, lejos de la ostentación y la abundancia, discurría incluso el saneamiento de la ciudad.

Con todas las minas a pleno rendimiento se organizó primero para Nueva España y luego para el Perú una exhaustiva reglamentación. Después, en 1584, ya bajo el reinado de Felipe II, se recopiló en las denominadas *Ordenanzas del Nuevo Cuaderno*. Más tarde, las Leyes de Indias recogieron la normativa que iba surgiendo y, en el siglo XVIII, se editaron obras específicas y muy completas, como los *Comentarios a las ordenanzas de minas*, de Francisco Javier de Gamboa, publicada en Nueva España, o las *Ordenanzas de las minas del Perú y demás provincias del Río de la Plata*, a cargo de Pedro Vicente Cañete. Ambas comentaban y resumían disposiciones legales, sistemas de explotación y rentabilidad de la materia minera en Hispanoamérica.

1.3.1 *La realidad de la* mita

Es común decir que la verdadera riqueza explotada por los españoles en el Alto Perú no fue la plata de Potosí, sino el baratísimo recurso humano aportado por los indígenas, sojuzgados y depredados mediante el trabajo esclavo. Solo es relativamente cierto.

La *mita*, el método de trabajo obligatorio utilizado específicamente en la región andina, no fue un invento español, sino el sistema laboral tradicional del Estado Imperial Incaico mediante el que se movilizaban multitudes de personas a trabajar por turno en labores de construcción de caminos, puentes, fortalezas, centros administrativos, templos, acueductos o en la explotación de minas. Incluso para realizar los servicios especiales que necesitaba el imperio, como actuar de músicos y danzantes, servir de mozos de carga del Inca, o asumir las funciones de *chasqui*, el corredor que entregaba sus mensajes personales[20]. Todos los hombres casados adultos —no las mujeres—, con edades comprendidas entre los 18 y 50 años estaban obligados a cumplir con la *mita*.

El problema fue que, a pesar de las leyes dictadas desde la Península sobre el trabajo esclavo, Francisco de Toledo, que por entonces había dejado un cómodo puesto en Roma para ocupar el de virrey del Perú, la adoptó como propia con la excusa de que el rey de España era el sucesor del emperador inca, y obligó a los indios de 16 de sus provincias a trasladarse a las minas para servir en ellas, a cambio de un modestísimo salario.

Lo que no siempre se cuenta es que tanto a él como a sus sucesores, le apoyaron los descendientes de la nobleza indígena que gobernaba el Perú cuando llegaron los españoles. Así era ventajoso para todos. Unos, por que conseguían someter a las masas indias mediante hombres de su misma raza. Los otros, para conseguir, con éxito, que se les reconociera como legítimos descendiente de los emperadores del Perú, y así no perder privilegios. De hecho,

---

[20] Entrenados desde niños para correr, utilizaban un sistema de relevos mediante postas —*tambos*—, colocadas estratégicamente en los extensos caminos construidos por el estado. En palabras de Pedro Cieza de León, impresionado por la eficiencia del sistema «las noticias no habrían podido ser transmitidas más rápido salvo con los caballos más veloces».

Entrada en Potosí del arzobispo Diego Morcillo, como virrey del Perú, el 25 de abril de 1716. El lienzo está dividido en tres espacios temporales diferentes. La mitad inferior la ocupa la amplia comitiva que acompaña al prelado en su entrada a la ciudad. En la superior se encuentran dos lienzos fingidos con la representación de los actos con que se conmemoró el hecho, que se prolongó hasta la noche y el día siguientes. Obra de Melchor Pérez de Holguín realizada en 1716. Museo de América, Madrid.

los nobles enseguida mandaron a sus hijos a un colegio exclusivo en Cuzco, dirigido por sacerdotes jesuitas donde aprendieron castellano, latín y la doctrina cristiana.

La *mita* aplicada por Toledo establecía cuotas laborales que debía cumplir la población tributaria según la asignación que hiciese el corregidor, tanto para el servicio del encomendero como del poseedor de mercedes de tierra o hacendado. Se sorteaba periódicamente a los vecinos de un determinado lugar para trabajar durante un plazo establecido a cambio del pago de un sa-

lario controlado por las autoridades. Los propietarios de la encomienda dedu-
cían de los jornales la cantidad que se debía pagar en concepto de tributo y el
resto quedaba para el trabajador[21].

La duración de la *mita* minera se fijó en diez meses por año, Pero el trabajo estaba retribuido con unas cantidades tan miserables —diez veces inferiores a las percibidas por un trabajador libre—, que los indios, cuando acababa
su plazo obligada permanencia, se encontraban siempre endeudados, lo que
los obligaba a continuar por tiempo indefinido en las minas. Allí, no existía
noción del tiempo. Se vivía en una eterna noche, un eterno letargo entre un
barro grisáceo y pegajoso. Unas veces con calor y otras con frío intenso, sobre
tramos de suelo completamente inundado. La esperanza de vida menguó de tal
manera que era complicado sobrevivir más de siete años seguidos de trabajo.

---

[21]   Tan odiado como la *mita* era el trabajo en los obrajes, las primitivas fábricas textiles.

Se prohibió utilizar para esas labores a más de un tercio de la población tributaria permanente para evitar la despoblación. A pesar de ello, muchos indios prefirieron abandonar sus tierras, su ganado e incluso a su familia, para huir a la selva o lugares recónditos en la montaña, a donde no llegaran los soldados a buscarlos. Gran número de regiones quedaron sin habitantes y con sus campos abandonados, lo que no ayudó en absoluto a mejorar las condiciones de vida de una gran parte de la población.

A cambio de la fuerza de trabajo y de los consiguientes tributos, el encomendero tenía la obligación de catequizar en la religión católica a sus mineros. No parece que eso ayudara mucho. El servicio forzado ejerció una inmensa presión sobre la población y causó cientos de miles de víctimas mortales en las minas, lo que obligó a la Corona a llevar al virreinato otro tipo de trabajadores: negros esclavos, de las costas occidentales de África.

La dureza de las jornadas de la *mita* minera pudo atenuarse algo gracias al empleo sistemático de la hoja de coca como vigorizante. Para proporcionársela a los trabajadores, se organizó una ruta que la trasladaba desde los cocales de cultivo a los centros de consumo, fundamentalmente Potosí.

La primera referencia a la coca conocida en restos arqueológicos es una cerámica perteneciente a la cultura valdivia[22] encontrada en la costa sur de Ecuador, fechada en unos 3000 años a.C. La presencia de los útiles para su uso y los hallazgos de cerámica con representación de mascadores son abundantes en las culturas preincaicas lo que sugiere que fue un elemento muy significativo para esos pueblos.

En las áreas productoras de coca, la masticación de la hoja fue siempre una práctica ampliamente difundida entre la población y no un privilegio de la élite local. Las hojas de coca se utilizaron como objeto de trueque, elemento ceremonial, religioso y de integración social. También como sustancia estimulante y medicinal, aunque parece que su función principal fue una mezcla entre magia y religión, principalmente como ofrenda ritual a los espíritus andinos. Es el caso del culto a Pachamama —la Madre Tierra—, a la que pedían su protección todos los mineros de Potosí.

El imperio inca, cuando se hizo con el poder, elevó el rango de la coca al máximo nivel, y se convirtió en un elemento imprescindible en los rituales llevados a cabo por el emperador, las élites nobles y los sacerdotes. Cuando llegaron los españoles, desmantelaron la práctica de todos los rituales incaicos, y eso aumentó la disponibilidad de hoja. Como no había ninguna razón para impedirle el uso personal a la población, la coca se siguió utilizando en áreas cada vez más amplias y alejadas de las zonas de producción, a las que ahora llegaba de nuevo la hoja que años antes había acaparado la élite.

---

[22] Una cultura precolombina asentada en la costa occidental del actual Ecuador entre el 3500 y el 1800 a.C.

Los españoles vieron enseguida el deseo de los indios de consumir coca; la hacían una pelota que colocaban en un extremo de la mandíbula y prácticamente se olvidaban de ella mientras, muy lentamente, la mezclaban con saliva. Cuando la tenían, trabajaban mejor, les ayudaba con el mal de altura, combatían el cansancio y los dolores musculares e incluso engañaban un poco el hambre o llegaban a utilizarla como ocasional alimento alternativo debido a sus propiedades nutritivas; luego decidieron cultivarla y comercializarla. Rápidamente se hicieron con los cocales de los nobles e incrementaron en lo posible la superficie cultivada, lo que permitió poner en el mercado considerables cantidades de hoja.

Las razones para que el consumo de coca aumentara en Perú vertiginosamente durante el siglo XVI, aparte de una casi inagotable disponibilidad de la hoja, fueron, a pesar de todo, las connotaciones religiosas y culturales, que no desaparecieron, sino que se mezclaron con las católicas, y que al aumentar su valor, se convirtió en un elemento de trueque que llegó a ser fundamental en la economía de los indios.

Los cocales del estado inca estaban ubicados, casi en su totalidad, en los valles cálidos de la vertiente oriental de la cordillera de los Andes, denominados genéricamente *yungas*. Sin embargo, debido a que Cuzco fue una de las primeras poblaciones importantes conquistadas, las plantaciones que inicialmente más se desarrollaron fueron las situadas en sus proximidades. Luego se promovieron también las de los *yungas* de La Paz, Cochabamba y La Plata.

En las minas, la hoja se utilizaba en todo momento, por lo que en el siglo XVI, la mayor parte de la coca se llevaba a Potosí, en mulas, desde los *yungas* del Cuzco, un trayecto de uno 1150 kilómetros. Después, a partir del siglo XVII, los *yungas* de La Paz, a mitad de camino, fueron los principales suministradores y comenzaron a decaer mucho los cuzqueños. Los de Cochabamba y La Plata, mucho más próximos, pero menos fértiles, siempre tuvieron una importancia secundaria ante las grandes producciones de hoja de Cuzco y La Paz.

1.4 EL NEGOCIO DEL AZOGUE

COMO YA HEMOS ADELANTADO, la solución al problema del mercurio se encontraba en la Península, donde no había dificultades para conseguirlo. Las primeras noticias sobre las minas de cinabrio[23] situadas en la romana región Sisaponense —por la ciudad de Sisapo, en el municipio de Almodóvar del Campo—, podían leerse ya en la *Geografía* del historiador griego Estrabón y en

---

[23] El cinabrio o bermellón, un mineral de la clase de los sulfuros de color violeta o rojo intenso, está compuesto en un 85 % de mercurio y un 15 % de azufre.

la *Historia Natural* de Plinio el Viejo. Ambos hacen referencia a cómo los romanos extraían el mineral y lo enviaban directamente a Roma, donde, molido, era muy preciado como bermellón. Luego los árabes también explotaron esos yacimientos, como se desprende de su propio topónimo «Almadén» —literalmente «la mina» en árabe—.

La Virgen del Cerro. *Los indios representaban a la Virgen en la Montaña como una evocación a la Pachamama o Madre Tierra del mundo andino. Aparecen también, en la parte inferior de la escena representada autoridades civiles y religiosas, que agradecen a Dios por la riqueza del cerro. A la izquierda se ve un Papa, un cardenal y un obispo. A la derecha, el virrey y varios caballeros, entre ellos el donante, la persona que pagó para que se pintara el cuadro.* Obra anónima de 1720, Museo Nacional de Arte La Paz.

Tan preciada propiedad cambió de manos en 1168, durante la Reconquista de la Península y su repoblación. Alfonso VIII otorgó a la Orden de Calatrava la mitad de la mina por su ayuda militar y los servicios prestados, una posesión que se vio ampliada poco más de un siglo después, bajo el reinado de Sancho IV, cuando los calatravos obtuvieron del monarca la propiedad de la mitad restante y la autorización para fabricar bermellón. En 1308, finalmente, Fernando IV le concedió también el monopolio de la venta del azogue a la Orden, que muy pronto comenzaría a explotar las minas mediante el sistema de arriendos, principalmente a comerciantes de origen catalán y genovés.

Las Mesas Maestrales de las Órdenes Militares de Santiago, Alcántara y Calatrava quedaron vinculadas a los Reyes Católicos a finales del siglo XV, y con ellas, las minas de Almadén. Aunque hasta 1523 el Papa Alejandro VI no concedió a perpetuidad su administración a la Corona. Para entonces ya se prefería el arrendamiento como forma de administración de los antiguos maestrazgos[24], normalmente sin subasta pública: se negociaban en privado y se hacía cargo de ellos quien estuviera dispuesto a anticipar mayores fondos o el que, habiéndolo hecho ya, no los hubiera recuperado. En esa situación se encontraba la familia de los financieros alemanes Fugger, también una potente compañía en el mundo de la minería de Europa Central, quienes, para amortizar el crédito que habían facilitado a Carlos I para acceder a la Corona Imperial, aceptaron en 1525 los ingresos de las rentas de los Maestrazgos que incluían la producción de azogue de Almadén.

Por tanto, cuando se vio que había una gran demanda de producto en Nueva España, se cambió urgentemente ese criterio para que su extracción y posterior venta supusiera una considerable renta para la Real Hacienda. Primero con las Reales Cédulas de 4 de marzo de 1559[25] y 8 de mayo de 1572 y, más tarde, con la de 1645. Con esta última la Corona decidía retomar el control directo de las minas tras más de un siglo de arrendamiento a particulares.

Además, el interés del mercurio para la Corona no se limitó ya a las cuantiosas sumas económicas obtenidas directamente por su venta en régimen de monopolio, sino que su abastecimiento a las minas americanas se convirtió en un objetivo prioritario de su política al repercutir directamente en los ingresos fiscales relacionados —no solo el quinto real, también las alcabalas y monopolios diversos—.

En cualquier caso, pese al interés que demostraban por el yacimiento los sucesivos monarcas, la gestión estatal no logró evitar que durante la segunda mitad del siglo XVII se prolongara el estancamiento de su producción. Algo que había comenzado durante los últimos años en que estuvieron explotadas por los Fugger. La situación solo empezó a mejorar a principios del siglo siguiente, con la llegada al trono de los Borbones, cuando gracias al hallazgo de nuevas vetas, al uso de la pólvora en las excavaciones, al ingreso algo más fluido de fondos para la explotarlas y, especialmente, a su reorganización administrativa —tanto a nivel interno como externo[26]—, se consiguió, pese a no pocos obstáculos e interrupciones, superar ampliamente la producción de épocas anteriores.

Como en el resto de las minas de la época, la actividad en su interior no se detenía durante las 24 horas del día. El ambiente era impuro y vaporoso,

---

[24] Ver nuestra obra *Los halcones del mar. La orden de Malta*. EDAF, 2014.
[25] La cédula de 4 de marzo de 1559 estipulaba que nadie podía exportar azogue de España a ninguna parte de las Indias sin autorización real, y que nadie allí podía comprar dicho producto exportado ilegalmente de la Península.
[26] Se crearon organismos dependientes del Consejo de Indias con competencia exclusiva en materia de azogues —la Junta de Azogues, en 1708, y la Superintendencia General de Azogues, en 1717— que pusieron fin a los fraudes en los quintos reales, a los robos constantes y a la falta de regularidad en el cobro del valor principal del mercurio y se aprobaron las Reales Ordenanzas de 1735.

rodeado de oscuridad, lo que acababa por suponer numerosos problemas de salud[27]. El trabajador, apenas iluminado por una sencilla vela sujeta de una lamparilla, tenía que subir y bajar continuas escalas en fatigosas jornadas de 6 horas.

La delicada tarea de empaquetar el azogue tenía lugar en un almacén situado en el recinto de fundición —el llamado Cerco de Buitrones—, donde se instalaron los hornos de aludeles. Las peculiares características del mercurio, su fluidez y capacidad de penetrar en los cuerpos sólidos, su extremada densidad y peso, su escaso volumen y su toxicidad, obligaban a un embalaje seguro, impermeable, resistente, y de pequeño tamaño, para garantizar su manejabilidad.

Lo habitual era usar baldeses —pieles de oveja curtida—, cueros o badanas que se colocaban sobre un recipiente cerámico para facilitar el vertido del azogue. Luego se ataban por arriba con una cuerda. Cada bolsón se cubría con otros dos cueros atados por separado, que servían para protegerlo y garantizar su estanqueidad. El paquete recibía por extensión el nombre de baldés y, a veces, el de maceta.

La cantidad de mercurio que se ponía en cada bolsón era variable según el sistema empleado para su transporte. Cuando este se realizaba en carretas, solía ser de un quintal o cuatro arrobas, que equivalen a 46 kilogramos[28], cantidad que se suponía manejable por un hombre medianamente robusto. Para el transporte a lomos de mula, se empacaban baldeses de menos peso —medio quintal—, y se cargaban dos por animal.

En la operación intervenían dieciséis personas con diferentes cometidos: un pesador que medía la cantidad destinada a cada baldés, dos registradores encargados de rellenar los cueros con la cantidad adecuada y de controlar su estanqueidad, siete hacenderos o peones que acarreaban el azogue y revisaban y clasificaban los baldeses según su calidad, y seis atadores con el cometido directo de empaque.

Cada baldés se colocaba en una espuerta de esparto bien cerrada, y ya podía procederse al traslado a Sevilla, viaje para el que se solían llevar cueros y cordeles de repuesto. El fondo de los carros para el transporte se acondicionaba con ramas pequeñas y serones para amortiguar las vibraciones del camino y, posteriormente, se cubrían los baldeses con otro serón, que los protegiera de la lluvia y de la humedad.

Los carros se cargaban con diez quintales de azogue cada uno, de manera que normalmente resultaba posible transportar toda la producción anual

[27] El Hospital de Mineros, obra del superintendente Francisco Javier de Villegas, no se fundó hasta 1752.
[28] La equivalencia de los pesos y medidas habitualmente empleados para el mercurio eran los siguientes: 1 quintal castellano = 4 arrobas = 100 libras = aprox. 46'04 Kg. 1 frasco de mercurio = 3 arrobas = 0'75 quintales = aprox. 34'53 Kg.

en unos pocos centenares. Hubo años excepcionales, como 1784, en que se enviaron a ultramar 37 630 quintales de azogue —1731 toneladas—, para lo que se precisarían unos 3200 carros, cifra elevadísima respecto el total existente en Castilla. Eso hace suponer que, en ocasiones esporádicas, se hizo más de un envío al año.

La preparación del azogue para su viaje por el Atlántico era todavía más pesada. Una vez en Sevilla, se procedía a un nuevo empacado. Primero para acondicionar la mercancía con mayor seguridad con vistas al resto del viaje, y también para subsanar el deterioro que pudieran haber recibido los cueros a lo largo del tortuoso trayecto. También para evaluar —previamente al envío— las posibles pérdidas o fraudes. Tras pesar el azogue llegado, se hacía un nuevo envoltorio de tres baldeses de menor contenido que el inicial —medio quintal—, para poder reaprovechar los mismos cueros tras eliminar las partes dañadas. Cada baldés se metía entonces en un pequeño barril de madera bien cerrado, y cada tres barriles se transportaban en un cajón expresamente fabricado para ello, forrado interiormente con esteras de esparto, y envuelto con cueros afianzados con tachuelas. Hasta el siglo XVIII no se generalizó el uso de trallas bastas de cáñamo para cubrir los cajones que, para mayor seguridad, se ataban por entonces con cuerdas de esparto.

Como se ve claramente, la complejidad del procedimiento y sus dos empaques provocaba un considerable gasto de material, tiempo y personal, que repercutía en el precio final del producto. Además, el trámite efectuado en Sevilla, a lo que finalmente conducía era, cuando no a eventuales fraudes, a retrasos en los envíos o a pérdidas de mercurio por el cambio de envase. Durante el siglo XVIII hubo algunos intentos para racionalizar el proceso y reducirlo a un solo empaque, como ordenó en 1730 el ministro José Patiño al superintendente de las minas José Cornejo, pero no tuvieron mucho éxito. Como tampoco lo tuvieron las distintas propuestas para mejorar los embalajes existentes, o sustituirlos por nuevos envases de vidrio, hojalata, cuerno o asta. Hasta 1793 no se utilizarían los frascos de hierro propuestos por José de Pizarro, que conseguirían que se abandonara el tradicional sistema de baldeses.

La ruta entre Almadén y las atarazanas sevillanas hubo que organizarla rápidamente tras generalizarse en América los nuevos procedimientos de obtención de la plata por amalgama. Se convirtió en uno de los caminos carreteros más transitados de la España moderna. Era largo y lleno de dificultades.

Desde la Edad Media se concedían grandes extensiones de pasto para el ganado que hacía servicios en las minas y, en cuanto se vio que el mercurio era un producto básico muy rentable, la Corona hizo todo lo posible por conservar estos privilegios, e incrementarlos con otros relativos a la vital ruta hacia Sevilla. A su paso por los distintos pueblos y ciudades, arrieros y carreteros, obtenían trato de vecinos, con lo que no podían recibir más agravios ni penas que estos. Estaban facultados para cortar la madera necesaria para las reparaciones de los carros y la leña para su avituallamiento, y la gran cantidad de bueyes y mulas que utilizaban podían pastar libremente en las tierras no acotadas. Algo que más de una vez se tradujo en pleitos y disputas que hubo que subsanar en los tribunales.

Cinabrio cristalizado de la mina de Almadén. Fotografía coloreada de un original de 1869 publicado en Mines and Miners: Or Underground Life.

También quedaban exentos del pago de los diversos peajes de tránsito —portazgos, pontazgos, alcabalas y barcajes—, e incluso llegó a permitírseles el embargo del material que pudiera faltarles para el transporte: baldeses, cuerdas, o incluso mulas y carretas. Los ganaderos que contrataban sus carros para la ruta del azogue tenían además privilegios de invernadero y pasto en las dehesas asignadas a las minas. A cambio, quedaban comprometidos tanto al transporte como al abastecimiento de las minas con madera y leña.

El viaje podía hacerse de dos formas, bien en cuadrillas de carros tirados generalmente por bueyes, o en recuas de mulas. El transporte en carros, mayores que las tradicionales carretas, era más lento y aparatoso, máxime si tenemos en cuenta que por entonces no eran muchos los caminos en condiciones para el tránsito rodado. Los 186 kilómetros rectos que separan Almadén y Sevilla, se hacían por rutas de 46 a 48 leguas —casi 140 kilómetros—, que podían tardar hasta un mes en recorrerse.

La salida de Almadén solía comenzar a mediados de abril, cuando los caminos dejaban de estar embarrados. En cada jornada se empacaban y cargaban unos 300 quintales de mercurio, es decir, 30 carros, que era el término medio que solían tener las cuadrillas. Su partida desde la Puerta del Cerco de Buitrones —a partir de 1795 Puerta de Carlos IV— se realizaba de forma escalonada, para permitir a los bueyes pacer en las dehesas del trayecto y garantizar que hubiera forraje suficiente.

Al llegar el verano, ante la escasez de pastos, y dada su mayor resistencia al calor, se optaba por el transporte en recuas de mulas, que proseguía hasta que se acababa de llevar a Sevilla la cantidad de azogue pactada para ese año.

Proceso de empacar trescientos envases de azogue de medio quintal en los almacenes de Almadén. Dibujo de Agustín de Betancourt para sus Memorias de las Reales Minas de Almadén. *Biblioteca Nacional, Madrid.*

En torno a un 15 % de la producción anual se llevaba por este sistema, bastante más rápido, pues las mulas podían transitar por caminos más difíciles, con lo que el recorrido se acortaba considerablemente. Eso sí, resultaba notablemente más caro, ya que, para que no se hicieran daño, los animales llevaban menos carga —2 quintales—, y había que reunir un número muy elevado de ellos, que alteraba el precio del producto.

Las cuadrillas de carretas seguían dos rutas alternativas, lo que, aparte del deseo de evitar una excesiva concentración de bueyes que agotara los pastos, dependía de las circunstancias del momento. Principalmente del estado del camino, problemas con las exenciones de peajes o facilidades para el cruce del río. Ambas rutas entraban en la provincia de Córdoba por Santa Eufemia y seguían un tramo común hasta Azuaga, en Badajoz.

Desde allí, partían varias vías; dos eran las que seguían las carretas y otra la de la recuas de mulas. Uno de los caminos marchaba por Llerena, Santa Olalla, el Ronquillo y Castilblanco de los Arroyos hasta Alcalá del Río, donde existía la posibilidad de cruzar el Guadalquivir, aunque lo normal desde allí era bordear el cauce para entrar en Sevilla por Triana. El Guadalquivir era una de las principales barreras naturales que encontraban arrieros y carreteros en su recorrido, puesto que, aguas abajo del puente romano de Córdoba no existían pasos estables y había que recurrir a los servicios de barcas que solo funcionaban en algunos puntos concretos. El cruce de Triana era por entonces sobre un puente de barcas de madera, poco seguro e inestable para el paso con una carga tan pesada.

El otro camino carretero daba algo menos de vuelta. Pasaba por Guadalcanal, Malcocinado, Alanís, Cazalla de la Sierra, El Pedroso y Constantina; se aproximaba al Guadalquivir en Lora del Río, para llegar hasta Tocina, donde existía un servicio de barcas, y seguía por Brenes hasta Sevilla.

Las minas de mercurio de Almadén. Grabado realizado en 1768 por Bernard Goussier para la Enciclopedia, *publicada por Diderot y D'Alembert.*

Entre ambos, con atajos por terrenos más escarpados y difíciles, discurría el camino de herradura que tomaban las recuas de mulas durante el verano. Hasta Azuaga el recorrido era prácticamente idéntico, luego evitaba algunos rodeos y continuaba por Alanís, Cazalla de la Sierra y el Pedroso, hasta Cantillana, donde se cruzaba el río en barcas, para seguir en dirección a Brenes y Sevilla.

Estos recorridos no eran los más cortos posibles y dependían en su trazado de la posibilidad de encontrar pastos suficientes para el ganado, y de la necesidad de hallar tramos aptos para el paso de los carros, que era más difícil que encontrarlos para las mulas. No se eligió el tradicional Camino Real, que hasta que se abrió el paso de Despeñaperros iba desde Toledo a Sevilla y pasaba por Malagón, Ciudad Real y Almodóvar del Campo, a unas 12 leguas —60 kilómetros— de Almadén, por estar demasiado concurrido por caminantes y ganado.

Aún así los caminos del mercurio se incorporaban en algunos de sus tramos a las rutas y pasos habitualmente transitados. De los dos caminos carreteros, el más occidental se adentraba, a partir de Monasterio, en los territorios del antiguo camino romano de Astorga a Mérida, que más tarde se alargó a Híspalis. El de Constantina, enlazaba en Lora del Río con la que fuera una de las dos vías principales en el tránsito de Córdoba a Sevilla, la que desde la ciudad de los califas bordeaba el Guadalquivir para cortarlo, antes de llegar a su destino, en la propia Lora, o en Tocina. Esos mismos cruces y los de Cantillana y Triana eran los que utilizaban de forma habitual los viajeros.

Una vez descargado el azogue en Sevilla, el viaje de vuelta se aprovechaba para el transporte de otras mercancías, desde el hierro y acero necesarios para las minas, hasta pertrechos y enseres diversos para el personal —mineros y forzados— que las trabajaba. Entre los meses de noviembre y abril los bueyes invernaban en las dehesas cercanas a Almadén; entonces se reparaban los carros con vistas a su próximo viaje, o bien se empleaban para el transporte de la madera y la leña de los montes vecinos, que se utilizaba para el entibado de las minas y como combustible de los hornos.

Una vez en Sevilla, tras el nuevo empacado del mercurio, se iniciaba su recorrido acuático, directamente desde esta ciudad, o, cuando los arenales de la desembocadura hicieron imposible la entrada en el puerto fluvial a los grandes navíos, con un nuevo transbordo en barcas de pequeño calado hasta Sanlúcar de Barrameda[29]. Era la última escala en la Península antes de su destino final: el puerto de Veracruz. De la modesta cantidad de 264 quintales de mercurio llegados a este último en 1559, se pasó en el breve lapso de diez años a los 1743 quintales de 1570, cifra que, entre 1614 y 1630, ascendió a un promedio anual de 4000 quintales.

Veremos más adelante cómo los buques de la Carrera de Indias que anualmente llevaban los envíos a Nueva España, partían en el mes de abril hacia el puerto de Veracruz. Pero por la irregularidad del sistema, que desde el siglo XVII no mantuvo la periodicidad anual con que se estableció, y ante el grave quebranto que para la Real Hacienda y las actividades económicas de Nueva España suponía la falta del cargamento de mercurio o su retraso, fue frecuente recurrir a los navíos de aviso, después llamados también de azogue.

---

[29]   A partir de 1717, se cambió Sanlúcar por Cádiz.

Estos, que pequeños y con pocas defensas navegaban solos, eran los utilizados para el transporte del correo y la documentación oficial. Entre 1630 y 1700 llegaron a Nueva España 26 652 quintales de azogue en navíos de aviso, es decir, unos 1000 quintales por viaje, que, aunque se puede suponer que supondrían un gran alivio, no podrían compensar totalmente la carencia de

La fortaleza de San Juan de Ulúa, el último reducto español en México. Desde que fue erigido en 1535 defendió el vital puerto de Veracruz. La isla sobre el que está emplazado servía de abrigo y muelle para los galeones con mercancías y viajeros.

mercurio provocada por la suspensión de una flota. Además los fletes razonablemente moderados del transporte transatlántico —unos 3 pesos por quintal en 1630—, se multiplicaban extraordinariamente —hasta 19 pesos en 1637—, mediante este sistema.

Hasta llegar a Ciudad de México, el azogue seguía idéntica ruta que virreyes, soldados, frailes y colonos. La misma por la que transitaban todas las mercancías del comercio exterior e interior, que era a su vez uno de los antiguos caminos, que desde la antigua Tenochtitlan accedían a las llanuras costeras de ambos océanos. A lo largo de ella, los 2250 metros de altitud que había de diferencia entre la capital y el puerto de Veracruz se convierten, tras un primer y progresivo descenso hasta el pueblo de las Vigas, en una abrupta caída hacia la costa, con serias dificultades de tránsito.

Las primeras carretas para el transporte de mercancías en Nueva España las construyó en Puebla de los Ángeles el fraile gallego Sebastián de Aparicio, también responsable de que fueran utilizadas por los caminos que había de seguir el azogue, tanto el de Veracruz, como el camino del Norte, que unía la capital con Zacatecas. Sin embargo, su ámbito de actuación era más bien restringido. El ganado mular, en cambio, de fácil crianza, se multiplicó y expandió con rapidez por el territorio y, por su aptitud para el transporte de personas y mercancías en regiones con difíciles condiciones climáticas y topográficas, pronto se convirtió en algo imprescindible para el comercio de la región, un territorio en el que la falta de ríos obligaba a realizar todo el tráfico por tierra.

De hecho, hasta los últimos tiempos del virreinato, concretamente hasta 1804 en que comenzó la construcción del camino carretero encargado por el consulado de Veracruz al ingeniero militar Diego García Conde, la ruta entre el puerto y la capital solo fue apta para el tránsito de carretas en algunos tramos. En el resto hubo que recurrir siempre al transporte del azogue a lomos de mulas.

Zacatecas. Debido a la riqueza que proporcionaron las minas y el comercio se convirtió rápidamente en una de las ciudades más importantes de Nueva España. En 1558, cuando comenzaron a construirse suntuosas viviendas, iglesias y hospitales era la segunda ciudad más poblada, después de la capital. Litografía de Carl Nebel.

En recorrer las 80 leguas que separaban Veracruz de la capital, concebidas para el recorrido a pie, con bruscos cambios de alineación, fuertes pendientes y, a veces, tramos escalonados, las recuas de mulas tardaban casi 25 días. En verano —la temporada de lluvias—, se convertían fácilmente en 35, con la consiguiente repercusión sobre el precio del producto.

Las seis primeras leguas, desde el puerto hasta la población de La Antigua o Vieja Veracruz, se podían cubrir en carretas. El cruce del río de la Antigua, caudaloso y con caimanes, presentaba la primera y una de las más serias dificultades del recorrido, pues hasta principios del XIX no tuvo un puente estable de piedra, y tenía que cruzarse en barcas sometidas a la fuerte corriente.

Desde La Antigua era inevitable utilizar recuas de mulas, pues el camino se hacía cada vez más pedregoso y escarpado, y discurría en fuerte pendiente. El tramo entre Plan del Río, leguas más adelante, —donde sí existía un puente de piedra para cruzar el río—, y Las Vigas, también era duro. Se mantuvo durante dos siglos como un difícil camino de herradura. Alcanzada en Las Vigas la cota de la meseta, discurría con moderadas pendientes hasta México.

A partir de Perote, a 250 kilómetros de la capital, se abrían varias rutas alternativas hasta Apan, donde confluían. Algunas se debían al recorrido protocolario estipulado a la llegada de los Virreyes en su toma de posesión, y eran considerablemente más largas. El camino más directo y adecuado para el comercio, jalonado de ventas y posadas, iba por Xonguito y Piedras Negras.

Desde Apan el camino discurría por Otumba y Guadalupe, donde se convertía en una calzada elevada, que entraba directamente a la capital. Una vez allí el mercurio se almacenaba y hacía su última escala antes de dirigirse a los principales centros mineros del Virreinato.

Los funcionarios de la Real Hacienda solían distribuir el azogue a los de las localidades menores, y estos a las minas de sus respectivos distritos, aunque en algunas ocasiones se entregó directamente a los mineros. Ese sistema, unido a la dispersión de los yacimientos por todo el Norte de México, separados por cientos de kilómetros, obligaba a seguir distintas rutas unidas por una central: el Camino Real de Tierra Adentro. Aunque el recorrido transcurría por terrenos áridos y más bien llanos, en temporada de lluvias era prácticamente intransitable, sobre todo por vehículos rodados. Al final, esto suponía que las mercancías, mercurio incluido, también hubiera que transportarlo a lomos de mulas hasta su destino final.

Gracias al azogue, casi desde finales del siglo XVII hasta la segunda década del XIX, la producción de plata en Nueva España aportó al menos la tercera parte de la producción mundial y, en ocasiones, llegó a superar el 60%. De esa época, del periodo de 1785 a 1789 son, por ejemplo, las cifras registradas por Alejandro de Humboldt, que indica que los ingresos en las arcas reales de las intendencias mineras de Nueva España ascendieron a 9 730 000 marcos de plata, con un valor de cada marco equivalente a ocho pesos y medio.

1.4.1 La conexión peruana

Puesto que el abastecimiento de mercurio condicionaba la producción de plata y se dependía de las exportaciones de Almadén, se hizo hincapié en buscar fuentes propias en América. Ya hemos comentado que los hallazgos en México no fueron muy afortunados, pero no ocurrió lo mismo en Perú.

En 1559, un portugués que había residido en Castilla y conocía las minas de Almadén, Enrique Garcés, llegó a Perú con Pedro de Contreras, un metalúrgico de Sanlúcar, en busca de fortuna. Habían pasado por Nueva España y conocido el método de Medina, y pretendían introducirlo también en el virreinato. Encontraron explotaciones de poca rentabilidad y no tuvieron ningún éxito con la amalgama, pero supieron de los depósitos de cinabrio de la región de Huancavelica, explotados desde mucho tiempo antes por los incas como pigmento para sus maquillajes.

El yacimiento lo encontró finalmente a finales de 1562 o principios de 1563 Amador Cabrera, encomendero de Acoria y Huando, al que también se lo habían contado los indios, en el cerro Chacllatacana a 3 kilómetros de Huancavelica. A una altura aproximada de 3900 metros.

Les llevó a Garcés y a Contreras unas muestras de mineral y Garcés, tras varios ensayos, llegó a la conclusión de que apenas contenían mercurio y eran desechables.

No deja de ser raro que un hombre de la experiencia de Garcés dijera eso, máxime cuando Contreras opinaba todo lo contrario, nos hace suponer que actuaba de acuerdo a sus propios intereses y pretendía que Cabrera se alejara de allí cuanto antes[30].

Cabrera no hizo mucho caso, al contrario, registró la mina con el nombre de La Descubridora[31] el 1 de enero de 1564 ante el alcalde ordinario de la ciudad de Huamanga, López de Barrientos, a cuya jurisdicción pertenecía en cuya jurisdicción quedaba emplazada la mina. No tardó mucho el corregidor Diego Pachecho, Alcalde Mayor de Minas, en concederle los derechos de propiedad a Cabrera. Con ellos obtuvo los permisos para la explotación del mineral y para la amalgama de oro y plata, lo que no imaginaba era que el hallazgo era tan importante que haría posible el suministro a todo Perú e incluso temporalmente, cuando no podía recibir el mercurio de Almadén, a Nueva España.

Debido a su importancia y beneficios, el virrey Francisco de Toledo expropió en 1573 las minas a Cabrera y a otros mineros españoles que ya se habían instalado allí, a favor de la Corona. Fundó el Estanco del Azogue y la reservó para administración directa mediante monopolio estatal. Fue la única de toda América, esa y, en ciertas épocas especialmente conflictivas, las de cobre de las Antillas.

Para ello, utilizó un método muy sencillo, ceder su explotación a particulares para comprarles toda la producción y luego revendérsela a los mineros de

---

[30]   *Copia de las dos cartas que Henrique Garcés scrivio desde Lima al virrey sobre minas y azogues y por no lo remediar él, las embió al Consejo el año de 1574.* Biblioteca Nacional de España.

[31]   Más tarde, la mina La Descubridora se denominaría Todos los Santos. Finalmente, en el siglo XVIII, fue rebautizada como mina Santa Bárbara, aunque, por su toxicidad, se conocía también como «mina de la muerte».

la plata. Además, como se estimaba oficialmente que un quintal de mercurio servía para obtener 100 marcos de plata, el control de su producción y su reparto podía, en teoría, permitir una completa fiscalización de las extracciones argentíferas por los funcionarios de la Corona. Eso evitaba al máximo los fraudes en la entrega del quinto real.

La obtención de azogue en Huancavelica fue una tarea muy difícil y laboriosa. Toledo, como no podía ser de otra forma, la dejó en manos de los indios vecinos, bien mediante la *mita* o con mineros voluntarios, mal pagados, que no tenían posibilidad de trabajar en otra cosa. Una vez extraído el cinabrio se trataba por medio de hornos alimentados con la vegetación típica de la zona —el icho— y se lograba separar el mercurio de sus compuestos por destilación. Luego era condensado y recogido.

Dos años antes de la intervención de Toledo, a finales de 1571, el método de amalgama que no había podido introducir Garcés llegó a Perú de la mano de Pedro Fernández de Velasco, que pasó a llamarlo «beneficio de cajones». A partir de ese momento, la explotación de la plata quedó allí también ligada al uso del mercurio en un porcentaje casi total, pues aunque se mantuvo el primitivo sistema de fundición, se hizo a muy pequeña escala. Además, la mejor calidad del mineral de plata peruano, determinó una mayor supervivencia del sistema de hornos de fundición, más apropiado para el mineral de alta ley.

Desde entonces, Huancavelica, la tierra peruana del azogue, se convirtió en un lugar tenebroso, lleno de humo negro y contaminante arrojado sin descanso por los más de 100 hornos de fundición que funcionaban sin descanso las 24 horas del día. Los primeros, propiedad de los grandes empresarios peninsulares, ubicados en Aqo Arma, Seqsechaca y Quichcahuayqo, fueron utilizados para procesar el cinabrio. Con el tiempo quedaron abandonados o se reutilizaron. Uno de los más importantes fue Qoripaccha, cuyos restos aún pueden verse hoy en el Barrio de San Cristóbal, a la altura del paraje Puyhuan.

La construcción de Qoripaccha, utilizado para el azogue en un primer momento y más tarde, por su tamaño y tener una chimenea bien rematada para la fundición de oro y plata, se inició en 1650. Según los documentos de la época se emplearon 30 000 ladrillos elaborados en Huaylacucho, además de piedra volcánica —denominada calcaria o cancanya—, cal, arena y una especie de cemento.

Con los años, los métodos de Medina sufrieron alguna variación, pero siempre se mantuvo la necesidad de mercurio. En 1586, quince años después de haberse introducido su método en el Perú, un minero de la región, Carlos Corso de Leca, descubrió el «beneficio de hierro», y aconsejó que se mezclasen unas hojillas de ese material con las lamas o harinas minerales, pues por medio de esta mezcla se perdían nueve décimos de mercurio menos.

Poco después, en 1590, Alonso Barba propuso la amalgama en caliente o por cochura en tinas de cobre, que denominó «beneficio de cazo y cocimiento» —la misma que el barón húngaro Ignaz von Börn introdujo en Alemania en 1786, como propia—. Con ese método, la pérdida de azogue era mucho menor que en el beneficio por patio, luego no hacía falta depender tanto de los envíos desde la Península.

En 1676, Juan de Corrosegarra descubrió un nuevo procedimiento, pero se utilizó muy poco. Lo llamó «beneficio de la pella de plata», y consistía en añadir al mercurio de la amalgama una parte de plata ya formada.

No nos hemos olvidado de Garcés y Contreras. Durante esos años Contreras llegó a ser uno de los principales hacendados de Huancavelica. Junto a su compañero diseñó nuevos tipos de hornos en 1581, realizó inversiones para

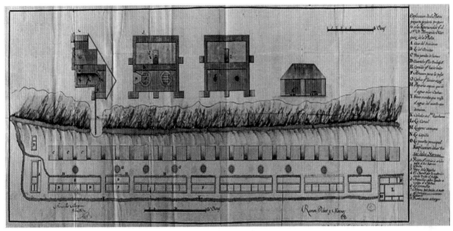

De la misma manera que el azogue de Almadén llenaba las barrigas de los mercantes que cruzaban el Atlántico para abastecer sin descanso a las minas de Nueva España, las de Huancavelica , en el mismo Perú, le suministraban a Potosí el mercurio necesario para aumentar de forma sistemática su producción de plata. Proyecto para la construcción de 100 hornos de fundición de azogue en Huancavelica. Archivos Estatales. Perú.

experimentar con los que pudieran aprovechar los efectos de la reverberación —con resultados de interés en cuanto a economía de combustible—, e introdujo eficaces innovaciones en los empleados para la obtención del mercurio metálico, mediante la modificación de los hornos de jabecas utilizados en Almadén desde mediados de siglo. Consiguió así adaptarlos a las distintas características de los minerales disponibles en Perú.

Siempre se mantuvo esa conexión entre Huancavelica y Almadén. El horno de aludeles, que en la Península se conoció como horno Bustamante, fue inventado en la mina peruana por Lope Saavedra Barba en 1633, e instalado en las de Almadén por Juan Alonso de Bustamante, hacia 1646. Eran hornos circulares, de una altura de 15 pies y 4 de diámetro, con dos rejillas formadas con ladrillos a cierta distancia una de otra.

El horno de Qoripaccha, en Huancavelica —fundada como Villa Rica de Oropesa el 4 de agosto de 1571—, una obra de 1650 que aún se mantiene en pie. Hoy la zona, un poco al sur del centro del país, con un índice de pobreza muy alto, es una de las más contaminadas con mercurio del mundo.

La rejilla inferior servía para quemar sobre ella el combustible, y la superior, para mantener la carga del mineral. En la parte superior, la bóveda, se hallaban las aberturas, que se comunicaban con dos hileras de aludeles, de ahí su nombre, que no eran más que caños de barro cocido. Servían para condensar el vapor del mercurio y terminaban en las cámaras de condensación. Estas tenían una pequeña puerta por la que se entraba a recoger el mercurio que permanecía cerrada y enlodada durante la operación. Desde el hogar partía un conducto vertical que servía de chimenea.

Para cargarlo, se ponía el mineral grueso y pobre en la parte inferior —en Almadén a todo el conjunto se le llamaba «solera»— y sobre él se colocaba el cinabrio más rico. Luego a su vez se colocaban sobre este una especie de ladrillos formados con el mineral menudo, el hollín de los aludeles y arcilla y se calentaba el horno con leña fina que daba una llama abundante. La operación duraba 15 horas, y el enfriamiento 3 días. Cada horno suministraba en una sola operación de 25 a 30 quintales de mercurio, y alguna vez se llegaba a 60. Después de recoger el mercurio depositado en los aludeles y las cámaras de condensación, se le separaba del hollín y se empaquetaba. Los hornos de Saavedra estuvieron operativos hasta 1928.

1.5 LAS INFRAESTRUCTURAS DE UN IMPERIO

EL 29 DE SEPTIEMBRE de 1513, 28 días después de su partida de Santa María La Antigua del Darién, el primer asentamiento estable en la Tierra Firme, Vasco Núñez de Balboa tomó posesión en nombre de Juana I de Castilla y del regente, Fernando el Católico, del «Mar del Sur», la prueba evidente de que las tierras descubiertas no eran las Indias, sino un continente totalmente nuevo.

Desde ese momento, el istmo de Panamá se convirtió en el eslabón entre dos mares. Con la intención de comunicarlos, la corte nombró en los primeros meses de 1514 al segoviano Pedro Arias Dávila, un veterano de las campañas de la Reconquista en la Península que ya contaba con 46 años, capitán general de Castilla del Oro. También dispuso que dirigiera una gran expedición que partiría desde el puerto de Sevilla rumbo al Darién a la que se había aprovisionado de buques, hombres, mercancías, alimentos, herramientas y de todo el armamento ofensivo y defensivo necesario para su conquista y pacificación.

Además, llevaba unas órdenes muy concisas: «que se hagan desde la villa de Nuestra Señora Santa María del Darién, hasta la dicha mar del sur, tres o cuatro asientos en las partes que parecieren mas provechosos en el golfo de Urabá, para atravesar e hollar la tierra de la una parte á la otra, y donde con menos dificultad la gente pueda andar, y en los lugares que pareciere que son más sanos, y tengan buenas aguas y asientos. Conforme a la instrucción que llevaste: el asiento que se debiere de hacer en la mar del sur, debe ser en el puerto que mejor se hallare y mas convenible para la contratación de aquel golfo[32]».

Así, como nexo de unión entre el Atlántico y el Pacífico, se construyó entre 1515 y 1519 un primer camino entre Nombre de Dios, el poblado fundado en la costa en 1510 por Diego de Nicuesa, y el Mar del Sur. Su estrecho trazado —tenía aproximadamente un metro y medio de lado a lado—, con innumerables precipicios y peligrosas curvas, se basaba en otro utilizado de antemano por los nativos de la región que atravesaba la zona alta del río de Los Lagartos —como lo denominó Cristóbal Colón por los cocodrilos que lo habitaban, y que Vasco Núñez de Balboa llamaría Chagres—, próxima al asentamiento castellano. No estaba pavimentado y se abría paso a través de una espesa vegetación, lo que hacía imposible su tránsito en época de lluvias, pues el terreno empapado se convertía en un barrizal.

El 15 de agosto de 1519, Arias fundó en la orilla del Pacífico la ciudad de Nuestra Señora de la Asunción de Panamá, diseñada por Cristóbal de Roda. Con trazado en forma de tablero de ajedrez, en el centro se encontraba la

---

[32] Carta del regente Fernando II a Pedro Arias Dávila fechada en 1514.

El Camino de Cruces, a través del istmo, es el precursor olvidado del Canal de Panamá. El principal reto al que había que enfrentarse al recorrerlo no era la altitud, si no la humedad y la temperatura del clima tropical. Vista del Canal de Panamá publicada en febrero de 1912 en National Geographic Magazine.

Plaza Mayor y, muy cerca, la Catedral y el Cabildo. Al lado del puerto estaba situado el barrio comercial y las Casa Reales y, distribuidos al Oeste de la plaza, junto con los conventos de la Compañía de Jesús, de las Monjas y de San Francisco, la Casa del Obispo y el Hospital de San Juan de Dios, los barrios residenciales. Quedó a cargo de Gaspar de Espinosa.

PANAMA

BREAKWATER

CHAGRES RIVER

ANCON

CULEBRA CUT

PACIFIC OCEAN

E PANAMA CANAL

Esos dos puntos, Panamá y Nombre de Dios delimitarían el inicio y final de una ruta instituida y operada con cédula real, de ahí su nombre, que se denominó Camino Real de Nombre de Dios. Basado en el sendero primitivo, se mejoró mucho a partir de 1524, cuando se estabilizó en sus partes más difíciles con un pavimento de piedras de diferentes tamaños clavadas en la tierra, con una solidez y firmeza que, como las leyendas de los conquistadores, llegaría a desafiar los siglos.

Desde el Oeste, el camino comenzaba en la plaza mayor de Panamá, atravesaba el puente del Rey y se dirigía hacia el Atlántico. Los 80 kilómetros de trayecto duraban aproximadamente cuatro días. Tras cruzar una corta calzada, continuaba por el valle de Algarroba hasta la confluencia de los ríos Chagres y Pequení. Allí el terreno era elevado pero descendía hasta la cabecera del río Chilibrillo, que en época de lluvias se convertía en una ciénaga. A continuación se cruzaba un puente natural sobre el río Caimitillo al que el cronista Fernández de Oviedo denominó «Puente Admirable». Poco después se cruzaba el río Chagres para atravesar a continuación los poblados indígenas de San Juan y Boquerón, lugares escabrosos y quebrados, de difícil paso. En el caso de ir a Nombre de Dios, había que continuar hacia el sureste hasta la entrada de la villa. Para llegar a Portobelo, cuando la ruta se amplió en 1597, se ascendía el paso de Cuperilla y se superaba el río Mauro. Luego el camino continuaba a través de las montañas de Capira o Santa Clara y descendía hasta el valle de Cascajal, para atravesar finalmente «el barrio de esclavos de Guinea» antes de llegar a la plaza mayor de la ciudad.

A partir de 1527, Chagres, un poblado en el lado caribeño establecido en la desembocadura del río, con el mismo nombre que el curso fluvial, se conectaría también con Panamá mediante un recorrido mixto habilitada por Hernando de la Serna. Lo formaban el Camino de Cruces —terrestre— y el Camino de Chagres —fluvial—, y constituyó la segunda ruta de comunicación del Istmo hasta el hallazgo de los grandes yacimientos de plata y oro en los actuales Perú y Bolivia.

Si se partía del Oeste, la primera parte del itinerario se tardaba alrededor de siete horas en recorrerlo, ya que en su práctica totalidad estaba pavimentado. El camino comenzaba en Panamá y, tras cruzar el Puente de Paita, continuaba por el litoral para aprovechar una ruta que se dirigía a Perico. Atravesaba el río Curundú, giraba hacia el Norte hasta ascender al cerro de Tabernilla, y luego descendía por el valle de Castaño para llegar así hasta Cruces, un pequeño pueblo que apenas contaba con 70 casas de las que 20 estaban ocupadas por esclavos negros encargados del trasporte de mercancías por el río.

En Cruces los muleros descargaban las mercancías y las estibaban en barcas de madera de cedro con gran capacidad de carga —se denominaban bongos o chatas—, impulsadas cada una por veinte esclavos, a las órdenes de un patrón. Desde allí se navegaba hasta la desembocadura del Chagres, valiéndose de remos y palancas, o bien se desembarcaba en la confluencia con el río Trinidad y se continuaba a pie hasta la desembocadura.

Ya por mar, había que dirigirse a Nombre de Dios, o en su momento, a Portobelo. La navegación por el Chagres era ardua y peligrosa por las fuertes corrientes. El río transcurría a lo largo de una selva húmeda, tupida y espesa en la que abundaban los cocodrilos. Según la dirección del viaje —a favor o en contra de la corriente— se tardaba entre una y dos semanas en recorrer su curso por completo.

En ambos itinerarios se establecieron estancias de espera o ventas para los viajeros y los trenes de recuas de mulas —más de 500, en grupos de 50, lo transitaban de forma habitual—, utilizados para el transporte de mercancías. A pesar de ello, recorrerlos era difícil y peligroso, por lo que desde 1532 fueron numerosas las peticiones por encontrar una ruta mejor[33].

Esa idea llevó a la corte a ordenar el estudio para la construcción de un canal que atravesara el istmo. El primero en plantear esa iniciativa en 1527 había sido el explorador del Pacífico Álvaro de Saavedra Cerón, primo de Hernán Cortés, poco antes de su partida hacia las islas Molucas, un viaje del que ya no regresaría[34]. Años después, en 1533, tras un profundo análisis, Gaspar de Espinosa informó a Carlos V de que la obra solicitada «de escavar un canal para la navegación» era totalmente viable «a un costo muy bajo». Estas informaciones motivaron que la corona ahondase en el examen de esa posibilidad antes de iniciar las obras, pero los nuevos resultados no fueron satisfactorios.

El rey solicitó entonces, ya en 1534, la valoración de Pascual de Andagoya, gobernador de Tierra Firme. Su Audiencia, que comprendía todos los territorios costeros septentrionales desde las actuales Guayanas hasta el Cabo Gracias a Dios, entre las actuales Honduras y Nicaragua, había recibido ese nombre, —del latín *terra firma*, «tierra seca»—, por ser la primera región no insular del continente en ser explorada.

Andagoya se opuso rotundamente. De hecho, no dudó en manifestar «que todo el oro del mundo no bastaba para llevarlo a feliz término». A cambio, propuso fomentar la reparación del Camino Real, así como la creación de una nueva ruta fluvial. El último en insistir en la posibilidad de construir tan magna obra de comunicación fue fray Tomás de Berlanga[35], en 1535, su plan proponía aprovechar las aguas del Chagres, navegable hasta Cruces y enlazarlo con el río Grande, a escasas leguas de Panamá, pero ya apenas lo escucharon.

Abandonado definitivamente el asunto del canal, se propusieron otros itinerarios comerciales transoceánicas como el diseñada por Francisco de Montejo, en 1536, que planteaba comunicar el puerto de Callao con el Puerto Fonseca, por mar, y desde allí hasta Puerto Caballos por tierra; la propuesta de atravesar Nicaragua, mediante el río San Juan, o la ruta de Nueva Granada por el río Magdalena. Todos esos proyectos fracasaron definitivamente cuando, en

[33] Francisco de Barrionuevo, gobernador de Castilla del Oro de 1533 a 1536, ordenó limpiar el Chagre para mejorar la navegación y «poder venir en barcas y berganti-nes hasta cinco o seis leguas de la ciudad de Panamá y el resto del camino hacerlo con carretas, como así convenía». Archivo de Indias, Panamá 234.
[34] Para la exploración del Océano Pacífico ver nuestro libro *Naves negras*. EDAF, 2015.
[35] Obispo de Panamá, nacido en 1487 en Berlanga de Duero, Soria, fue el descubridor de las Islas Galápagos.

1580, ya a instancias de Felipe II, el ingeniero militar de origen italiano Juan Bautista Antonelli[36] determinó sobre el terreno que, a pesar de todo lo que se dijera, la ruta clásica que atravesaba Panamá era la más adecuada.

A partir de la creación del Virreinato de Perú, el 20 de Noviembre de 1542, por Real Cédula de Carlos I, el istmo de Panamá se convirtió en el núcleo principal de las comunicaciones y del sistema comercial entre Perú y su metrópoli. Mucho más a partir del descubrimiento de Potosí, Huancavelica y Oruro, cuyo emplazamiento estableció el punto de partida de la ruta de transporte de metales preciosos más importante del Imperio Español.

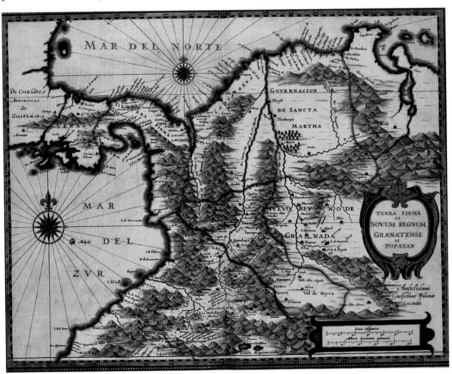

Tierra Firme, Nueva Granda y Popayan. *Obra del cartógrafo holandés Willem Jansz Blaey realizada en 1615. Desde 1534 la jurisdicción de la Audiencia, con capital en Panamá, comprendía el istmo y parte de los territorios del noroeste de la actual Colombia.* Biblioteca Nacional de los Países Bajos.

---

[36] Es importante distinguir entre tres miembros de la familia Antonelli, todos ingenieros militares: Juan Bautista —al que nosotros nos referimos en esta ocasión, que acababa de presentarle al rey un proyecto para hacer navegable el río Tajo desde Toledo a Lisboa—; su hermano Bautista, que realizó buena parte de las fortificaciones de Hispanoamérica, y su sobrino, Juan Bautista «El Mozo», que también trabajó en las defensas americanas.

Hasta entonces Panamá se había caracterizado por una economía de subsistencia, centrada en los yacimientos auríferos del Darién, la recolección de perlas en el golfo de San Miguel, el corte de maderas para la construcción de viviendas o unas incipientes actividades agrícolas y ganaderas que descansaban en el sistema de encomiendas, pero, con el agotamiento de las minas y la conquista de Perú, se desencadenó una emigración masiva hacia esos nuevos territorios que dejó el istmo prácticamente vacío de europeos. Lo repoblaron gente dedicada a prestar servicios en las zonas de tránsito o comerciantes centrados en el transporte de mercancías entre los puertos de ambas costas, que, como veremos más adelante, basaron la obtención de sus beneficios en las Ferias.

A este cambio se unió también el derivado de que Panamá dejara de ser el habitual centro de exploraciones del océano Pacífico para convertirse en el lugar de paso del oro y la plata destinados a la Península. Con altibajos, ese sería ya el único papel que se encargaría de desempeñar el istmo en los dos siglos siguientes.

Normalmente, el tesoro obtenido en el virreinato peruano partía del Callao embarcado en la Armada del Mar del Sur. Tras una breve escala en Paita, llegaba a Panamá, desde donde, a lomos de mulas, se acarreaba por el Camino Real al correspondiente puerto Atlántico, donde esperaban los galeones de la flota. En 1592, se disponía para el transporte de unos 1200 animales de carga; cada uno de ellos pagaba en cada recorrido un impuesto como «derecho de piso» de 2 reales, que debían de utilizarse para el mantenimiento de la vía. Dado que siempre estuvo más o menos igual, mucho nos tememos que lo recaudado, en su mayor parte, acabó por llenar los bolsillos de administradores de la Corona con pocos escrúpulos.

1.5.1 Ocultos en la oscuridad

A las tres de la madrugada del 29 de julio de 1572, el corsario inglés Francis Drake atacó por primera vez Nombre de Dios. No fue una lucha épica ni un gran combate. La ciudad, que disponía de unas 200 viviendas propiedad de los comerciantes de Panamá, apenas contaba con 50 vecinos. Pocos, para defenderla de los 70 hombres de que disponía Drake. A pesar de ello, el asalto no tuvo el éxito esperado. Cuentan las crónicas británicas que tras obtener un magnífico tesoro de un mercante anclado en el puerto, Drake fue gravemente herido, y sus compañeros decidieron abandonar el botín para salvar su vida, pero no es cierto. Cuando resultó alcanzado por los disparos de la milicia, en el asalto a la residencia del gobernador, su hermano, John Oxenham, decidió retirarse al bosque próximo hasta que amaneciera. Con las primeras luces y el mínimo botín que podían cargar, abandonaron la bahía.

Lo que sí logró el ataque fue justificar ante la Real Hacienda la construcción de fortificaciones para Nombre de Dios, la desembocadura del Chagres e incluso los Caminos Real y de Cruces, con el fin de detener los continuos ataques de piratas y corsarios que, desde el año anterior, comenzaban a extender la intranquilidad por la región. Las obras estuvieron a cargo de Bautista Antonelli y Juan de Texeda. Antonelli fue el que le sugirió a la corte cambiar el puerto atlántico de Nombre de Dios a Portobelo, un puerto natural en Tierra Firme que Colón había encontrado en 1502.

Al año siguiente, 1573, Drake protagonizaría su más célebre aventura en el Caribe panameño. Aliado con el corsario francés Guillermo Le Testu y con una tripulación que incluía muchos esclavos cimarrones —se denominaba así a los huídos—, consiguió capturar en marzo un convoy de oro y plata que se encontraba en Nombre de Dios. Se hizo con una fortuna en oro. Tuvo que dejar atrás la mayoría de la plata, porque era demasiado pesada para llevar de vuelta a Inglaterra. Drake y sus marineros se hicieron ricos, pero también salió beneficiada económicamente Isabel I de Inglaterra, a pesar de que en ese momento se había firmado una tregua en la larga guerra que, desde 1585, mantenía con España.

A finales de 1595, reiniciada la guerra con España, Drake y otro corsario inglés, John Hawkins, iniciaron una campaña contra las plazas del Caribe, por orden de la reina Isabel. Hawkins falleció en alta mar el 12 de noviembre y Drake, tras ser derrotado los días 22 y 25 de ese mismo mes frente a San Juan de Puerto Rico —una al intentar tomar un galeón y otra por cinco fragatas a las órdenes de Pedro Téllez de Guzmán—, volvió a probar suerte en Nombre de Dios. Llegó el 6 de enero de 1596 y se encontró el asentamiento abandonado. Diego Suárez de Amaya, alcalde mayor del pueblo, se había retirado al fuerte de Juan Enríquez. El veterano Alonso de Sotomayor, que había combatido la mayor parte de su vida en Flandes y ejercía como gobernador de Panamá, había supuesto que el inglés remontaría el río y decidido organizar la defensa en el castillo de Chagres y en el Camino Real.

Drake, sin ningún botín que entregar a su tripulación, decidió como había previsto Sotomayor adentrarse con sus tropas por el Camino Real para caer sobre los trenes de mulas que habían salido de Panamá con su carga de metales preciosos, y luego, tomar la ciudad. Fracasó de nuevo. Bajo las órdenes del general *sir* Thomas Baskerville[37], sus cerca de 1000 hombres, muchos cansados y enfermos, se estrellaron contra un pequeño fortín de madera —el San Pablo—, construido en el cerro de Capirilla, que dominaba el Camino. En su interior, 70 castellanos veteranos bajo las órdenes del capitán Juan Enríquez, bien parapetados, consiguieron resistir el día 8 hasta que llegaron otros

50 veteranos de refuerzo al mando del capitán Hernando de Liermo Agüero. Juntos, con una estricta disciplina de fuego, y ayudados por la espesura de la vegetación, lograron la retirada del enemigo.

Los tres días que llevó a los ingleses regresar a sus buques fueron caóticos. Asediados por los españoles y tribus de indios amigos, llegaron al punto de encuentro con Drake con más de 400 bajas entre muertos, heridos, enfermos y desaparecidos.

Herido en su orgullo, Drake planeó tomar Portobelo y adentrarse por el Chagre hasta Cruces, pero falleció de disentería el 28 de enero. Su cadáver, lanzado al mar, descansa hoy en algún lugar desconocido de la bahía de Portobelo, alojado —según la leyenda— en un pesado sarcófago de plomo. Tras su muerte, Baskerville[37], que quedó al frente de la expedición, decidió regresar cuanto antes a Inglaterra.

Dos años después de la fallida expedición de Drake, Félix Lope de Vega publicaba su poema épico *La Dragontea*[38], dividido en 10 cantos, en el que narraba en octavas la victoria sobre el pirata inglés. En la dedicatoria al futuro rey Felipe III, se leía: «Dos cosas me han obligado a escribir este libro, y las mismas a dirigirme a Vuestra Alteza. La primera, que no cubriese el olvido tan importante victoria, y la segunda, que descubriese el desengaño lo que ignoraba el vulgo; que tuvo a Francisco Draque en tal predicamento, siendo la verdad que no tomó grano de oro que no costase mucha sangre».

El «asunto Drake» era el primer episodio de cierta importancia en el pulso que mantenían España y sus enemigos, que pretendían acceder a los tesoros americanos. Duraría más de dos siglos.

1.5.2 Camino de Santa Fe

Ya hemos visto que en 1546, en uno de sus viajes de exploración, Juan de Tolosa encontró las minas de Zacatecas, lo que provocó un nuevo furor colonizador entre muchos españoles que buscaban fama y gloria. En apenas cuatro

---

[37] *Sir* Thomas Baskerville, que pasó buena parte de su vida combatiendo en Flandes por la causa protestante, era miembro del Parlamento. Lo había enviado en la expedición la reina Isabel para que mediara entre Drake y Hawkins. Murió de fiebres en Francia en junio de 1597.

[38] Su publicación suscitó muchas críticas. Lope se apartaba de la versión oficial y, en la obra, convertía a Diego Xuárez de Amaya en capitán general. Así se hacía eco de la opinión de las autoridades de Tierra Firme, que no habían querido reconocer el nombramiento de Sotomayor como capitán general por haberlo decidido el virrey del Perú. Disquisiciones políticas aparte, Lope se permitía una licencia poética, puesto que Sotomayor no se había enfrentado directamente en ese encuentro con los ingleses y era difícil crear un héroe con él.

años, la extracción de plata empezó a ser tan importante que las autoridades comenzaron a plantearse la mejora y seguridad de los accesos a esa agreste región. Poco después, comenzaron a explotarse con igual éxito las minas de Guanajuato y, en 1556, se descubrieron las de San Martín, en el Norte de Nueva Galicia. A partir de ese momento y a lo largo de las cuatro décadas siguientes las nuevas expediciones en busca de fortuna que fundarían esos yacimientos, fijarían también la ruta del camino americano de la plata: Fresnillo, Sombrerete, Chalchihuites, San Andrés, Mazapil, Nombre de Dios, Durango, Indehé, Mapimí, Avino, Santa Bárbara, San Pedro del Potosí y Pinos, fueron, por mencionar solo algunos, sus enclaves más importantes. Hasta que una gran expedición avalada por la Corona y dirigida por Juan de Oñate[39] con el cargo de Adelantado, fundó en 1598 Nuevo México, en la actualidad, territorio de los Estados Unidos.

En total, un periodo de poco más de 50 años en el que las vías principales hacia el Norte de México quedaron firmemente establecidas alrededor de esa ruta que recogía la plata hacia la capital. Se la denominó oficialmente Camino Real de Tierra Adentro, también conocida como el Camino a Santa Fe. Un recorrido de unas 500 leguas —más de 2500 kilómetros—, de tal im-

Retrato de Francis Drake realizado en 1591, cuando ya no estaba en la cumbre de su fama, e intentaba que le dieran el mando de alguna expedición naval para poder volver a atacar las posesiones españolas. Isabel I se la autorizaría en 1595, sería la última. Obra de Marcus Gheeraerts el joven. Isabel I National Maritime Museum, Greenwich.

[39]   Juan de Tolosa, de origen navarro había llegado a Nueva España en los primeros años de la conquista. Estaba casado con Leonor Cortés Moctezuma, hija natural de Hernán Cortés y la princesa azteca Isabel Moctezuma. Su hija, Isabel de Tolosa Cortés, contrajo matrimonio con Juan de Oñate.

portancia, que a lo largo de los siglos siguientes fue empleado para establecer las rutas contemporáneas.

El camino llevaba desde Ciudad de México —salía por la zona de San Ángel— hasta Nuevo México. Primero llegaba a Querétaro y después se abría en dos direcciones, por temor a las tribus indias nómadas que eran una constante amenaza en el Norte de México. La que se dirigía hacia el Sur pasaba por Guanajuato y Aguascalientes para posteriormente llegar a Zacatecas. La ruta que corría hacia el Norte continuaba por San Luis Potosí y finalizaba también en Zacatecas.

Estatua dedicada al adelantado Juan de Oñate en Alcalde, Nuevo México. Oñate, nacido en Nueva España en 1550 era hijo de Cristóbal de Oñate, de origen vasco, que había formado parte de las primeras expediciones de Nuño de Guzmán.

A lo largo de buena parte de su recorrido hacia el Norte, el principal obstáculo al que se enfrentaron los españoles del siglo XVI fueron los feroces y hábiles guerreros chichimecas, que dominaban con maestría el arco y la flecha, tenían un conocimiento profundo de los territorios que habitaban y, sobre todo, habían desarrollado una impresionante capacidad para sobrevivir en las condiciones más difíciles que ofrecía la naturaleza. Cazadores y recolectores, nómadas temporales, recorrían grandes extensiones en busca de los alimentos que aseguraban su subsistencia y atacaban las caravanas que encontraban a su paso. Su objetivo principal eran los caballos, pero a veces se llevaban a mujeres y niños, para venderlos como esclavos o solicitar un rescate. No solo resultó difícil identificar sus campamentos y aislarlos, sino que además fue imposible reducirlos rápidamente, como ocurrió con los indígenas en el Valle de México o en el Sur de Nueva España.

A partir de 1550, tras sus continuos ataques a los viajeros que transitaban por los escasos y desprotegidos caminos, se inició una guerra «a sangre y fuego» para combatirlos. Una guerra en la que se recurrió a la fundación de presidios —fortificaciones usadas para el acuartelamiento de tropas— y misiones, tanto para enfrentarse a los indios, proteger a los viajeros o asegurar los envíos de plata a las arcas reales de Ciudad de México, como para convertir al cristianismo a los chichimecas, actividad esta en la que se obtuvieron escasos éxitos.

Además, para evitar los asaltos, a las caravanas —formadas por comerciantes, mineros, pobladores españoles e indígenas y esclavos— cuyo destino eran los yacimientos mineros que se descubrían o ya estaban en plena actividad, se las dotó de una escolta de soldados de los presidios. Cuando la caravana se adentraba en las áreas más comprometidas, para pasar la noche, formaba un círculo de carros con las personas y los animales dentro. Sí, exactamente igual que en las películas del Oeste. Los estadounidenses solo se limitarían posteriormente a copiar las tácticas de defensa españolas.

Hubo voces que para evitar un baño de sangre reclamaron al rey un cambio en la política seguida en las zonas mineras recién pobladas, como fue el caso de los franciscanos de Nueva Galicia, encabezados por fray Ángel de Valencia, o de los agustinos de Michoacán, a través del *Tratado de la Guerra de los Chichimecas*, escrito por fray Guillermo de Santa María. Ambos frailes afirmaban que la captura de esclavos y la ocupación española de los territorios de estos grupos habían desencadenado el conflicto y realmente no había causa justa para combatirlos. Sus razones fueron escuchadas ya casi a finales del siglo XVI, cuando Felipe II ordenó el uso de métodos distintos y pacíficos para congregar y convertir a los chichimecas. Gracias a ellos se consiguió que la larguísima, sangrienta y costosa guerra llegara, al menos en teoría, casi a su fin[40].

Al mismo tiempo que se redujeron las expediciones militares y se prohibió el pago por las cabelleras de indios —como prueba de que habían muerto—, o su captura como esclavos, salieron por el Camino de la Plata 400 familias tlaxcaltecas a poblar siete puntos dentro del arco de frontera. Debían servir de ejemplo y enlace con los chichimecas. San Luis Potosí, Saltillo, Chalchihui-

---

[40]   Todavía hacia 1587, un español que viajaba por el Camino de la Plata y llegó hasta Chiametla, en la actual Sinaloa, escribió a su mujer: «desde que salí de México hasta entrar en Zacatecas no se me cayeron las armas a mí y a mi caballo de a cuesta, porque hierve la tierra de chichimecas, una generación del demonio. Y a todo esto ningún poblado, y agua de ocho a ocho leguas, y poca y mala, durmiendo en el suelo y con mucha nieve. Y cada noche tocándonos arma, y de día matándome los amigos».

tes y Colotlán fueron los principales asentamientos surgidos de esas medidas, que quedaron bajo la custodia de una nueva figura militar: el protector de frontera, encargado de cuidar la paz en las poblaciones y en las rutas que las comunicaban.

Las dificultades del transporte de mercancías. Arrieros en la barranca de Huentintan, en el Camino Real de Guadalajara a Zacatecas, una fotografía tomada en 1882. En 1750, en su época de mayor esplendor, los diputados de minería del Real de Bolaños estimaron que en las distintas fases de explotación y transporte se empleaban por entonces 8000 mulas de carga y tiro, cuando la población total de ese distrito ascendía a solo 5676 habitantes.

Como ocurría en las vías panameñas, otro elemento que acompañó la riqueza minera fue el tránsito de mercancías y mercaderes. Aunque en el siglo XVI muchas de las tierras del Norte eran enormes bosques con pequeñísimas zonas de agricultura temporal que practicaban algunos grupos chichimecas, el consumo de madera y carbón para fundir la plata dejó rápidamente en la aridez más absoluta el entorno inmediato de todos los reales de minas. Si agregamos a eso las enormes cantidades de mineral de desecho que eran arrojadas y lavadas cuando se introdujo el sistema de patio, contaminando la tierra, el resultado fue una enorme dificultad para tener próximos centros de abastecimiento, sobre todo agrícolas. Las recuas, los carros y las espaldas de los mercaderes indios transportaron camino del Norte de México, además del mer-

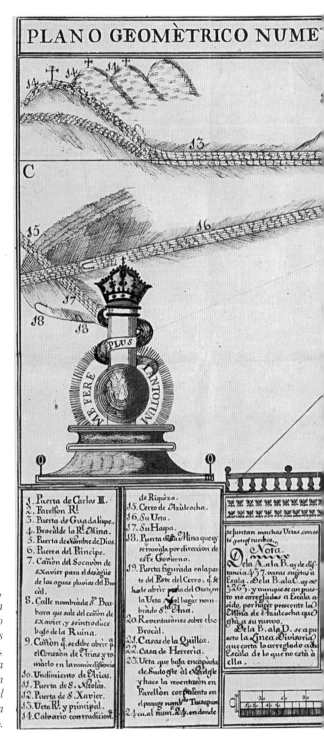

Plano geometrico número quatro, del brocal, hasta la mina de Azulcocha. Azulcocha, en Perú, era uno de los yacimientos de mercurio de Huencavalica. Junto a ella y otras 33, como Trinidad, Titicasa, Calvario, Carnicería, Silla-Ccasa y Terciopelo, estaba también Santa Bárbara, descubierta en 1566, la mina que asombró a los Virreyes del Perú y mereció el calificativo de la «Maravilla más grande de la Tierra».

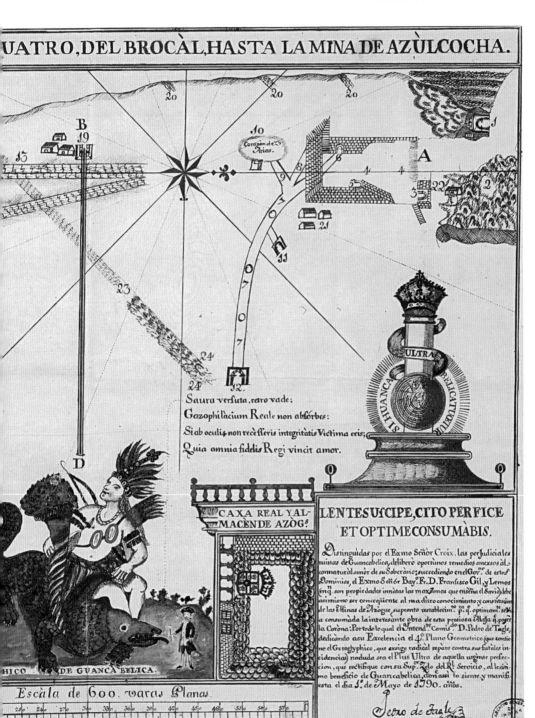

UATRO, DEL BROCÀL, HASTA LA MINA DE AZÙLCOCHA.

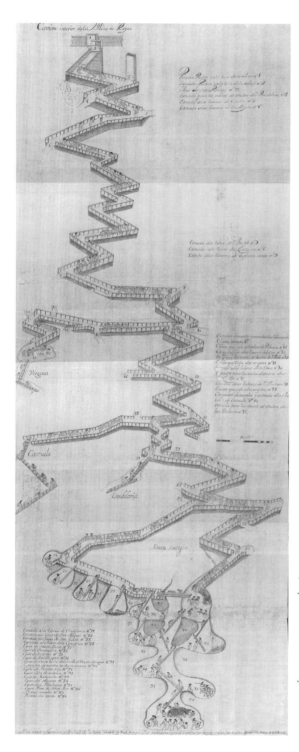

Diseño del camino interior de la mina de Rayas en Guanajuato, presentado por José de Ledesma, en nombre de su dueño Juan Díaz de Bracamonte, a Miguel Calderón de la Barca, oidor de México y visitador de la mina. La mina de Rayas, descubierta por el arriero Juan Rayas alrededor de 1558, fue la primera que se explotó en Guanajuato. El yacimiento tiene una profundidad de 400 metros, lo que la convirtió en su momento en la más profunda del mundo. El tiro principal de la mina, con forma octogonal de 11,31 metros de diámetro no fue terminado hasta 1833. Archivo General de Indias, Sevilla.

curio que llegaba desde la Península, miles de toneladas de alimentos, ropas, herramientas, libros y medicinas destinados a mantener las poblaciones de las minas, que tenían explosivos crecimientos y descensos según fuera la calidad y la cantidad de plata extraída de las vetas. Objetos imprescindibles para la dieta y vida cotidiana de los españoles que, a pesar de la distancia, seguían trayéndose a cualquier precio aceite de oliva, especias, quesos de oveja, embutidos, terciopelos, perfumes, joyas labradas e instrumentos musicales.

De regreso a Ciudad de México, arrieros y mercaderes transportaban la plata quintada que por derecho recibía la Corona, así como la del pago de las mercancías vendidas y los envíos de particulares a sus parientes o socios en las ciudades novohispanas o en la Península. También eran el medio para remitir la plata obtenida de los procesos judiciales, especialmente de los remates de los «bienes de difuntos».

Durante el siglo XVIII, las paradas y postas a lo largo del Camino Real se incrementaron y mejoraron significativamente. La villa de San Felipe el Real —actualmente ciudad de Chihuahua—, rodeada por sus minas, se convirtió en un centro comercial y financiero básico entre Durango y Santa Fe, a esta zona se le llamaría el sendero de Chihuahua. La villa de San Felipe Neri de Alburquerque a su vez fue fundada en 1706 —hoy Albuquerque, sin «r»—, pronto fue a su vez una importante terminal dentro de ese sendero. La Villa de Alburquerque, muy valiosa por su posición defensiva en el Camino Real, también creció como un importante centro de intercambio comercial.

Nuevo México ofrecía principalmente ganado vacuno, lana, textiles, pieles de animales, sal, y nueces. Comerciaba principalmente con las ciudades mineras de Chihuahua, Santa Bárbara y Parra. En 1765, la población del Paso del Norte era de 2635 habitantes, lo que la situaba como el núcleo urbano más grande en la frontera norte de Nueva España. El Paso se convirtió así en una importante zona de rancherías, productos agrícolas y viñedos, conocido por sus vinos, brandy, vinagre y pasas.

Desde El Paso, la vital encrucijada del Camino Real de Tierra Adentro, nacía una ruta que se dirigía al Este a los asentamientos tejanos del Río Grande y hasta San Antonio. Se llamó Camino Real de Texas y tenía dos vías, el Camino de Arriba, que pasaba por San Antonio hasta Nacogdoches y el Camino de Abajo, que llegaba hasta La Bahía, en la costa del Golfo y seguía por el litoral hasta el Misisipi.

Es innegable que las inmensas áreas despobladas del continente americano se transformaron para siempre en espacios organizados gracias a las comunicaciones, las vías terrestres, fluviales y marítimas necesarias para abastecer los centros mineros y trasladar la producción de metales preciosos. Eso, hemos visto que supuso la construcción de una red de caminos muy extensa y el desarrollo de una actividad económica de la que enseguida se obtuvo una elevada rentabilidad. Pero tras las huellas y el sonido de la riqueza, las múltiples manifestaciones de la indigencia siguieron también esos caminos de la plata, con la intención de resolver sus carencias.

Por una parte, españoles empobrecidos, indígenas desplazados de sus comunidades o huidos del control de sus encomenderos y de las autoridades. Por otra, vagabundos, charlatanes, tahúres, clérigos que decidían abandonar su estado y hasta ingleses supervivientes de naufragios, trataron de encontrar en los asentamientos mineros una forma de ganarse la vida. Su presencia fue tan habitual en los caminos y en las ciudades más pobladas, que pronto se dictaron medidas para erradicar su presencia, a veces peligrosa.

Además, enfermedades y epidemias tuvieron en esos mismos caminos un medio para difundirse a gran velocidad y a enormes distancias. Las primeras que comenzaron a extenderse en todo el territorio novohispano aparecieron en 1544, y se repitieron con fuerza inusitada en 1576. Bajo sus efectos murió cerca de dos terceras partes de la población indígena que trabajaba en las minas. Los viajeros y sus pertenencias fueron portadores de esa terrible amenaza que a lo largo de los siglos XVII y XVIII no dejó de manifestarse en alguna ocasión. Las crisis agrícolas provocadas por los fenómenos naturales, el exceso de trabajo y las difíciles condiciones de vida hacían presa fácil de los habitantes de las regiones mineras cuando las epidemias atacaban, y no era precisamente población lo que lo sobraba a España. Ese problema, el demográfico, nunca llegaría a resolverse.

2.ª PARTE

Comercio

Retrato de mercader. *Obra de Jan Gossaert, natural de Flandes, realizada en 1530. Gossaert trabajó las tres primeras décadas del siglo XVI para todos los ricos y extravagantes miembros de la futura corte española en los Países Bajos.* National Gallery, Londres.

Por cuchillos, el francés,
mercerías y ruán
lleva aceite; el alemán
trae lienzo, fustán, llantés...,
carga vino de Alanís;
hierro trae el vizcaíno
el cuartón, el tiro, el pino;
el indiano, el ámbar gris,
la perla, el oro, la plata,
palo de Campeche, cueros...;
toda esta arena es dineros.

Los barcos de Gibraltar
traen pescado cada día
aunque suele Berbería
algunos de ellos pescar.

Toda España, Italia, Francia
vive por este arenal,
porque es plaza general
de todo trato y ganancia.

El arenal de Sevilla
Lope de Vega

2.1 Las bases del monopolio

Tras los primeros 50 años de dominio español en tierras americanas, que podríamos denominar de tanteo, la empresa minera y su comercio se convirtieron en el motor de la colonización y su actividad de mayor trascendencia. Sin duda, con el esquema mercantilista de la época, era la que tenía más posibilidad de rendimiento dentro del campo de las industrias, y sus riquezas en oro y plata las que constituían el producto más rentable de esos nuevos territorios con los que se había hecho la Corona.

Los metales preciosos —otros muy útiles no tan valiosos como el cobre, estaño, hierro y plomo se estimaron también, pero en menor grado—, cuya obtención contó con un desarrollo sin parangón en la historia de la minería, llegaron a suponer un 90 % del valor total de las exportaciones americanas a España. Junto a ellos, se valoraron también especialmente los yacimientos de esmeraldas, las pesquerías de perlas y, en los últimos años que América estuvo bajo el control español, el platino. Un metal que los europeos descubrieron tarde, pero que ya empleaban los indígenas ecuatorianos prehispánicos.

Es innegable que los tesoros producidos por las minas americanas produjeron un gran impacto en el resto del mundo occidental. Gracias a ellos se creó el clima económico que hizo posible que el período del Renacimiento alcanzara el empuje y brillo que tuvo y se financiaron las guerras sostenidas por los Habsburgo en Flandes, Francia, Alemania o Italia; en el Mediterráneo contra el Gran Turco y en el litoral de Inglaterra. Pero también generaron unos circuitos comerciales de largo alcance que vincularon a las minas con Europa, de donde venía el utillaje de hierro, el azogue, el vino, las telas finas y los vestidos suntuosos.

Porque si la minería y las comunicaciones actuaron como motor de la economía en América, el comercio fue quien realmente lo puso en marcha. Durante más de tres siglos la conexión entre ambas orillas del Atlántico se hizo a través de la llamada «Carrera de Indias», inspirada en un solo principio: el monopolio. Para centralizarlo y garantizarlo se establecieron diversos medios: control oficial, colaboración privada, puerto único con objeto de facilitar el cobro de impuestos y navegación protegida. Veamos ahora cómo se consiguió llevar a cabo cada uno de ellos.

El 20 de enero de 1503 se fundó en Sevilla la Casa de la Contratación, la primera institución creada para defender el monopolio, regular la navegación y regir los asuntos comerciales del otro lado del Atlántico. Sería la única institución específica encargada de todo lo relacionado con América hasta la fundación del Consejo de Indias, hacia 1523. En las Ordenanzas se especificaban entre sus finalidades: «Recoger y tener en ella, todo el tiempo necesario,

El puerto de Indias, que en el siglo XVI albergaba un gran número de embarcaciones, visto desde el barrio de Triana. Se observa al fondo la Giralda, a la izquierda el puente de barcas y el arenal, a la derecha la Torre del Oro. Por ese lado del Guadalquivir llegaba la Flota de Indias, la flota de galeones que conectaba a la ciudad con los virreinatos americanos. Obra anónima realizada en 1526. Ayuntamiento de Sevilla.

cuantas mercaderías, mantenimientos y otros aparejos fuesen menester para proveer todas las cosas necesarias para la contratación de las Indias; para enviar allá todo lo que conviniera; para recibir todas las mercaderías e otras cosas que de allí se vendiese dello todo lo que hubiese de vender o se enviase a vender e contratar a otras partes donde fuese necesario».

Su primera sede se estableció en un almacén de las atarazanas. Era poco más que un recinto donde depositar el dinero y los exóticos bienes que llegaban de las Indias, pero ya ese mes de junio se decidió situarla en unas dependencias

contiguas a los Reales Alcázares, donde ya quedaría radicada de forma definitiva en los años siguientes.

Concebida inicialmente como agencia comercial de la Corona castellana a imitación de las instituciones semejantes organizadas en Portugal, que ya había creado en Lisboa la *Casa da Guinea* y la *Casa da India*, pronto perdería ese carácter para convertirse en el organismo rector y fiscalizador de todo el comercio y navegación con las Indias. De hecho sus funciones aumentaron paulatinamente, de manera que, además de aduana, acabó por ser una especie de ministerio de comercio y una escuela de navegación.

Es un error muy extendido pensar que la idea de monopolio comercial era algo específico del imperio español. A principios del siglo XVI, cualquier determinación tomada en sentido contrario hubiese estado en contradicción con las doctrinas económicas que imperaban por entonces en Europa, una de cuyas premisas era la férrea intervención estatal de cualquier tipo de comercio exterior. En esas condiciones es evidente que un riguroso control del tráfico transoceánico solo podía ejercerse con facilidad si se concentraba todo en un solo puerto.

La elección de Sevilla como sede del organismo, en detrimento de Huelva y Cádiz, de donde habían salido los primeros viajes hacia América, vino determinada por su privilegiada situación de puerto fluvial interior, que ofrecía mayor seguridad frente a tormentas y posibles ataques de piratas, bereberes o ingleses, y a su condición desde antiguo de principal ciudad del sur de España. Le ayudaba tener una muy desarrollada infraestructura mercantil, una abundante población consumidora y una rica producción agrícola, imprescindible para aprovisionar a los barcos.

Aunque quizá todas estas circunstancias, sin duda muy importantes, no lo habrían sido tanto sin la decisiva intervención del archidiácono de la catedral de Sevilla, Juan Rodríguez de Fonseca. Durante 30 años, de 1493 a 1523, Fonseca, un zamorano miembro de una de las familias más ilustres de la Corona de Castilla, sería la máxima autoridad para los asuntos indianos. Primero como asesor y persona de confianza de los reyes Isabel y Fernando, y luego como consejero de Castilla, institución a la que inicialmente correspondía la jurisdicción sobre las nuevas tierras, hasta que se creó el ya citado Consejo de Indias como organismo independiente del de Castilla.

En cualquier caso, a Sevilla le vino bien. Gracias al monopolio se convirtió en un cosmopolita foco de atracción internacional que visitaban asiduamente ilustres personajes. Andrea Navagero, que llegó a Sevilla en 1526 como embajador de la república de Venecia para asistir a la boda del emperador Carlos V e Isabel de Portugal, escribió de su paso por la ciudad:

> Se halla poco poblada y casi en poder de las mujeres. Todo el vino y el trigo que aquí se cría se manda a las Indias, y también se envían jubones, camisas, calzas y cosas semejantes que, hasta ahora no se hacen allá y de los que sacan grandes ganancias. Llegan aquí todas las cosas que se traen de aquellas partes, porque las naves no pueden descargar en otro puerto; al llegar la flota entra en dicha casa —se refiere a la Casa de Contratación— gran cantidad de oro con el que se acuñan muchos doblones cada año; el quinto es para el Rey, y suele casi siempre montar cerca de 100 000 ducados cada año.
>
> Dicen los mercaderes que de algún tiempo viene menos oro que solía, pero los viajes continúan y todos los años van y vienen naves. Vi yo en Sevilla muchas cosas de las Indias y tuve y comí las raíces que llaman batatas, que tiene sabor de castañas. También vi algunos jóvenes

de aquellas tierras, que acompañaban a un frailes que había estado allí predicando, para reformar las costumbres de los naturales, y eran hijos de señores de aquellos países; iban vestidos a su usanza, medio desnudos, y solo con una especie de juboncillo o enagüetas; tenían el cabello negro, la cara ancha, la nariz roma, casi como los circasios, pero con el color más a ceniciento; mostraban tener buen ingenio y vivo para todo[41].

Desde el primer momento la Casa de la Contratación organizó y controló todo el tráfico entre España y América[42]. Le correspondía hacer la inspección de los buques y autorizar la travesía, recaudar los impuestos de importación y exportación, conceder las licencias de pasajeros, preparar a los pilotos, levantar mapas y cartas náuticas, resolver pleitos relacionados con las Indias y actuar como albacea de los bienes de personas fallecidas en ultramar.

Esas cantidades, los denominados «Bienes de Difuntos», eran los que dejaban en Indias los emigrantes fallecidos, sin que se conocieran herederos en aquellas tierras. Desde 1550 el Juzgado de Indias tenía asignado en cada Audiencia un juez especial para la tutela y salvaguardia de esos bienes y, una vez recibida noticia del finado, iniciaba un largo proceso de investigación que culminaba con su remisión a la Casa de Contratación, la cual a partir de las segundas Ordenanzas dadas el 15 de junio de 1510, quedaba encargada de la administración de los bienes remitidos.

Cada auto de Bienes de Difuntos comprendía numerosos documentos: testamento, investigación ordenada por el juez, inventario de los bienes, almoneda de los mismos, resolución de cuentas con pago y cobro de deudas, «Carta de diligencia», pedimento, probanzas ante los Oficiales de la Casa de Contratación y acto de entrega.

En ocasiones la Casa desempeñó ciertas funciones de gobierno, como el reclutamiento de colonos para poblar las nuevas tierras o el registro y la expedición de licencias para todas las gentes de desigual condición que aspiraban a hacerse a la mar con rumbo desconocido, pero siempre como principal órgano consultivo de los reyes para lo referente al comercio. De hecho, por su mediación, se cursaban las órdenes necesarias para obtener los máximos beneficios.

Los tres oficiales reales originales encargados de sus actividades fueron el factor, el tesorero y el contador. El factor, que realizaba las funciones de lo que hoy denominaríamos un gerente, se ocupaba del aprovisionamiento y revisión

---

[41] *Viaggio fatto in Spagna ed in Francia* —*Viaje hecho a España y a Francia*—. Venecia, 1563.
[42] En 1529, por Real Cédula, Carlos I intentó romper su exclusividad comercial. Creó la Casa de Contratación de La Coruña y autorizó a comerciar con América a Bayona, Avilés, Laredo, Bilbao, San Sebastián, Cartagena y Málaga. No funcionó ni contó con gran actividad, por lo que en 1573 Felipe II le devolvió a Sevilla un monopolio que, en realidad, nunca había dejado de ejercer.

de los buques y de la compra y expedición de las mercancías que iban por cuenta de la Real Hacienda, como las armas, municiones o el azogue. El tesorero recibía todos los caudales procedentes de América, tanto de particulares como de la Corona, y se hacía cargo de los bienes de las personas fallecidas allí hasta que pudieran ser entregados a sus herederos, y el contador, que ejercía como secretario, se encargaba del registro y la contabilidad de todas las operaciones.

Actuaban en conjunto y eran responsables de ciertos trámites fiscales como el registro de navíos, la concesión de licencias de embarque y cobranza y la administración de gravámenes sobre el tráfico —en especial el impuesto de la avería, el fondo destinado a sufragar los gastos que originaba la protección militar de los buques mercantes—. Tenían también la facultad de administrar justicia en los pleitos relativos al comercio y la navegación, previo asesoramiento de un letrado, una actividad que acabó por provocar numerosos conflictos con otros organismos judiciales.

De los siglos XVI al XVIII, hasta la invención del sextante, el astrolabio, basado en la proyección estereográfica de la esfera, se utilizó como principal instrumento de navegación. Se empleaba para saber la hora y para determinar la latitud a partir de la posición de las estrellas. La Casa de Contratación se encargaba de elaborarlos.

Con el tiempo, las tareas desempeñadas por la Casa adquirieron tal complejidad que fue preciso adjuntar a los oficiales reales una serie de ayudantes, escribanos, diputados y comisarios delegados. Entre ellos un presidente para los asuntos judiciales y algunos letrados —hasta que en 1583 se creó la Sala de Justicia, que pocos años después, en 1596, quedaría equiparada a una Audiencia— y otros puestos con misiones concretas y específicas, como los de correo mayor, proveedor general de la armada, artillero mayor o visitador de navíos. Así, la Casa ya contaba en 1687 con 110 funcionarios, tenía capilla propia y disponía hasta de cárcel.

Especial relevancia tuvieron los oficios de piloto mayor, creado por la reina Juana en 1508 para enseñar y examinar a los interesados en navegar a Indias —el puesto lo desempeñarían marinos ilustres como Américo Vespucio; su sucesor, Juan Díaz de Solís; el insigne Rodrigo Zamorano o Sebastián Caboto—, y el de cosmógrafo[43], encargado desde 1523 de elaborar cartas de navegación, astrolabios y otros instrumentos náuticos. Con ellos se organizó una sección cartográfica para registrar en un mapa modelo, el Padrón Real, los continuos descubrimientos geográficos que se realizaban.

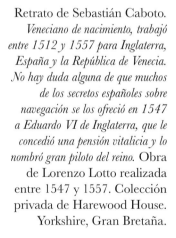

Retrato de Sebastián Caboto.
Veneciano de nacimiento, trabajó entre 1512 y 1557 para Inglaterra, España y la República de Venecia. No hay duda alguna de que muchos de los secretos españoles sobre navegación se los ofreció en 1547 a Eduardo VI de Inglaterra, que le concedió una pensión vitalicia y lo nombró gran piloto del reino. Obra de Lorenzo Lotto realizada entre 1547 y 1557. Colección privada de Harewood House. Yorkshire, Gran Bretaña.

La revisión del Padrón fue una constante fuente de litigios durante todo el siglo XVI entre pilotos y cosmógrafos, enfrentados por la dificultad de precisar las coordenadas de los lugares representados. Para evitarlos, se creó en 1552

---

[43]   A pesar de lo que puede leerse en algunos textos, el cargo de Cosmógrafo Mayor de la Casa de Contratación no se creó hasta 1557. Lo estableció Felipe II para tener en la corte al experimentado matemático Alonso de Santa Cruz, hijo de un acomodado comerciante sevillano. Cuando Santa Cruz falleció en 1567, el puesto se suprimió.

la cátedra del Arte de la Navegación y la Cosmografía, núcleo de una moderna escuela náutica, que sería la más importante de Europa.

En su cédula de creación, firmada por el príncipe Felipe —el futuro Felipe II— en Monzón, Huesca, se especifican las materias que debía enseñar su titular, por entonces Jerónimo de Chaves: «el *Tratado de la Esfera* de Sacrobosco, o al menos sus dos primeros libros; el *Regimiento* de la altura del Sol y del Polo; el uso de la carta y cómo echar el punto en ella, para saber el verdadero lugar; la fabricación y empleo de los instrumentos más comunes como el astrolabio, cuadrante y ballestilla, junto con la aguja de marear y el cálculo del norestear y noroestear en cada lugar; el uso de un reloj general diurno y nocturno, y el conocimiento de las mareas, para saber cuándo se podía entrar en los ríos y barras». Cada día el catedrático debía explicar al menos una lección, a la hora que se le señalase. A sus clases podía asistir todo el que quisiera aprender, siempre que no fuera extranjero.

Las ordenanzas de la cátedra regulaban perfectamente los requisitos que, desde entonces, debía reunir un aspirante a piloto, para presentarse al examen: «ser natural de los reinos de Castilla y Aragón, mayor de veinticuatro años, de buenas costumbres, ni jugador ni borracho, y haber navegado a las Indias por espacio de seis años». De todo ello debían dar fe cuatro testigos, de los cuales al menos dos debían ser pilotos. También establecía los exámenes, tras de los cuales habría votación secreta, con habas y altramuces: el aspirante que tuviera más habas que altramuces estaría aprobado, y el reprobado no podría volver a presentarse a examen sin haber hecho antes otro viaje a las Indias. Asimismo, el aprobado, no podría formar parte de ningún tribunal hasta realizar una nueva travesía del Atlántico.

La Casa asumió enseguida que la principal dificultad de los buques para navegar con toda su carga por el Guadalquivir hasta Sevilla era superar la Barra de Sanlúcar, como se denomina a la zona en la que se acumula el fango y lodo arrastrados por la corriente del río Guadalquivir hasta su desembocadura.

Para sortear con éxito el peligroso paso[44] —río arriba hacia Sevilla, o río abajo—, se dependía principalmente del viento, las mareas y la pericia de los distintos capitanes capaces de sortearla; tan importantes, que llegaron a obtener en su momento un cierto mérito. En espera de todos esos condicionantes, los barcos tenían que permanecer en la zona largos periodos de tiempos, a veces varios meses, en los que quedaban a merced de los temporales o de algún intento de robo de mercancías.

Por esa razón desde 1508 se permitió a los buques de mayor calado efectuar parte de las operaciones de carga y descarga en Sanlúcar y Cádiz. En

---

[44] Entre 1740 y 1789, por ejemplo, embarrancaron o naufragaron en la zona de la Barra y Chipiona 118 barcos. 18 de ellos en Salmedina, 6 en la punta del Perro, 8 en las playas de Chipiona y 4 en Montijo.

esta última hubo permanentemente desde 1519 un delegado de la Casa o juez de arribadas. A partir de 1535 ya se institucionalizó el Juzgado de Indias, compuesto por un juez oficial y tres delegados de la Casa, dedicados a controlar las operaciones de carga y descarga que, eventualmente, se autorizaban en las dos ciudades.

Las dificultades para navegar por el Guadalquivir llevaron tanto a los comerciantes sevillanos como gaditanos a preferir que las flotas cargaran y descargaran en Sanlúcar y Cádiz. La práctica se generalizó a partir de 1668 y quedó como plenamente vigente en 1680. En esa fecha Cádiz se convirtió oficialmente en «cabecera de la flota» y, por lo tanto, en el principal puerto del comercio indiano.

2.1.1 El consulado de comerciantes

En los siglos XIII y XIV, con el fin de regular las transacciones comerciales se crearon las Universidades de Mercaderes y los Consulados, que desarrollaban espacios donde se llevaban a cabo las operaciones mercantiles de importación y exportación.

Desde 1543 la Casa de Contratación contó con la colaboración del Consulado de Sevilla, gremio de comerciantes o «Universidad de los Cargadores a Indias», reconocido oficialmente por la Real Provisión de 23 de agosto de 1543 con el privilegio exclusivo de comerciar con América. En él solo podían ingresar los mercaderes que se dedicaban al gran comercio, quedaban excluidos específicamente los propietarios de tiendas al por menor y aquellos artesanos que vendían sus propios productos. Al traspasar el monopolio real a ese reducido y poderoso grupo de súbditos a cambio de servicios pecuniarios y otras condiciones, se les convirtió en los principales beneficiarios del sistema y, por eso mismo, en sus principales valedores.

El Consulado de Mercaderes de Sevilla asumió una serie de actividades mercantiles en relación con el comercio indiano, entre las que se contaban la participación en el despacho de flotas, el control de los seguros marítimos, o el salvamento de mercancías de los buques naufragados. Asimismo, el Consulado asumió también muchos de los pleitos generados por la actividad mercantil, reduciendo tanto las tareas como las competencias de la propia Casa de Contratación.

En 1583 se iniciaron las obras de la Casa de la Lonja para que los miembros del Consulado pudieran efectuar sus transacciones en un espacio adecuado ya que utilizaban hasta entonces las gradas de la catedral y se introducían en ella para rematar sus negocios cuando el tiempo resultaba demasiado desapacible. A finales del siglo XVIII, roto ya el monopolio, se convertiría en el Archivo General de Indias.

A lo largo del siglo XVII la Casa de la Contratación fue perdiendo iniciativa en los asuntos que legalmente le correspondían —y de los que nadie le había eximido—, y quedó como a remolque de las decisiones de los mercaderes sevillanos. Desde entonces, el Consulado se convirtió en el verdadero órgano rector de la Carrera de Indias. Los comerciantes andaluces monopolizaron la exportación de vino, aceite de oliva y otros productos agrícolas —lo que se llamó el «tercio de frutos»—, y dejaron que los comerciantes vascos controlaran casi en exclusiva la exportación a Indias de hierro y sus derivados.

Dos galeones anclados. *Obra de Andries van Eertvelt realizada sobre 1640.* Museo del Hermitage, San Petersburgo.

De forma análoga a Sevilla, se creó en Nueva España, por Cédula Real fechada el 9 de diciembre de 1593, el Consulado de la Ciudad de México[45]. Se atendía así a la petición de los residentes, que se habían trasladado en su mayoría desde Sevilla y trabajaban en conjunto con los de la ciudad andaluza, con idéntica función y espíritu monopolista. Se encargó también de regular las ventas, cambios, seguros marítimos y terrestres, pagos y todos los asuntos relativos al comercio de mercancías. Además, asumió la vigilancia de la llegada de los buques a Veracruz y Acapulco; el control de las importaciones y exportaciones y la cuantía del pago de los derechos de ida y vuelta para luchar

---

[45]   El de Lima fue aprobado por el rey, el único que tenía la facultad para autorizarlo, el 29 de octubre de 1593, aunque no inició sus actividades hasta el 21 de febrero de 1613.

tenazmente contra todas las franquicias económicas que se pudieran otorgar a otras regiones y poder conservar los beneficios de sus mercados.

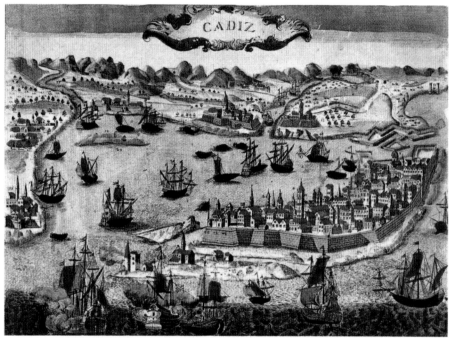

El puerto y la villa de Cádiz a finales del siglo XVI. La apertura del comercio con América favoreció a Cádiz más que a ningún otro puerto, de tal manera que, a partir de 1717, entraron y salieron de él centenares de navíos hasta superar los mil al año.

Las restricciones legales que mantenía la Corona para impedir que los extranjeros intervinieran en el comercio con América no lograron impedir su participación. Progresivamente los miembros adscritos al Consulado adoptaron el humillante papel de sus testaferros y actuaron como intermediarios para recibir y despachar mercancías de italianos, portugueses, holandeses, franceses, ingleses y alemanes, que controlaban la exportación de productos manufacturados, principalmente textiles, a cambio de la correspondiente comisión.

Con el tiempo, muchos de esos comerciantes extranjeros que rompían el falso monopolio del comercio con Indias y que hacían aportaciones mayoritarias de capital en expediciones que los comerciantes españoles no podían costear por sí solos, incluso consiguieron la ciudadanía española y la licencia como cargadores matriculados en el Consulado, para poder negociar ellos directamente con Indias.

Claro, que tampoco ayudaba mucho la propia legislación, que no se había cerrado de manera muy hermética y autorizaba que participasen de tres maneras posibles: con licencias especiales que concedía la Corona; mediante naturalización —nunca durante el reinado de Felipe II— y si llevaban afincados en España —a uno u otro lado del Atlántico— más de 10 años, estaban casados con españolas o demostraban poseer en España bienes raíces y casa abierta.

El control oficial del tráfico de mercancías, si excluimos el complicado sistema fiscal establecido, no era demasiado difícil de realizar. Todo, tanto a la ida como a la vuelta, estaba sometido a registro, requisito de obligado cumplimiento en la Casa de Contratación y en los puertos de la Indias, verificado por los oficiales reales. Esa operación facilitaba la aplicación de las tarifas arancelarias, principalmente el almojarifazgo, un impuesto sobre el valor tasado de la mercancía que tenía por finalidad financiar los gastos del transporte. En 1568, por ejemplo, se fijó su cuantía en un 5 % de derechos de salida de Sevilla; 10 % al entrar en Indias; 10 de alcabalas[46], 5 % de entrada en la Península y 2,5 % de salida de los puertos de Indias.

Nada cambiaría hasta la llegada a España de la dinastía de los Borbones. En 1717, la Casa de Contratación y el Consulado pasaron de Sevilla a Cádiz. Durante todo el siglo XVIII la ciudad atlántica sería la base de operaciones mercantiles del comercio ultramarino español. Dos fueron las causas principales del traslado: Por un lado la pujanza de los comerciantes de la bahía de Cádiz; por el otro, el aumento del calado de los buques que hizo a muchos encallar en la Barra de Sanlúcar.

En general, obligados por los contratos que realizaban con la Corona para el cobro de las alcabalas, los Consulados también se vieron inmiscuidos en la realización de obras públicas, tanto de beneficio general como de beneficio para los propios comerciantes. Por ello participaron en el desarrollo de obras de infraestructura como caminos y puertos, o financiaron las labores de dragado y mantenimiento de las instalaciones portuarias. El de Ciudad de México incluso llegaría a patrocinar una milicia urbana, un lujoso batallón sin ninguna experiencia militar que creó a raíz del motín que vivió la capital en 1662.

2.2 NAVEGACIÓN EN CONSERVA

EN 1521, con motivo de la primera guerra entre Carlos I y Francisco I de Francia, se decidió organizar la primera gran flota con rumbo a América, formada por ocho buques mercantes y dos navíos de la armada. Se mandarían otras esporádicamente en años posteriores con distinto número de buques,

---

[46]   Tributo que consistía en el tanto por ciento del precio que pagaba a la hacienda pública el vendedor en el contrato de compraventa y ambos contratantes en el de permuta.

como las de 1537, 1540 o 1543, pero durante décadas, la navegación en flotas no tuvo ningún tipo de regulación legal. En realidad, por el carácter eventual con el que se había redactado la ordenanza de 1521, y por el escaso rigor con que se aplicó, la navegación hacia y desde América se caracterizó esos años por la tan manida improvisación española.

Hasta agosto de 1543 no quedó legislado que, mientras durase la guerra con Francia, todos los barcos que fuesen a las Indias lo debían hacer en alguna de las dos flotas anuales que se pensaban despachar —una en marzo y otra en septiembre— en convoyes formados por al menos 10 bajeles, y todos ellos de un porte mínimo de 100 toneladas. Aun así, las ordenanzas de 1543 y de 1554 tan solo hacían todavía alusión a «la ocurrencia casual de un número determinado de buques mercantes, que salgan unidos y naveguen juntos a arbitrio de los capitanes de cada uno, y sin subordinación de todos a uno, ni formar cuerpo y armada o escuadra». En esas condiciones no puede sorprendernos que hubiese bastante permisibilidad con aquellos buques que, aunque reunían los requisitos establecidos en las ordenanzas, quisieron viajar al margen de la flota.

Entre 1548 y 1549, Álvaro de Bazán «el Viejo», almirante de Castilla, —padre del futuro Marqués de Santa Cruz—, presentó nada menos que cuatro proyectos, en los que pretendía prácticamente el monopolio de la navegación con las Indias para un grupo de asentistas que él lideraba. Su idea era enviar tres flotas anuales, protegidas cada una de ellas por un galeón y dos galeazas de su propiedad. Pese a que la Corona accedió y firmó el correspondiente asiento el 14 de febrero de 1550, nunca llegó a ponerse en práctica, por la oposición del Consejo de Indias y, sobre todo, del siempre presente consulado sevillano.

Por aquellas mismas fechas, otros marinos, como el genovés Andrea Doria, Andrés de Archuleta o Bernardino de Mendoza «el Viejo» —capitán general de las galeras de España—, también publicaron sus respectivas opiniones sobre cómo debía ser la navegación en el Atlántico. Los dos primeros criticaron la forma en que se realizaba, pero no presentaron un modelo alternativo, como sí hizo Mendoza en un memorial redactado a finales de 1548 en el que defendía de nuevo el sistema de flotas como el único viable para la navegación a las Indias.

Según su criterio, ningún buque debía tomar parte en el comercio ultramarino fuera de las flotas oficiales. Debían ser tres: una en enero, otra en mayo, y la última en septiembre. En cada una de esas flotas —explicaba Mendoza—, debía ir una nave «capitana», regida por una persona hábil y de experiencia probada, «para que recoja y lleve juntas las dichas naves hasta a donde se han de partir para seguir sus derrotas».

A pesar de que en 1552, por consejo del capitán Diego López de Roelas, incluso se abolió la obligación de viajar en convoy, una medida que se restableció al año siguiente, de nuevo con la especificación de que «sería mientras durase la guerra con los franceses», todos los proyectos debieron de ejercer una influencia importante en la Corona, pues desde1554 ya no se consintió bajo ningún concepto que zarpasen buques al margen de las flotas. El cumplimiento de la orden era tan rígido que ese año, un ya agotado Carlos I, tuvo que autorizar personalmente la partida desde Sanlúcar de cuatro navíos que iban a Cabo Verde a por esclavos.

Batalla naval entre españoles y franceses. *Representa un combate con las costas americanas de fondo.* Obra de Teodoro de Bry realizada entre 1590 y 1595. Servicio Histórico de la Marina, Vincennes.

Hasta el 16 de julio de 1561 no se impuso definitivamente la regulación legal —basada en un memorial presentado por Pedro Menéndez de Avilés en 1556—, que dejaba perfectamente constituido el sistema de dos flotas anuales: una que partiría en enero, y otra que lo haría en el mes de agosto. En ambos casos llegarían unidas hasta las Antillas y, a la altura de Puerto Rico, se dividiría en dos, una con destino a Nueva España, y la otra, a Tierra Firme. Tres años después, el 18 de octubre de 1564, se introdujeron algunas modificaciones importantes por consejo del Consulado de Sevilla, la Casa de Contratación y un destacado grupo de pilotos y maestres de la Carrera encabezados por Juan Rodríguez de Noriega, que se definía a sí mismo como «capitán de seis navíos[47]»: la primera flota no zarparía en enero sino en abril, y además no se dividiría, pues debía estar formada exclusivamente por los buques que se dirigían a Veracruz, Honduras y las Antillas. La segunda, por el contrario, mantendría su fecha de salida en agosto y la integrarían las naves con destino en Panamá, Cartagena, Santa Marta y «otros puertos de la costa Norte»

Menéndez de Avilés, nacido en 1519, fue uno de los grandes marinos de la España del siglo XVI, junto a Álvaro de Bazán, Rodrigo de Portuondo, Cristóbal de Eraso, Bernardino de Mendoza o Juan Martínez de Recalde. En 1554 fue nombrado capitán general de las flotas de Indias y, posteriormente, capitán general de Cuba y adelantado de La Florida. Falleció en Santander, víctima de una epidemia de tabardillo —el tifus transmitido por los piojos-, el 17 de septiembre de 1574. Obra anónima realizada en el siglo XX. Misión Nombre de Dios, San Agustín, Florida.

Los máximos responsables al frente de cada flota eran el capitán general y el almirante de la Armada de la Carrera, al principio un nombramiento que decidía la Casa de Contratación y el Consulado, pero que enseguida fue dejado en manos del rey. El trámite era sencillo, consistía en que el Consejo de Indias proponía el nombramiento al monarca, y este aceptaba o rechazaba la propuesta.

Los demás oficiales, con una autoridad mucho menor, sí eran nombrados por los jueces de la Casa de la Contratación. El resto de puestos, como

---

[47] El documento original, fechado en febrero de 1564, se conserva en el Archivo General de Indias. Sevilla.

el capellán, el contramaestre, el maestro carpintero o el maestro calafate, los nombraba el capitán general.

Para ser piloto de la Carrera de Indias era obligado ser natural de los reinos españoles. Además, el solicitante debía realizar un curso de un año y un examen, ambos dirigidos por la Casa de la Contratación. El piloto de cada barco dirigía la navegación durante toda la travesía y transmitía sus órdenes a la tripulación por medio del contramaestre.

Todos los oficiales de la Carrera se encontraban agrupados en la Universidad y Cofradía de mareantes, que era el organismo gremial que velaba por la defensa de los intereses de sus asociados, mediante instancias al rey, al Consejo de Indias y a la Casa de la Contratación.

El viaje desde la Península se iniciaba por el río Guadalquivir, donde ya los buques corrían graves riesgos dada la peligrosidad de los bancos de arena, que cambiaban su ubicación con relativa facilidad y eran difíciles de esquivar hasta para los pilotos más avezados. Continuaba luego hasta el puerto de Sanlúcar de Barrameda, enclavado en el margen izquierdo de la desembocadura del Guadalquivir, donde tras la penosa navegación fluvial se terminaban de cargar los navíos y de completar los pasajes. Gracias al fomento de la actividad comercial entre América y Sevilla, auspiciada desde el primer momento por los duques de Medina Sidonia[48], Sanlúcar, con sus angostas calles y blancas fachadas, obtendría por entonces el mayor apogeo de su historia.

Los pilotos y sus tripulaciones se enfrentaban a continuación a otro peligro: la arriesgada salida a mar abierto. La costa desde Rota a la bahía de Cádiz era de difícil navegación, como demuestra la gran cantidad de naufragios que ocurrieron en esas aguas. Por ejemplo, el desastre ocurrido a la flota de Diego Flores en 1581, cuando fue obligada a partir por el de Medina Sidonia en fechas contrarias y con condiciones atmosféricas adversas por entender el duque que retrasaba en exceso su partida.

La travesía transatlántica llevaba alrededor de dos meses y medio: doce días hasta Canarias, un mes hasta México y otro hasta el Caribe. Pasado el cabo de San Vicente, el general o almirante hacía una visita de inspección a cada nave de la flota para ver si la artillería estaba bien montada, decomisar mercancías prohibidas o castigar a perturbadores. Luego, rumbo suroeste se llegaba a Canarias. A partir de allí, con un derrotero de dieciséis grados suroeste y sin apenas realizar cambios, se avistaban en torno a los veinticinco o treinta días, las primeras islas de las indias, como La Deseada, hoy un departamento de la francesa Guadalupe, en las Antillas menores.

---

[48]   Juan Alonso Pérez de Guzmán y Suárez de Figueroa, tercer conde de Niebla, había recibido el título el 17 de febrero de 1445, de manos de Juan II de Castilla.

Una vez en aguas caribeñas, la flota, que había llegado unida, se dividía: la armada de Nueva España se dirigía a Veracruz, bordeando el sur de Santo Domingo y Cuba. En el trayecto se separaban los navíos con destino en Puerto Rico, Santo Domingo y Ocoa —ambos en La Española—.

La flota de los galeones se dirigía a Tierra Firme —los territorios coste-ros desde las actuales Guayanas hasta el cabo Gracias a Dios, entre Honduras y Nicaragua—, y a su paso por las costas de Venezuela y Colombia, dejaba en ellas los navíos de Cumaná, Margarita o Santa Marta. Llegados a Portobelo —en Tierra Firme— o Veracruz, el general presentaba a las autoridades las instrucciones recibidas en la metrópoli.

El viaje de vuelta partía de Cuba, a través del canal de Bahamas, hacia el noreste, entre los cabos de Virginia y las Bermudas. En las Azores, el general se informaba sobre la probable presencia de corsarios o cualquier otro enemigo. Una vez arribaba a puerto español, el general se dirigía a avisar de su llegada al Consejo de Indias, que lo sometía durante el mes siguiente a un juicio de residencia sobre sus actividades durante la travesía.

El tráfico de flotas alcanzó sus cotas más altas en el periodo de 1544 a 1550, coincidiendo con los descubrimientos de los grandes yacimientos de Nueva España y Perú. Una larga etapa de prosperidad a la que siguió otra de recesión en la década de los 50. El mercado no respondió con la rapidez que se esperaba y hubo mucho retraso en la llegada de beneficios. Los navíos se acumularon en los puertos americanos sin encontrar fletes con los que regresar a la Península y en Sevilla se acumularon las mercancías sin encontrar salida. La crisis y el derrumbe de precios fueron inevitables.

A partir de 1562 se comenzó a superar la crisis. Aumentó la navegación y para 1608 se había logrado un crecimiento de aproximadamente el 25 %, que llevó a que entre 1606 y 1610 se efectuaran nada menos que 965 viajes. Era la consecuencia inmediata de la aplicación del sistema de amalgama de mercurio y el aumento de la producción de plata.

2.2.1 *El complemento indispensable*

Las flotas americanas dependientes de la Carrera de Indias eran de pequeño o mediano tonelaje, formadas por buques construidos principalmente en aquel fértil Nuevo Mundo. La del Caribe se construía principalmente en los astilleros cubanos y de Cartagena de Indias. La del Pacífico, en los mexicanos y de Gua-yaquil, el puerto más próximo a Quito.

La flota del Caribe era la más numerosa. Se componía sobre todo de embarcaciones pequeñas que enlazaban los numerosos puertos de Cuba —La Habana, Santiago y Matanzas—, o se aventuraban por los del Caribe: San

Juan y Ponce, en Puerto Rico; Santo Domingo; Cumaná, La Guaira, Puerto Cabello, Coro y Maracaibo, en Venezuela; Riohacha, Santa Marta, Cartagena, y los centroamericanos y mexicanos.

El Caribe era la base del poder español. Poseía una red autónoma de producción y consumo que servía de apoyo y mantenimiento para todas flotas y navíos metropolitanos que cruzaban el Atlántico. Los barcos de la flota del Caribe colocaban los productos más cotizados —cacao, azúcar, tabaco, añil, algodón y cueros principalmente—, en los puntos clave donde tocaban los convoyes principales y podían así incorporarlos a los grandes circuitos comerciales internacionales.

Construcción de un navío. La gran mayoría de los buques de las armadas del Caribe y el Pacífico salieron de astilleros americanos. Teóricamente los periodos entre flotas se utilizaban también para carenarlos y prepararlos con vistas a las siguientes travesías. Museo Naval, Madrid.

La Habana sería el motor económico para estructurar todas las Antillas menores. A pesar de tener algo más de 60 habitantes en 1570, su crecimiento se incrementó a partir de 1575, y se fortaleció definitivamente al convertirse en paso obligado para emprender la vuelta hacia Sevilla. Su puerto, considerado el más amplio de las Indias, podía llegar a albergar entre 500 y 1000 embarcaciones con facilidad.

La existencia de dos flotas en el Pacífico obedecía exclusivamente a los intereses de la metrópoli, que trataba de cortar la comunicación entre los virreinatos de Perú y Nueva España para evitar tanto la existencia de un circuito comercial interno, ajeno al control estatal, como la fuga de plata hacia Oriente. La frontera entre la jurisdicción de ambas estaba aproximadamente a la altura de Panamá, una zona que acabó por convertirse en la confluencia de los dos submercados americanos.

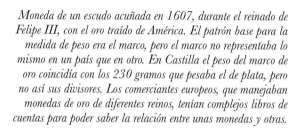

Moneda de un escudo acuñada en 1607, durante el reinado de Felipe III, con el oro traído de América. El patrón base para la medida de peso era el marco, pero el marco no representaba lo mismo en un país que en otro. En Castilla el peso del marco de oro coincidía con los 230 gramos que pesaba el de plata, pero no así sus divisores. Los comerciantes europeos, que manejaban monedas de oro de diferentes reinos, tenían complejos libros de cuentas para poder saber la relación entre unas monedas y otras.

La flota del Pacífico septentrional tenía su centro en Acapulco, a donde llegaban los productos centroamericanos de Tierra Firme, principalmente de los puertos de Acajutla y Realejo, pero su verdadero negocio era el control absoluto del comercio entre Nueva España y las islas Filipinas. La del Pacífico meridional tenía su base en El Callao, y se denominaba «Armada del Mar del Sur. Hacía la ruta El Callao-Panamá, con escalas en Trujillo y Paita. Por el camino se le unía el «navío del oro», que zarpaba de Guayaquil con los caudales del reino de Quito. Esta era la flota encargada de transportar la plata de Potosí, que antes se había llevado a El Callao desde el puerto de Arica, y todos los caudales del reino de Chile, que llegaban al puerto peruano procedentes de Valparaíso.

En realidad la Armada de la Mar del Sur recogía todo el negocio, los impuestos y tesoros de Sudamérica, a excepción de los de Tierra Firme, y los conducía a Panamá para su traslado a Portobelo. Luego regresaba con las mercancías europeas hacia Perú. Solía hacer una escala en Paita para descargar pasajeros y artículos, ya que las corrientes contrarias le obligaban luego a adentrarse en el océano y dar un largo rodeo para poder alcanzar finalmente El Callao.

Ante el temor de que la plata del Perú cayera en manos de corsarios, piratas, o escuadras enemigas, se procuró que la Armada de la Mar del Sur se sincronizara con la Flota de Galeones. Cuando se autorizaba en la Península la salida de una flota, partía un navío de aviso hacia Portobelo, para que se pusiera en marcha todo el complejo mecanismo de viajes y traslado. La idea era que al tiempo que los galeones partían de Cádiz lo hicieran también los buques que llevaban los tesoros de Valparaíso, Arica y Guayaquil, para confluir en Panamá al tiempo que la flota de la Carrera alcanzaba Portobelo. De esta forma, en teoría, se haría un simple cambio de plata por manufacturas a través del Camino de Cruces. No se logró jamás. La plata, el oro y los caudales se mantenían en el istmo durante meses, expuestos siempre al peligro de un posible ataque y, lo que era peor y muchísimo más frecuente, al saqueo sistemático de los comerciantes y las autoridades, que no hubo vez que no metieran la mano en la caja y mermaran considerablemente su cantidad para emplearla en adquirir mercancías llegadas ilegalmente.

La necesidad de encontrar rentabilidad a los productos derivó en que estas complicadas rutas solo las utilizara el comercio de lujo —telas holandesas, francesas e italianas o sedas españolas—, el único que podía soportar los altos costes. Era un negocio de artículos innecesarios, de los que se podía prescindir fácilmente, como se demostró cuando las flotas no llegaron durante 10 o 15 años y, precisamente por eso, con precios muy fáciles de reventar con la sobresaturación y mediante el contrabando.

Quizá lo más sorprendente y bochornoso de las rutas americanas era que la Flota de Indias llevase a Portobelo las manufacturas y productos que necesitaban los habitantes del Río de la Plata. Era el resultado de la voracidad monopolista del consulado sevillano, ajeno a todo lo que no fueran sus propios intereses económicos. Las mercancías allí destinadas se transportaban por el Camino Real de Portobelo a Panamá, luego se cargaban en la Armada de la Mar del Sur y se conducían a El Callao o Arica, para, desde cualquiera de los dos puertos y a lomos de mula, llevarlas hasta la sierra por uno de los dos caminos alternativos. Una vez en el Alto Perú otras recuas de mulas las bajaban por Salta, La Rioja y Córdoba hasta el Río de la Plata, condenado a recibir los artículos más costosos de América a causa de los impuestos y los fletes, tanto marítimos, como terrestres.

Afortunadamente para ellos, el Río de la Plata tenía que sostener abierta la ruta hasta el Alto Perú por pura necesidad, ya que le era imprescindible para exportar su ganado a la zona minera y para importar la plata que requería su desarrollo económico, pero eso no justificaba de ninguna manera que las exportaciones europeas tuvieran que dar un rodeo semejante cuando podían llegar directamente por el Atlántico, tal y como lo hacían las expediciones militares cuando eran necesarias.

Ninguno de los gobiernos de la Corona lo entendió así, y se plegó siempre a las sugerencias de la Casa de Contratación, controlada por los intereses de los comerciantes monopolistas. La única concesión fue autorizar un navío de permiso al año que iba desde Sevilla a Buenos Aires, pero evidentemente eso no satisfizo nunca a los habitantes de la región, que no cesaron de demandar la apertura de su puerto al comercio directo con la Península.

El conflicto jamás llegó a solucionarse. No hay más que releer la absurda ruta —Sevilla-Atlántico Norte-Portobelo-Panamá-Océano Pacífico-El Callao-Charcas-Tucumán— para comprender por qué el virreinato del Río de la Plata, —los actuales Argentina, Uruguay, Paraguay, Bolivia y parte de Brasil, con capital en Buenos Aires—, que principalmente solo se dedicaba al comercio, fue el primero que se sublevó contra el gobierno de la metrópoli en 1810.

2.2.2   De océano a océano

Las relaciones entre los virreinatos de Nueva España y Perú se intensificaron notablemente a partir de 1565, cuando comenzaron a llegar al puerto de Acapulco los valiosos géneros de Manila que, dicho sea de paso, encontraron un mercado libre y seguro, sin posible competidor, pues su precios estaban muy por debajo de los que se les fijaba a los géneros de procedencia europea.

Esa ruta comercial a través del Pacífico la protagonizó un único buque que navegó en solitario, el Galeón de Manila, también denominado Galeón de Acapulco o Nao de China. Un lazo permanente con Oriente que se mantuvo durante dos siglos y medio —de 1565 a 1815— como una línea regular con bases en los puertos de Manila y Acapulco para llevar finalmente las mercancías por tierra hasta Veracruz y, desde allí, a Sevilla.

De Manila hacia Acapulco solía zarpar en una fecha indeterminada entre finales de junio y mediados de julio. De Acapulco a Manila, entre las primeras semanas de febrero y las primeras de marzo. Un recorrido de más de 16 000 kilómetros con vientos superiores a fuerza siete y olas de más de tres metros, que lo convirtieron en un hito de la navegación mundial difícilmente superable.

El trayecto habitual desde Manila era peligroso y dependía en gran parte de los monzones, por lo que era importante la salida en unas fechas determinadas que la mayoría de las veces se incumplían por intereses comerciales. Discurría por los mares interiores de las islas Filipinas, hasta llegar al último puerto, San Jacinto. Después de abastecerse de leña, agua y víveres, era el momento de aventurarse en el Pacífico. Primero el cruce del estrecho de San Bernardino permitía navegar de bolina y poner rumbo a Guam hasta alcanzar los 40° N de latitud. Desde ese punto se ponía rumbo al Este gracias a los vientos y corrientes favorables hasta que apareciera en el horizonte la costa americana. Se celebraba con un *Te Deum* y una fiesta profana de singulares características denominada «el tribunal de las señas», que consistía en que oficiales y pasajeros fueran juzgados por la marinería. Se imponían multas a los culpables, saldadas con el pago de dulces y vino. Luego se largaba todo el aparejo y se caía a estribor para bajar por la costa de California hasta fondear en Acapulco. Si la travesía se alargaba más de lo previsto existía la posibilidad de morir de hambre, sed o por enfermedad, especialmente de escorbuto o disentería. En proporción, la cifra de fallecidos siempre fue mayor durante ese trayecto.

Inmaculada Concepción de origen hispanofilipino realizada en el siglo XVIII. Tiene una altura de 15 centímetros y es de marfil policromado, dorado parcialmente, con incrustaciones de cristal en los ojos, y aureola de plata originaria de las minas americanas. Los escultores de marfil chinos, en Filipinas y en el continente, tallaron numerosas figuras religiosas para la exportación a España a través de la ruta del Galeón de Manila. Museo Metropolitano de Arte, Nueva York.

En Acapulco, el galeón era recibido con expectación. En cuanto lo divisaban se encendían fuegos en las atalayas y las campanas de las iglesias repicaban con fuerza para que los comerciantes acudieran a la feria de tres semanas de duración, llena de animación y color, que se celebraba en la ciudad. Durante la descarga de productos no se podía acercar ninguna embarcación y, antes de iniciarla, la mercancía pasaba varios controles: la del personal de la Real Hacienda, para llevar a cabo el cobro de impuestos; la de los técnicos que valorarían el estado del barco; y un tercero que consistía en un exhaustivo registro para que no quedara mercancía oculta. No obstante, los fraudes eran muy habituales.

Una vez clausurada la feria, pertrechado y cargado el navío con la plata mexicana del real situado y el producto de la venta en la feria —generalmente un 200 % del valor de compra de las mercancías—, tripulación, corresponden-

cia, guarnición y pasajeros —representantes del comercio, funcionarios civiles
o militares y misioneros—, se daban a la vela con destino a Cavite.

Se seguía un rumbo Suroeste hasta bajar al paralelo 12º 30´ N, donde
se viraba a estribor para seguir rumbo Oeste con los vientos portantes alisios
y corrientes favorables. Era un viaje rápido y con pocos incidentes que solía
durar tres meses si la salida se hacía a mediados de marzo y las condiciones
eran favorables, o podía prolongarse algunas semanas más si se hacía escala en
las Marianas o había que completar la aguada. La tranquilidad con la que se
desarrollaba habitualmente esa ruta, hizo que fuera conocido como viaje por
el «Mar de las Damas». En Manila, si su salida era motivo de solemnidad y
alegría aún lo era más su llegada, sobre todo cuando retornaba repleto de plata
y pasaje, ambos indispensables para las islas.

*La captura del Nuestra Señora de Covadonga a manos del comodoro George Anson, el 20 de junio de
1743, como siempre muy bien publicitada por los británicos, fue el caso más conocido en el que se perdió
un Galeón de Manila. El botín conseguido por Anson y sus hombres ascendió a 1 313 843 pesos y 35
682 onzas de plata.* Óleo de Samuel Scott fechado en 1743, basado en un dibujo anterior
de Peircy Brett. National Maritime Museum, Greenwich.

Las primeras naves de la carrera fueron naos, hasta que se substituyen
por los nuevos galeones, más adecuados por su mayor capacidad de carga, mejores condiciones marineras y superior capacidad defensiva y ofensiva. Sirvieron en la carrera de Filipinas hasta bien entrado el siglo XVIII. La construcción
de los buques que cubrían la Carrera comenzó a hacerse en astilleros de Nueva

España, pero el mejor emplazamiento de los astilleros filipinos de Cavite y la mayor calidad de las maderas existentes, acabaron por desplazarlos a otras tareas. Solo en casos concretos se eligieron astilleros extranjeros —Japón o Siam, por ejemplo—, a partir de 1679 se prohibió terminantemente que las naves para la línea de Acapulco se construyeran fuera de las Islas Filipinas. El último de los galeones que se construyó en el archipiélago, el *Sacra Familia*, levó anclas en Cavite, para su primer viaje a México en 1718.

El comercio entre Oriente y Nueva España pronto alcanzó importantes proporciones. El galeón de Manila traía: sedas, tejidos de algodón, marfiles, lacas, alfombras, especias y otros productos de China, India, Java, Ceilán, Persia o Japón, pero también llevaba productos españoles y novohispanos de primera necesidad, como el aceite de oliva, la harina de trigo para hacer pan, jamones, vino, herrajes, relojería o instrumentos náuticos, que alcanzaban precios desorbitados y cubrían la demanda de la creciente población española de Manila que, a sus vez, tenía saturado su mercado de productos asiáticos por la masiva llegada de comerciantes chinos.

Los primeros años, el galeón funcionó de manera libre y sin limitaciones, pero a partir de 1593, una Real Orden de Felipe II definió normas para su reparto, transporte, dotación y defensa. Su objetivo era imponer el monopolio para evitar el contrabando y proteger la industria textil andaluza, por lo que quedó reservado solo para los españoles, tanto residentes en Filipinas como en Nueva España. Una manera también de compensar a sus servidores en aquellas islas tan alejadas de la metrópoli. El valor de las mercancías que se embarcasen en Manila tenía un límite de 250 000 pesos de a ocho reales, mientras que el retorno a Manila del principal y ganancias obtenidas con su venta no podía superar los 500 000 pesos. La reexportación de los productos de Filipinas logró un volumen tal que superó en valor los 3 millones de pesos.

La Corona también prohibió el tráfico directo entre Perú y las Islas Filipinas y entre Perú y Nueva España. Ninguna de las dos medidas dio resultado. El comercio interno ilegal por el Pacífico continuó su expansión y llegó a alcanzar los puntos más alejados, como las costas chilenas. Igual que el comercio directo de Nueva España con Perú, basado en artículos de lujo, manufacturas mexicanas y plata, que los peruanos pagaban con vino, mercurio y más plata. Fue tan intenso que las continuas protestas de los comerciantes sevillanos hicieron que la Corona tuviera que acentuar sus medidas represivas, lo que a su vez supuso un espectacular incremento del contrabando.

Al principio eran los comerciantes chinos los que se encargaban de proveerse de las mercancías procedentes de Asia, pero posteriormente se estableció el servicio de pancadas, que consistía en que un encargado compraba todas las mercancías chinas y luego las distribuía entre los comerciantes en función del espacio que estos dispusieran. Para ello, el Galeón se dividía en piezas, representadas por un certificado llamado «boleta», que se distribuían entre la población española de Manila y Cavite, según su antigüedad y condición, que no quedaba exento de tráfico de influencias. En el reparto entraban también soldados, viudas y eclesiásticos, que a través de las Obras Pías concedían préstamos a cambio de elevados intereses a los comerciantes que los solicitaran. Se aceptaba la costumbre de permitir a soldados y marineros, con excepción de los oficiales, embarcar con sus ropas alguna mercancía por valor inferior a 30 pesos, que luego vendían en Acapulco como compensación a la dureza del viaje y lo justo de su paga.

Debía evitarse la sobrecarga y tener en cuenta los abastecimientos necesarios para el viaje, la defensa y la posibilidad de enfrentarse al mal tiempo. Todo exceso de las normas establecidas, muchas veces permitido por el gobernador y los oficiales de la nave, en caso de existir y ser descubierto, se consideraba como contrabando.

Normalmente el control y manejo del sistema de galeones se encontró siempre bajo la responsabilidad de los virreyes de Nueva España, de cuya circunscripción dependieron desde el primer momento las Filipinas. Bajo su competencia se mantuvo durante años la vigilancia del tráfico ilícito, la concesión de permisos para viajar a Filipinas y la modificación de las tarifas de los pasajes o los fletes.

A lo largo de los 250 años que surcaron los mares, de los 109 galeones solo cuatro fueron las naves que se perdieron en combate con piratas chinos, holandeses o británicos y 26 las que fueron víctimas de los tifones locales. Un éxito más que razonable.

2.2.3 *Itinerarios peligrosos*

En general, hasta bien entrado el siglo XIX, ningún viaje era agradable, y los que protagonizaban los galeones y las flotas para cruzar cualquier océano, bien fuera el Atlántico o el Pacífico, aún menos. De momento, era muy lento, con el andar ajustado a los navíos más pesados, si se navegaba con la flota. Eso hacía la travesía extraordinariamente larga y obligaba a llevar mucha bebida y alimentos. Un peso muerto que también incidía en la velocidad de los buques. A eso había que sumar las condiciones de habitabilidad de los buques de la Carrera, que podían calificarse, sin ninguna exageración como espantosas.

Una vez realizada la última visita de los funcionarios de la Casa de Contratación en el puerto de Sanlúcar, para comprobar que las licencias, mercancías, bastimentos y armamento fuese el consignado desde un principio, y que todos los pasajeros tuvieran su respectiva plaza y documentación necesaria para el viaje a las Indias, la flota estaba dispuesta para zarpar. Justo antes de largar velas, tanto pasajeros como tripulación se confesaban, para preparar sus almas ante un viaje tan largo y peligroso.

Forma de vestir de los hombres y las mujeres en el siglo XVI. Obra de Christoph Weiditz publicada en 1529. El artista alemán, al servicio de los Habsburgo, dedicó un año a pintar día a día a los habitantes de los territorios de España. Los pilotos, maestres y marineros se caracterizaban por una vestimenta humilde, pero más colorida.

En el Atlántico, pasado Canarias, la flota se adentraba en otro «Mar de las Damas», porque se decía que hasta las mujeres podían gobernar allí las embarcaciones, dadas las condiciones ideales de navegación que solían existir, con los vientos alisios soplando de popa. La travesía se tornaba especialmente tranquila, se pasaban muchos días sin que apenas fuera necesario ni cambiar el número de velas que colgaban de las vergas y el viaje se hacía entonces más monótono, acompañado del interminable crujir de las arboladuras y el rechinar de los cables. A veces se ordenaban zafarranchos de combate para tener entrenada a la tropa y marinería frente a un posible ataque enemigo. Eso era quizá lo único que rompía el tedio.

El hacinamiento alcanzaba límites elevadísimos, de tal manera que el espacio medio por persona no era más de un metro y medio cuadrado, sin incluir a los animales —gallinas, caballos o cerdos—, que también iban a bordo. Eso suponía también la rápida proliferación de parásitos e insectos. Las pulgas, los piojos, los gusanos y cucarachas, eran moneda corriente. Mucho más si al hacinamiento unimos el calor de las navegaciones tropicales y la suciedad, producto, tanto de las costumbres de la época, como de la falta de agua dulce con la que lavarse.

Tripulación, soldados y pasajeros debían ocupar unos espacios muy reducidos, a pesar del alto precio de los pasajes. Los viajeros de más posibles se alquilaban una mínima intimidad lograda mediante cortinas y tablones con los que se construían camarotes provisionales. De esta manera los entrepuentes en los que debían dejarse espacios libres para poder manejar la artillería, estaban llenos de cubículos formados por biombos y tabiques provisionales. Cuando se divisaba un enemigo había que deshacerlo todo y dejar libres las cubiertas.

La insubordinación podía ser penada con el abandono de los implicados en alguna isla o territorio inexplorado, con el fin de que, a la vuelta, o cuando los encontrase un buque de la armada, si seguían vivos hubiesen aprendido la lengua de los nativos y pudiesen servir como intérpretes. Los motines solían producirse por hambre, incertidumbre en la llegada o simplemente por una mala dirección del capitán. Sobre todo si eran extranjeros y no contaban con el respeto ni aprobación de la tripulación, que era mayoritariamente española. A los condenados, si sobrevivían, al regreso los esperaba la cárcel en Sevilla.

Se daba de comer tres veces al día. Al principio de la travesía no era mala, se podía cocinar carne, comer pan duro recocido —se denominaba bizcocho— y disponer de verduras o frutas, pero se acababan pronto y había que empezar a comer legumbres, con o sin gusanos, según hubieran pasado los días. Cuando se acababan comenzaba una deplorable alimentación a base de carne seca en salazón —cecina—, miel, queso y aceitunas. Algo mejor que la de la marinería, que se alimentaba casi exclusivamente de cecina. Era una paradoja que la única fuente segura de conservación de los alimentos consistiera en mantenerlos en salazón o deshidratados y, para desgracia de todos los viajeros y tripulantes, el agua dulce fuera un bien siempre tan escaso que, desde el principio, hubiera que racionarlo duramente.

De hecho, las botijas del agua, que también comenzaba a pudrirse enseguida, ocupaban un gran volumen y ello redundaba negativamente en la rentabilidad del navío, por ello, los maestres y despenseros procuraban siempre llevar las raciones ajustadas al «cuartillo», que era la medida de capacidad más común para los líquidos de la época. La sed, si no se conseguía recoger y almacenar agua de lluvia era uno de los mayores tormentos a que se sometía a los viajeros y tripulantes.

Los pajes les servían la comida a los pasajeros. El capitán, maestre y piloto, comían en la mesa del camarote, con mantel y cubiertos, servidos por el personal de la cocina. A veces solían invitar al cirujano, escribano y a los pasajeros más distinguidos. El contramaestre comía con el resto de la tripulación, que improvisaba mesas con cajas o cofres. Utilizaban de cubiertos cuchillos o navajas y se servían la comida en escudillas de barro o madera. La ración era la alimentación de cada individuo por jornada, se dividía entre el desayuno; el almuerzo, que se hacía a las doce de la mañana y era la comida principal del día, y la cena, en la que se consumía lo sobrante.

La única distracción a bordo eran los oficios religiosos de los sábados a los que tenían que acudir todos, tripulación y pasajeros. Solo los buques de guerra llevaban capellán, por lo que salvo esos momentos, o cuando se estaba en peligro de muerte ante tormentas o posibles naufragios, en los barcos no había un especial interés por los asuntos que tuvieran que ver con la religión.

Los pasajeros no podían jugar ni blasfemar. Beber, conversar y la lectura eran el resto de diversiones más usuales. Los porcentajes de analfabetismo eran muy altos, por lo que esta era una actividad colectiva. Alguien culto leía y el resto escuchaban. Por los datos de la Inquisición en México se sabe que los libros de más éxito eran las novelas de caballerías como *Orlando Furioso* o *Amadís de Gaula*, las novelas pastoriles y las coplas, romances o cancioneros.

Al llegar la noche se encendía el gran fanal en la capitana, que guiaba la flota. Algunos buques encendían también faroles de situación. Las horas transcurrían interminables, cantadas siempre por los grumetes con alguna advocación pía.

El «Mar de las Damas» se atravesaba en un mes, al cabo del cual se alcanzaba usualmente la isla Dominica, donde se hacía una pequeña escala. Se bajaba a tierra y se realizaban grandes banquetes. Quienes llegaban a América por primera vez contemplaban asombrados a los habitantes y el paisaje. La recalada era breve, pues había que proseguir hacia Veracruz o Nombre de Dios, y eso suponía otro mes más de viaje.

Las mujeres por sí solas no podían viajar, sin embargo, sí lo hacían de forma legal como criadas, esposas o incluso amantes de alguno de los pasajeros. En esos casos se prohibía su contacto con el resto de la tripulación.

En las rutas españolas no estaba admitido que los tripulantes llevasen a sus esposas, con lo cual cualquier relación sexual de estos debía ser secreta. En caso de descubrirse, constituía, además de un pecado contra la religión, un delito contra la autoridad. En ese sentido, en las instrucciones que se daban a los generales y almirantes de las flotas, se incluían junto a las obligaciones de carácter militar las de salvaguardar la moralidad de las personas bajo su mando. Fuera de la legalidad existían mujeres que conseguían saltarse los controles de la Casa de Contratación o que pagaban un soborno a los funcionarios y conseguían subir a bordo como polizones, en algún lugar de la bodega, eran el principal objetivo sexual de los tripulantes y no fueron raros los escándalos en este sentido, aunque en lo referente a las relaciones heterosexuales, todos, desde los generales, hasta el último marinero, estaban dispuestos a disimular y a no considerar mucho las leyes guardianas de la moral.

No era el caso de los contactos homosexuales, que en un medio predominantemente masculino, como era el de las tripulaciones, resultaban relativamente comunes. Puede encontrarse en el Archivo General de Indias el *Proceso a Cristóbal, paje, y Gaspar, grumete*[49], que es buena prueba de ello. Cristóbal tenía 14 años y Gaspar, guineano, unos 21. Ambos pertenecían a la tripulación de la nave *Nuestra Señora Santa María*. El suceso juzgado, del que no había más pruebas que las declaraciones de ambos, tuvo lugar varias noches, a proa, cuando el barco estaba en Puerto Rico.

Ante la duda de que pudiera tratarse de una acusación falsa o provocada por enemistad personal, lo que era muy corriente, puesto que en todos los casos juzgados por homosexualidad había detrás un odio larvado, que se había gestado, no tanto por desengaños amorosos, sino por prejuicios étnicos, envidias o ambiciones frustradas, se les preguntó si alguna vez habían reñido, y se comenzó a tomar declaración ante el general de la flota.

Como no había forma de descubrir la verdad se optó por recurrir el método habitual del que disponía la justicia: dar tormento a los acusados hasta que dijeran algo convincente. Sin importar mucho que el relato fuera o no fidedigno, mientras lo pareciese.

Se procedió a llevar una escalera a la cubierta del buque y allí, en presencia del médico, un marinero comenzó a amarrarle los brazos con un cabo, uno junto al otro. Tras recibir la orden pertinente, procedió a darle vueltas a la soga —hasta dieciocho veces— cubriéndole y apretándole. Ese tormento se llamaba de «mancuerda».

Le requirieron a Gaspar que dijera la verdad de lo sucedido, advirtiéndole que si por culpa del tormento se le quebraba algún brazo, se descoyuntase o incluso si muriese, sería a cargo suyo. El grumete negó las acusaciones y no confesó nada.

Se consideró oportuno agravar el tormento para ver si se ablandaba y se mandó que trajeran agua para aplicarle lo que se conocía como el «tormento de toca». Consistía en hacer tragar agua a través de una gasa delgada, o con un pañuelo introducido en la boca. Hasta 7 jarros le echaron, mientras negaba que hubiera ocurrido nada.

Se pensó entonces en aplicarle el tormento de garrucha, en el que había que colgar al reo de una soga metida en una polea con la que le levantaban en alto para dejarle caer de golpe sin que llegase al suelo, pero el grumete ya era incapaz de pronunciar palabra.

El general, con cierto grado de misericordia, suspendió el acto hasta el día siguiente. Sin embargo, como era domingo y primera fecha de Pascua, se dejaron pasar tres días más. Es más que probable que aquellas jornadas fueran

---

[49] Archivo General de Indias, Justicia 1181, N2, R5, 2r-19v.

aprovechadas por el procurador para aconsejarle sobre su confesión y que saliera lo mejor parado.

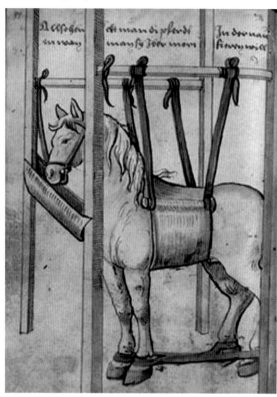

La Casa de Contratación se encargaba de registrar todo lo que se subía a bordo. Los fardos, su contenido, sus consignatarios, sus propietarios, el nombre y apellido de los pasajeros y su lugar de origen y destino. También la comida diaria para la travesía. Dibujo de Christoph Weiditz realizado en 1529. En el texto se lee: «Así suspenden a los caballos en los buques cuando se quiere transportarlos sobre el mar».

Llegado el momento, el alguacil de la armada, llevó a Gaspar ante los oficiales reunidos en cubierta para aplicarle el tormento pendiente. Le pusieron los brazos atrás, cogidos a la espalda, le unieron las manos por las muñecas con un pedazo de lienzo, y ataron a ellas un cabo de cáñamo que antes se había pasado por la garrucha. Previamente la garrucha había sido atada a la verga del mayor. Le comenzaron a izar lentamente y lo mantuvieron en lo alto por un tiempo. Allí le volvieron a pedir que dijese la verdad y de nuevo lo negó. El general mandó largar el cabo y Gaspar cayó en seco rebotando en el aire por su propio peso, quedó oscilando unos instantes y fue izado de nuevo un poco más arriba que antes. La tercera vez que le lanzaron el grumete pidió que lo bajaran, que diría la verdad. Aceptó todos los cargos y especificó el número de veces que había sodomizado a su compañero.

El paje también fue sometido a tormento, pero aguantó menos que el grumete, a la primera vuelta de la mancuerda, admitió la acusación. Para el general fue suficiente, quedó claro que tanto uno como otro eran culpables y confesos de haber cometido el «pecado nefando».

A las nueve de la mañana siguiente el grumete ratificó su confesión, pero como había una contradicción entre lo declarado por él y lo confesado por el paje con respecto a lo ocurrido, se le preguntó si una noche, en Puerto Rico, habían saltado a tierra para que Cristóbal «de cabalgase». No lo negó.

Esa tarde, a las siete, le tocó el turno de ratificarse en su declaración al paje. Dijo que todo lo confesado el día anterior lo había dicho por miedo al tormento, y que nada era verdad. Pero el general ya sabía, pese a las contradicciones existentes en ambas confesiones, que también existían puntos de encuentro y similitudes, lo cual era indicio más que suficiente para sospechar de la relación sodomítica en más de una ocasión.

Barcos en peligro. Obra de Andries van Eertvelt realizada en 1623. *La tormenta disgrega a la flota mientras algunos náufragos intentan asirse a las barcas.* National Maritime Museum, Greenwich.

El martes, 18 de junio del año 1560 se pronunció la sentencia que condenaba «al negro Gaspar Gris, grumete», a que fuera sacado de la nao capitana, metido en un batel y llevado alrededor de la flota con un pregonero que publicara su delito. Una vez hecho debían meterlo en la nao almiranta y, atado al mástil de la mayor, darle garrote.

El general mandó llamar a la nave un confesor, pero no sacaron al grumete para ejecutar la sentencia, porque se hallaban en puerto de Portugal. Por ello se esperó hasta el 20 de junio, cuando la flota salió del puerto de la Villa de las Playas, en la isla Terceira, en las Azores. Al hacerse a la vela se ordenó llevarla a cabo.

El grumete Gaspar fue ejecutado. Después, otro grumete negro de la nao capitana le puso en un batel de alquitrán y le pegó fuego. Tardó en quemarse y arder más de media hora.

Al paje Cristóbal su corta edad le salvó de aquella muerte horrible, aunque fue encarcelado. Gracias a la intervención de su procurador, que apeló al Consejo de Indias, le condenaron finalmente al destierro de «los reinos de España».

2.3 Las ferias americanas

Veracruz, en la desembocadura del río Antigua, algo más al Sur del primitivo emplazamiento de la ciudad fundada en 1519 por Hernán Cortés, era el destino de la Flota de Nueva España. Su puerto, con una actividad muy irregular, limitada a los periodos entre junio y agosto u octubre y abril pretendía ser un claro reflejo del de Sevilla. Quizá, porque su mayor problema, como le ocurría al puerto andaluz, era la distancia entre la ciudad y la costa, ya que había que desplazarse cinco leguas para llegar al puerto y una vez allí cargar las mercancías en pequeñas barcas para remontar río arriba y poder regresar.

El consulado de comerciantes aconsejó que la consolidación de la isla de San Juan de Ulúa como núcleo urbano ahorraría costes y tiempo al agilizar el tráfico comercial y desarrollo un proyecto similar al de la ciudad de Venecia para poder descargar de forma cómoda las mercancías, pero no tenía abrigos naturales que facilitasen su defensa, y el plan acabó por abandonarse.

En cualquier caso, la llegada de la flota se recibía con enormes manifestaciones de júbilo. Era el inicio de una gran feria a la que acudían comerciantes de toda América septentrional para realizar transacciones. Primero subían a bordo las autoridades locales y los funcionarios encargados del cobro de impuestos, revisaban la carga y daban su aprobación. Luego se entregaba la valija procedente de la metrópoli y se daba la orden de partida a dos navíos de aviso que debían regresar a la Península con la correspondencia urgente y la noticia de la feliz llegada. Después empezaba la descarga. Al terminar, todos los buques de la flota eran revisados minuciosamente por representantes de la Casa de Contratación, que daban su visto bueno o señalaban las reparaciones a efectuar.

Interminables filas de estibadores, blancos, indios y negros subían y bajaban con los fardos de las manufacturas europeas o los recipientes a las espaldas. Las mercancías con las que se comerciaba eran muy variadas. Desde España hacía América llegaban todo tipo de productos, no solo españoles sino también ingleses y franceses. Desde alimentos hasta tejidos, pasando por sombreros, lencería, medicinas, hierro, armas, vidrio o jabón. Cuando acababan, se cargaban de nuevo los buques con oro, plata, productos colorantes —cochinilla y añil—, cueros y azúcar para dirigirse a La Habana y esperar allí a la Flota de Galeones.

Camino Real del Azogue

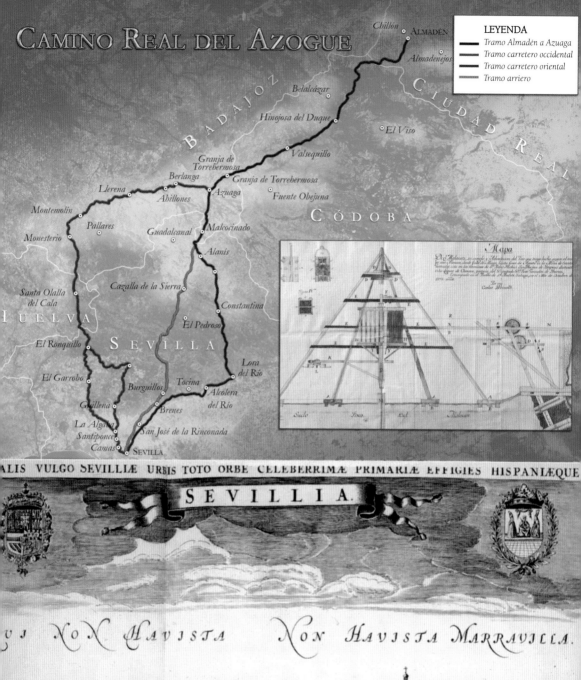

Chillón · ALMADÉN
Almadenejos

BADAJOZ

CIUDAD REAL

Belalcázar
Hinojosa del Duque
El Viso
Valsequillo
Granja de Torrehermosa
Berlanga
Granja de Torrehermosa
Llerena
Ahíllones
Azuaga
Fuente Obejuna
Montemolín
Pallares
Malcocinado
CÓDOBA
Monesterio
Guadalcanal
Alanís
Santa Olalla del Cala
Cazalla de la Sierra
Constantina
HUELVA
SEVILLA
El Pedroso
El Ronquillo
Lora del Río
El Garrobo
Tocina
Burguillos
Alcolea del Río
Gerena
Brenes
La Algaba
Santiponce
Camas
San José de la Rinconada
Sevilla

Mapa

...ALIS VULGO SEVILLIÆ URBIS TOTO ORBE CELEBERRIMÆ PRIMARIÆ EFFIGIES HISPANIÆQUE

SEVILLIA.

...YJ NON HAVISTA NON HAVISTA MARRAVILLA.

RIO DE GUADAL QVE VIR.

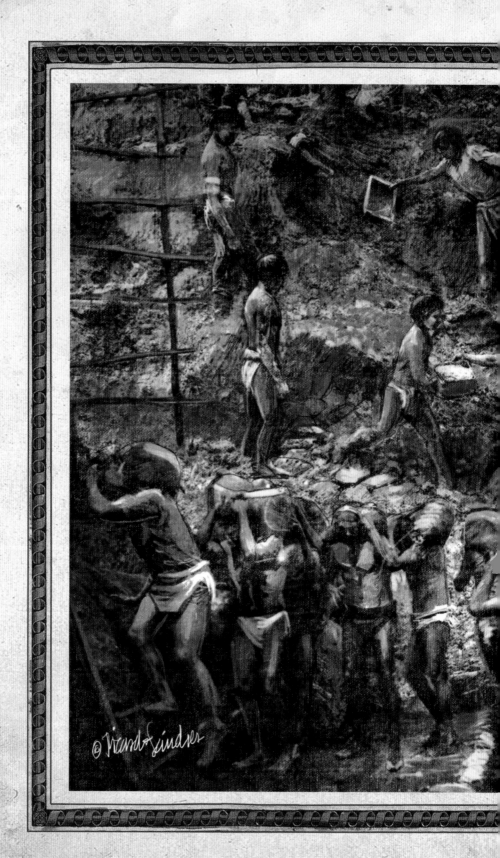

CASTILLO DE PORTOBELLO

N.° 1. Poço ò Tiro dado sobre una veta recostada. 2. Malacate movido p.r dos ò quatro cavallos ò Mulas. 3. Trabajo interior de una mina vista de frente ò perfil. 4. Metal ò Piedra solida. 6. entrada de mina. 7. Metodo de trabajar la mina, ò que se ha practicado, y se continua al presente. 8. camino formal de unos parages mas ò men.s fuera, y anchos segun se proporcionan en los minerales ò somedad formada p.r el metal vaciado. 10. Labores. 11. Vapas de enmaderaz. 12. Interior de una Mina vista de costado. 13. tiro de 2 var.s en quadro dado sobre la veta. 14. Rueda ò la hacen andar uno ò 2 hom.s dentro de ella. 15. Labor en blandura, fingueada, y Refocada. 16. Ipasada ò las labores inferior.s 17. Puentes de Metal. 18. Ipuesto de piedra. 19. Escaleras. 20. Barretero en ej. freinon, y otro ipasando. 23. Lomismo q.e el n.° anterior. 22. Acto de pegar fuego à los barret.s que se hace. 23. En Octubre. 24. 2 Ocaibos. 25. Communicacion de una labor à otra p.r el Octubre. 26. Apire vaciando el Metal ò desmonte en un cajon ò capacho. y suspende la Rueda del N.° 14.

Inventado y executado por el sujeto mismo D. Ramirez ... q.e no sabe....

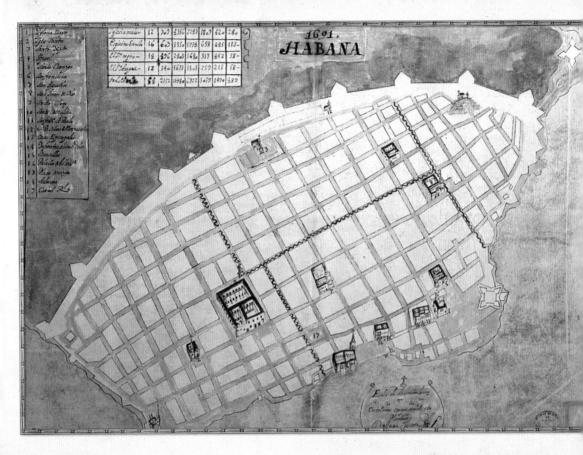

1691.
HABANA

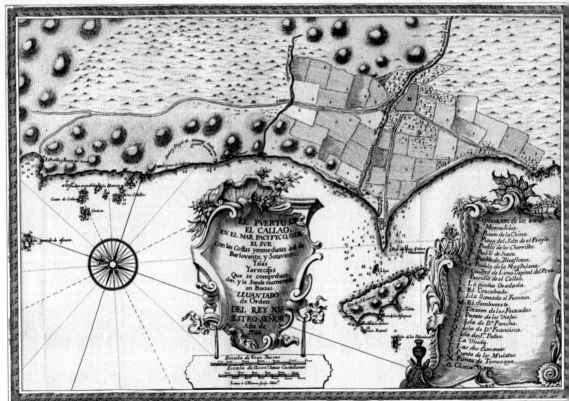

EL PVERTO DE
EL CALLAO,
EN EL MAR PACYFYCO, O EN
EL SVR,
Con las Costas ymmediatas del de
Barlovento, y Sotavento,
Yslas
Yarrecifes
Que se comprehen
den, y la Sonda numerada
en Brazas.
LEVANTADO
de Orden
DEL REY NU
ESTRO SEÑOR
Año de
1744.

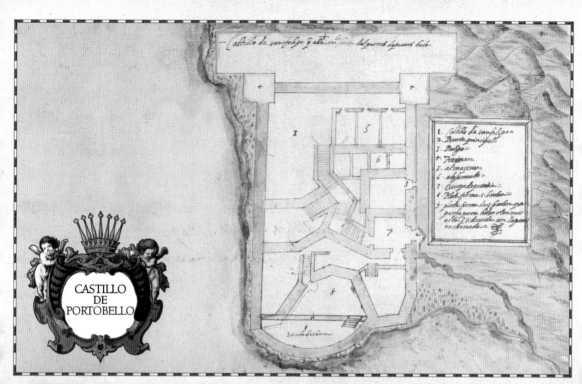

MINERÍA EN HISPANOAMÉRICA

Fort Nutka

CANADÁ
(BRITÁNICO)

VIRREINATO

DE

NUEVA ESPAÑA

ESTADOS UNIDOS

San Francisco

Santa Fe

LUISIANA

San Diego

TEXAS

Nueva Orleans

San Agustín
FLORIDA

Monterrey

Zacatecas

San Luis Potosí

La Habana

Guanajuato

Guadalajara

Querétaro

México

Veracruz

SANTO DOMINGO
PUERTO RICO

Acapulco

Puebla

BELICE

JAMAICA

Oaxaca

Guatemala

Cartagena

Caracas

CAPITANÍA GENERAL
DE GUATEMALA

Portobelo

GUAYANA HOLANDESA

Panamá

VIRREINATO
DE NUEVA GRANADA

GUAYANA FRANCESA

Santa Fe
de Bogotá

Quito

Guayaquil

VIRREINATO
DEL PERÚ

BRASIL
(PORTUGUÉS)

Trujillo

Huancavélica

Callao

Cuzco

Lima

ALTO
PERÚ

Minas Gerais

Juli

La Paz

Arica

Oruro

La Plata

Potosí

VIRREINATO
DE RÍO
DE LA PLATA

Asunción

CAPITANÍA
GENERAL
DE CHILE

Tucumán

BANDA
ORIENTAL

Córdoba

Valparaíso

Mendoza

Santa Fe

Santiago

Buenos
Aires

Montevideo

PATAGONIA

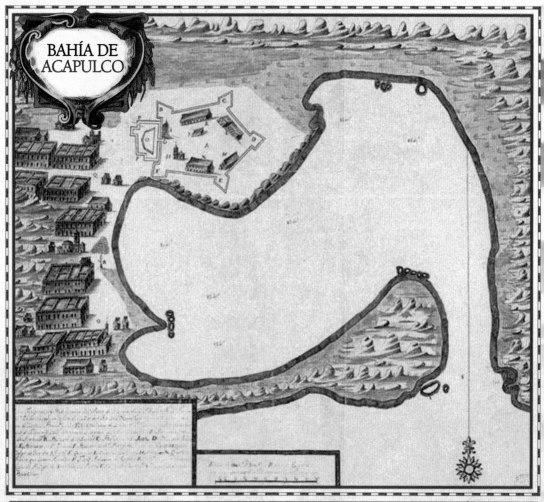

BAHÍA DE ACAPULCO

BAHÍA DE MANILA

Muchas mercancías se descargaban de los barcos sin que los oficiales pudiesen ejercer apenas ningún control, lo que favorecía la evasión de impuestos y el fraude. Es más, normalmente siempre se producían un cúmulo de circunstancias favorables para que la estafa y el fraude se hicieran más que habituales; fundamentalmente, en todo lo relativo a la evasión del pago del almojarifazgo a la Hacienda Real. El método más simple y empleado era la declaración de un volumen de mercancías inferior al real. Aunque también era muy habitual el soborno directo a los funcionarios.

Los precios se disparaban. El sistema obligaba a asumir grandes gastos y muchos riesgos, a establecer precios y márgenes de ganancia altos y favorecía las prácticas monopolísticas. Los precios de cualquier mercancía puesta en Sevilla, ya más elevados que en el resto de Europa, se multiplicaban por cinco al ser vendida en las Antillas o en la costa de Tierra Firme; por diez en México central; por quince en el Bajo Perú, y por veinte en el Alto Perú. La codicia de los respectivos consulados era parte de ese encarecimiento, pero también incrementaban los precios todos los transportistas.

Las autoridades instalaban por ello alhóndigas, con artículos de primera necesidad para los vecinos a unos precios asequibles, aunque se especulaba con todo, y terminaban por utilizarlas naturales y foráneos.

Las ferias también tenían su contrapartida. Abundaban los pleitos y reyertas en fondas o burdeles, y no eran raros los homicidios. Pero lo peor eran las epidemias que diezmaban a los asistentes. Todos los puertos caribeños eran insalubres por sí mismos. Mucho más si se sumaban los virus que podían llegar en los buques. En Veracruz hubo tales mortandades que las autoridades decidieron trasladar su feria en el siglo XVIII a una población cercana, Jalapa, a 16 leguas, pero con un clima más sano.

Duraban por lo general 40 o 50 días, aunque había veces que no podían extenderse más allá de 15 o 20 debido al clima, lo incomodo del terreno, la falta de existencias, o la posibilidad de algún ataque de corsarios o piratas.

En cualquier caso, Aquellos encuentros comerciales generalizados en los que se compraban y vendían todo tipo de productos marcaban el ritmo vital de la población. Así, las ciudades, que habían permanecido aletargadas durante diez largos meses, reanudaban su actividad a un ritmo frenético. Recibían a miles de comerciantes, soldados, oficiales reales y artesanos. Un incremento exponencial de la población capaz de provocar que los alojamientos, las instalaciones o los costes por alquilar lugares de almacenaje se multiplicaran. Incluso los alimentos llegaban a resultar insuficientes.

Desde Veracruz aún quedaba un largo trayecto hasta Ciudad de México, las minas de plata del Norte y Acapulco. En los caminos se cruzaban la plata, los productos de Oriente y las mercancías de Europa en envases de diversos tamaños, materiales y capacidad de conserva. Debían tanto soportar el viaje por mar como todos los traslados posteriores. Iban desde las vasijas de barro, pipas y botas hasta serones de esparto y la más variada tipología de toneles de madera, también de fabricación sevillana. Era indispensable que fueran de buena calidad para evitar que los productos se estropeasen por la humedad, los golpes o la contaminación propia de los buques.

El abasto de las flotas se hacía con la mediación del proveedor general de la armada y la Casa de Contratación de Sevilla, mediante un sistema de asientos o contratas. Cuando finalmente estaba todo listo, con la carga bien asegurada, se embarcaban tripulantes y pasajeros y se daba la orden de emprender viaje. Esclavo transportando un pellejo de vino. Dibujo de Christoph Weiditz realizado en 1529.

Las barricas, con capacidad de hasta tres quintales, se destinaban al arroz, frutos secos, tocino, habas y todo tipo de legumbres o productos delicados, como el queso. Los barriles quintaleños, puestos de moda a partir del siglo XVI, para el transporte de pan, bizcochos, pasas, frutos secos, azúcar o pescados como el atún. En las botas, se envasaban líquidos como agua, vino o vinagre con un peso de 15 a 30 arrobas. Las botijas y las botijas peruleras se utilizaban para líquidos como el aceite y miel o sólidos como las aceitunas, manteca y alcaparras. Solo para los líquidos más preciados como el vino añejo, que requerían envases de excepcional calidad, se utilizaban jarras o jarretas.

La Corona también autorizó en el siglo XVIII que, como en otros lugares de Nueva España, se celebraran ferias a lo largo del Camino Real de Tierra Adentro. Las más importantes fueron las de San Juan de Los Lagos en Jalisco, la feria de Saltillo, y la feria de Chihuahua, esta última de suma importancia para los comerciantes de Nuevo México. La feria del pueblo de Taos también era un evento anual importante donde los indios comanches y utes intercambiaban armas, municiones, caballos, productos agrícolas, pieles, y carnes con los novohispanos. España también mantenía al mismo tiempo un monopolio con los productos de sus provincias del norte, así no se permitía el comerciar con la Luisiana, por entonces en manos francesas.

El mercado del Parían, en la plaza mayor de Ciudad de México. Entre los cajones techados con tejamanil se advierten gran variedad de mercancías entre las que se mueven civiles —principalmente hombres— y soldados. Obra anónima atribuida erróneamente a Cristóbal de Villalpando realizada hacia 1770. Colección particular.

La otra flota, la de los galeones atracaba y descargaba en Cartagena de Indias. La ciudad, que se había asentado finalmente en 1533, reunía las condiciones óptimas para una buena defensa contra los enemigos y las inclemencias climatológicas, a pesar de su falta de abastecimiento de agua. El puerto, defendido por una escuadra de galeras, servía como enlace para otros objetivos, tanto en el mar como en el continente y se usaba con frecuencia para reparar los navíos de la Carrera.

En Cartagena se suponía que los buques debían de permanecer un mes como máximo, para recoger el oro de Nueva Granada, las perlas de Margarita y Riohacha, tabaco y cacao, pero no siempre era así. Una vez efectuadas todas las negociaciones los mercantes de la flota se dirigían hacia el istmo de Panamá.

Para el Perú, el otro gran emporio mercantil sudamericano, la importancia de las ferias celebradas en el istmo, a las que hacíamos referencia en el capítulo anterior, era indudable. En 1591 se le prohibió al virreinato que mantuviera tráfico comercial con Nueva España, pero se mantuvo, desde entonces de manera ilegal, mediante los buques azogueros. Incluso en 1695, se dio el caso singular de que los comerciantes peruanos, que esperaban el Galeón de Manila en Acapulco, para comenzar su feria, decidieron embarcar directamente a China por que hacía dos años que el buque no llegaba desde Filipinas.

Al Perú las ferias lo abastecían de artículos imprescindibles a cambió de los metales preciosos extraídos de sus minas. Entre mediados de los siglos XVI y XVII, el 60 % de todo el oro que llegaba a España había cruzado el istmo, y su comercio superaba sustancialmente al de Veracruz.

Una vez que el virrey del Perú recibía la noticia de la celebración en Panamá de una feria de comercio, daba la orden a Potosí de enviar enormes cantidades de oro y plata hasta el puerto de Arica, inicialmente, o hasta el puerto de Callao, con posterioridad. La ruta marítima se practicaba generalmente por la costa. Los navíos, favorecidos por las corrientes y los vientos del Sur no tardaban nunca más de 30 días en llegar hasta el puerto de destino.

Muy diferente era el regreso, que podía prolongarse hasta los cuatro meses, por lo que habitualmente se optaba por un itinerario mixto, es decir, marítimo hasta la villa de Paita y terrestre hasta el puerto de Callao. Con el fin de coordinar las ferias con el transporte del oro y la plata peruanos, los barcos provenientes del Perú arribaban a Panamá en los meses de mayo y junio, para poder partir antes de la llegada del invierno.

El transporte de mercancías a través del istmo conllevaba altísimos costes de distinto tipo. En primer lugar, los precios de los fletes eran muy altos, en particular: el flete por kilómetro entre Portobelo y Panamá era 13 veces más caro que entre Huancavelica y Potosí; de 11 a 16 veces más que entre Mendoza a Santiago de Chile; 10 a 17 veces mayor que entre Punta Arenas a Cartago, en Costa Rica; y 44 veces más que entre Acapulco y Veracruz. En segundo lugar, por la limitada capacidad de carga de las mulas y el alto coste que suponía la confección de los embalajes. Por último, por la suma de impuestos que gravaban todas las mercancías que lo cruzaban.

Las ferias, sobre todo las de Panamá, entraron en crisis a mediados del siglo XVII. El precio de los productos y una profunda crisis económica serían a la larga el motivo de su final. Un proceso derivado, más que de los ataques puntuales a las ciudades del istmo, del malestar de la burguesía criolla y del desentendimiento por parte de los monarcas españoles de buena parte de lo que ocurría en América.

Muchos contemporáneos señalaron el año 1654 como la fecha en que iniciaron su declive definitivo. Eran cada vez más erráticas, pasaban años entre una y otra, y hubo un lapso de hasta once años en que no se realizó ninguna. De hecho, a partir de 1663 las urgencias económicas de la capitanía se resolvieron gracias a la creación del «situado», un subsidio en metálico que por orden

LA PLATA DE LAS FERIAS

Aunque es imposible de cuantificar de forma oficial, según las cantidades que figuran en el Archivo General de Indias, desde 1556 hasta 1699 la plata transportada por las flotas ascendió a 187 187 576 009 maravedís, distribuidos de la siguiente forma:

Quinquenios	Maravedís
1556-60	3 822 144 533
1561-65	5 045 275 701
1566-70	6 413 717 731
1571-75	5 326 575 973
1576-80	7 388 505 674
1581-85	13 268 207 258
1586-90	10 014 837 572
1591-95	12 346 030 099
1596-00	13 121 843 760
1601-05	10 981 524 600
1606-10	14 132 343 150
1611-15	11 037 654 220
1616-20	13 550 688 000
1621-25	12 154 805 325
1626-30	11 229 536 925
1631-35	7 699 884 400
1636-40	7 341 570 900
1641-45	6 193 711 121
1646-50	5 296 746 150
1651-55	2 095 791 820
1656-60	1 514 658 928
1661-65	1 852 668 884
1666-70	1 188 953 240
1671-75	1 155 335 451
1676-80	1 083 506 286
1681-85	529 266 946
1686-90	600 385 644
1691-95	205 696 380
1696-99	535 709 304

Puede establecerse un promedio anual de 1 299 913 722 maravedís, es fácil observar la disminución progresiva de los envíos, a partir de 1620, salvo en el cuatrienio 1696-1699, en el que parece darse un ligero cambio de tendencia hacia una mínima recuperación. En cualquier caso, nada comparable a las cantidades que cruzaron el Atlántico en los 50 años comprendidos entre 1580 y 1630.

de la Corona, la Caja de Lima debía transferir cada año a Panamá para cubrir sus gastos militares, y a expensas de la trata de esclavos, mediante un contrato firmado por la Corona con la casa genovesa Grillo y Lomelin, en régimen de monopolio, que duró hasta 1674.

La feria de Impruneta, Italia. Las ferias americanas no eran más que la réplica de las que se celebraban tradicionalmente en Europa todos los años, la diferencia radicaba solo en la forma en que se monopolizaba la venta de los productos. Obra de Jacques Callot realizada en 1630. Museo de Bellas Artes de Bélgica, Bruselas.

A pesar de ello, hasta bien entrado el siglo XVIII, todavía una feria resumía de forma popular a todas las que, extendidas a lo largo del continente americano habían sido la base de su economía. Una por la que en sus años buenos pasaron cerca de 30 000 000 de pesos camino de la Península y que, durante un tiempo, sirvió de referente para imaginar todos los fabulosos tesoros que cruzaban el océano: la de Portobelo.

2.3.1 La ciudad fantasma

En realidad, Portobelo no era más que un puesto de avanzada en la selva, en el estuario formado por la desembocadura de los ríos Caocaxal y Claro, en cuyas calles podían verse con frecuencia serpientes, sapos e iguanas. Ni siquiera se podía salir por las noches hacia el Camino Real, pues los pumas merodeaban cerca de los suburbios, atacaban a las gallinas y a los cerdos y, a veces, no les importaba enfrentarse los humanos.

En 1584, cuando los habitantes de Nombre de Dios empezaron a trasladarse a Portobelo[50], el pueblo no era más que un conjunto de chozas de caña y hoja de palma situadas al fondo de la bahía. No había ninguna casa de piedra ni adobe, y hasta la propia iglesia era un mísero bohío.

Su fundación oficial como San Felipe de Portobelo, en honor de Felipe II, no la realizó Francisco Valverde y Mercado[51] hasta el 20 de marzo de 1597, pero a pesar de su rimbombante nombre carecía de casas de cabildo, cárcel, carnicerías, mataderos y de cualquier tipo de obra de saneamiento como desagües o basureros. Era, y siempre lo fue, una especie de ciudad fantasma que solo emergía con la llegada de las flotas. Un apéndice natural de Ciudad de Panamá, cuya única razón de existencia se basaba en proporcionar un fondeadero de mayor capacidad que Nombre de Dios para albergarlas.

Pero no había más. La ciudad era sencilla, de traza rectangular. Con la Plaza Mayor, a la que llegaban las cuatro calles principales, en el centro. Hasta bien avanzado el siglo XVII no tuvo siquiera una aduana para controlar los registros, de forma que los comerciantes llevaban las mercancías directamente de los navíos a sus casas, tiendas o barracones, con la posibilidad de cualquier tipo de evasión o fraude .

Todo parecía provisional, con un clima malsano y enfermizo que hacía muchos más estragos en la gente de mar que la propia travesía. Durante su viaje por el Golfo de México en 1601, Samuel Champlain, geógrafo, explorador y futuro fundador de Quebec, se refirió a ella como «la más nociva y lamentable residencia del mundo», y se lamentó del gran número de marineros, soldados y mercaderes que morían mientras la flota permanecía allí. Unos estragos que llevaron a que la mala fama de sus condiciones de vida se extendiera por toda Europa.

No le faltaba razón. En 1607, el mismo año en que las crónicas españolas consideraban su puerto «como el más limpio, el mejor y más seguro de todas las Indias», la ciudad presentaba un perfil muy bajo, que sería el mismo que conservaría durante todo el siglo XVII: había algunas casas de madera construidas sobre pilares, con bodegas y cubiertas de tejas, y otras de ladrillo, excepto en los cuatro arrabales —Triana, de la Merced, Guinea y de la Carnicería—, que continuaban siendo de caña y paja. En total, las construcciones de ladrillo o madera no pasaban de 34.

---

[50] Hoy a unos 50 kilómetros al noroeste de Colón, fue declarada Patrimonio Mundial de la UNESCO en 1980.

[51] Valverde y Mercado fue también su primer gobernador, permaneció el puesto hasta su muerte en 1644.

La mayoría estaban deshabitadas en el llamado «tiempo muerto», el que pasaba entre flotas, que eran más de diez meses del año, y la población se reducía a la presencia de algunos negros en los barrios periféricos. En 1622 solo había 13 vecinos porque la mayoría de los propietarios de casas y barcos vivían en Panamá. El tesorero López de Cañizares dio esta visión de la ciudad en 1623: «los vecinos dejan allí vacías sus casas y los barcos del río Chagres que son haciendas gruesas y solo acuden por sí o por terceras personas al tiempo y venida de las flotas y alquilan las casas y barcos a precios tan altos que hay años que ganan 10 000 pesos y el que menos 5 o 6000. Luego se van y queda la ciudad sola, con algunos pulperos, la mayoría extranjeros, que se van cuando quieren, sin que haya quien tome las armas en caso de enemigos».

La feria de Portobelo según un grabado francés de principios del siglo XVIII. El dibujo era un tanto irreal, fruto de la imaginación del artista. Por entonces, desde 1700 hasta 1730, no llegó a celebrarse más de 5 veces.

A pesar de ello, poco a poco, desde 1595 en adelante, Portobelo se fortificó. Nunca tuvo murallas, pero se construyeron las baterías de San Felipe de Todo Fierro, en 1597; Santiago de la Gloria, en 1600; y el reducto de San Jerónimo, en 1659. Constituían un estratégico sistema defensivo que había sabido aprovechar los desniveles y condiciones topográficas del terreno. El problema es que esas baterías tampoco tenían apenas guarnición.

Poco antes de la llegada de la flota, la ciudad dormida comenzaba a despertar de su letargo y se producía un auténtico éxodo desde Panamá: oficiales reales, mercaderes, factores y artesanos atascaban el Camino Real para mudarse a Portobelo, recibir las mercancías y alojar a los 3000 o 4000 soldados y marineros que llegaban. Todo tenía que improvisarse: alojamientos, tiendas, barracas y hospitales. Los abastecimientos presentaban serias dificultades y los precios experimentaban una subida desorbitada. Algo que también afectaba a los propios oficiales reales, a los que su sueldo apenas les daba para cubrir los gastos de estancia. Eso les hacía mucho más vulnerables a cualquier tipo de cohecho y convertía a Portobelo en un lugar especialmente idóneo para el fraude y el soborno.

Máxime cuando el mismo comercio lo controlaban apenas cinco o seis personas dueñas de las barcas del río Chagres, las recuas de mulas y los almacenes. Ellos eran los que Imponían sus precios y condiciones y los únicos que obtenían enormes beneficios.

Dibujo del ataque de Henry Morgan a Panamá, en 1670, publicado en The Buccaneers of America, *la exagerada obra sobre las aventuras del pirata que publicó en Ámsterdam en 1678 el cirujano que lo acompañaba, el francés Alexander Exquemelin. No es más que una novela de aventuras en la que se justifican las acciones de un grupo de delincuentes, pero desde entonces Exquemelin fue tratado por británicos y españoles como «historiador».*

Desde muy pronto los gobernadores se hicieron cargo del problema al observar cómo las casas de los oficiales reales, que servían de alojamiento a los generales de la flota, no contaban con aposentos o lugares destinados a recibir las mercancías. Fue Francisco Valverdi de Mercado, gobernador y presidente de la Audiencia de Tierra Firme quien propuso a Felipe III en 1605 la construcción de una aduana en la plaza del castillo de Santiago con capacidad su-

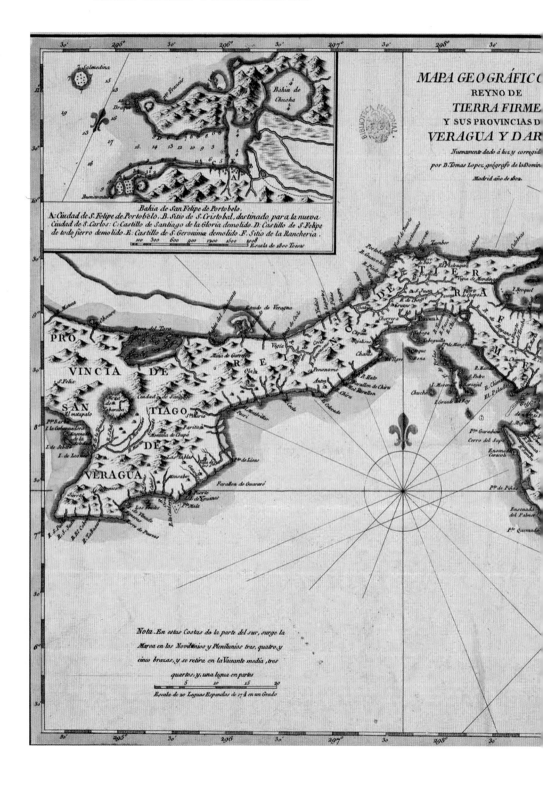

Bahia de San Felipe de Portobelo.

A: Ciudad de San Felipe de Portobelo. B: Sitio de S. Cristobal, destinado para la nueva Ciudad de S. Carlos. C: Castillo de Santiago de la Gloria demolido. D: Castillo de S. Felipe de todo fierro demolido. E: Castillo de S. Geronima demolido. F: Sitio de la Rancheria.

MAPA GEOGRÁFICO
REYNO DE
TIERRA FIRME
Y SUS PROVINCIAS D
VERAGUA Y DAR

Nuevamente dado á luz y corregido
por D. Tomas Lopez, geógrafo de los Domin.

Madrid año de 1802.

Nota. En estas Costas de la parte del sur, surge la Marea en los Novilúnios y Plenilunios tres, quatro y cinco brazas, y se retira en la Vacante media, tres quartos, y una legua en partes

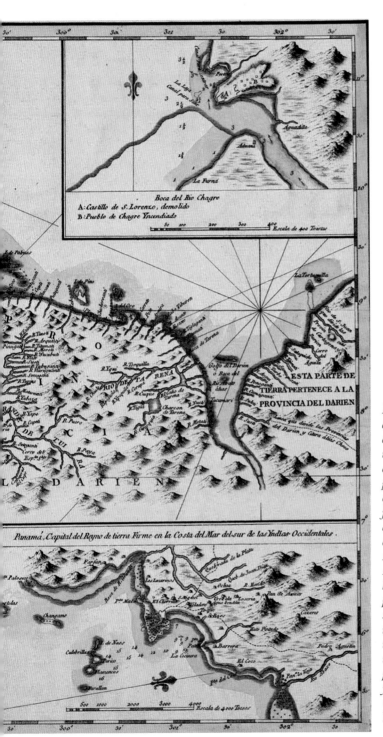

Boca del Rio Chagre
A: Castillo de S. Lorenzo, demolido
B: Pueblo de Chagre Yncendiado

Escala de 400 Toesas

Panamá, Capital del Reyno de tierra Firme en la Costa del Mar del sur de las Yndias Occidentales.

Escala de 400 Toesas

En el siglo XVII quedó finalmente estructurada la base operativa entre España y sus territorios ultramarinos. La amplia bahía de La Habana sería el resguardo preciso de la flota, mientras que el espacio caribeño se jalonaba con las plazas fuertes de Santiago de Cuba, San Juan de Puerto Rico, Cartagena de Indias, Portobelo y Veracruz. El istmo de Panamá, que hasta entonces desempeñaba el papel de bisagra entre los dos subcontinentes y las fachadas marítimas, quedó relegado a un segundo plano, y se pasó a utilizar las islas del Caribe como punto focal de concentración y despliegue de la Flota de Galeones de Indias. Biblioteca Nacional, Madrid.

ficiente para que cupiera en ella la ropa que se descargaba en su día, de forma que pudieran verificarse los registros.

Pensaba que con los impuestos obtenidos en un año por el volumen de mercancías de la flota que ya no podrían defraudar se amortizarían los costes del edificio. Pero en 1627 la aduana seguía sin construirse a pesar de que existían órdenes, presupuestos y planos para ello desde 1609. Después de una consulta al Consejo de Indias se aprobó una nueva asignación de 35 000 ducados, que permitieron que la aduana comenzara a edificarse en 1630.

Se decidió erigirlo sobre un solar hurtado a la playa, en el lado norte de la plaza. Debido a la profundidad a la que se hubo de excavar su cimentación, la obra fue costosa y se demoró más de lo previsto. Se han perdido sus planos, pero está representada en un dibujo de 1688 que la muestra toda de piedra, con dos niveles de arcadas. Consta que tenía múltiples usos: contaduría, aduana, administración, depósitos y vivienda. Era el primer indicio de un cierto orden y control, pero llegaba demasiado tarde, cuando ya la célebre picaresca española había hecho mella en todos, desde los gobernadores a los obispos, pasando por los comerciantes y los oficiales reales.

Esa, y no otra, fue la Portobelo a la que llegó Henry Morgan el 10 de julio de 1668. Ocuparla le daría una enorme popularidad.

Morgan, que había nacido en una granja de Llanrhymney, Gales, alrededor de 1635, no tenía ninguna intención de seguir los pasos de su padre y se fue de casa en busca de fortuna. No tuvo suerte, lo engañó o secuestró algún agente sin escrúpulos y lo envió en un barco a las Indias Occidentales, donde en el siglo XVII la mano de obra era un auténtico problema. En Barbados lo vendieron como trabajador esclavo.

Los europeos en cautiverio no eran necesariamente tratados mejor que los esclavos negros o indios —de hecho, a menudo ocurría todo lo contrario—. Los negros y los indios representaban bienes, los blancos, «contratados» a fin de cuentas por un período determinado de tiempo, no eran una pérdida si morían, sobre todo cerca del final del tiempo de servicio establecido, que solía ser de 3 años entre los franceses y 7 para los ingleses. Aunque podría prolongarse indefinidamente y muchos de esos trabajadores sirvieron de 15 a 20 años.

Aquellos que, como Morgan, lograron sobrevivir, fueron puestos en libertad por lo general sin dinero, sin hogar, sin perspectivas en el Nuevo Mundo y sin ningún medio de regresar a Europa. Endurecidos y amargados por su terrible experiencia, su única salida era la delincuencia.

Pronto descubrieron que si cometían sus delitos sobre víctimas políticamente convenientes no solo era rentable, sino tolerado oficialmente. La nacionalidad de las víctimas cambió a lo largo del tiempo según las guerras y alianzas iban y venían, pero por razones religiosas y económicas, especialmente, los españoles siempre fueron un buen objetivo.

Eso sí, los ataques de Morgan siempre se basaron en el secuestro y la extorsión. Nunca se enfrentó a una escuadra, o un galeón, ni se le ocurrió ni por un momento caer sobre una ciudad muy poblada o bien protegida. No lo era Panamá en 1671, a pesar de lo que contaran los interesados, y no lo era Portobelo.

Sus hombres desembarcaron y lanzaron un violento ataque con el fin de paralizar por el miedo a la aún escasa población, pendiente de la llegada de la flota. Luego atacaron la batería de Santiago y volaron el polvorín con los pocos soldados españoles que había dentro y llegaron ante las defensas del fuerte de San Jerónimo, sin haber sufrido ni siquiera un herido.

La fortaleza cayó al asalto. Murieron 45 piratas y 5 defensores, pero Morgan se encargó de mandar ahorcar a los 50 que se habían rendido. Luego colgó una bandera roja en lo alto de su torre, señal de que no estaba dispuesto a dar cuartel, y se dedicó a su especialidad: Torturar a los vecinos ricos para que confesasen donde tenían su dinero.

Juan Pérez de Guzmán, gobernador de Panamá, enterado de lo sucedido envió algunas tropas que llegaron cuando Morgan aún estaba en Portobelo, pero no lograron tomar la fortaleza bien defendida por los piratas. Tampoco hizo mucho más. Al final los vecinos añadieron unos 100 000 pesos a lo que les habían robado, y Morgan y sus hombres se fueron.

Morgan arribó a Port Royal, en Jamaica, como un delincuente, pero victorioso. Convertido en un filón para la futura industria de Hollywood, y un imán para los filibusteros, que ahora sabían que junto a él obtendrían riquezas y gloria. El problema fue justificar lo ocurrido. Él manipuló su informe, para incluir que había rescatado a 11 ingleses. Thomas Modyford, un oscuro plantador de Barbados al que habían nombrado gobernador de Jamaica, también manipuló el suyo, para que no pareciera que apoyaba a unos simples ladrones.

Sin embargo, ese ataque y algunos realizados en Veragua y otros puntos del Caribe por piratas mayoritariamente franceses —era el caso de Pierre Le Picard—, convencieron por fin al Consejo de la Regencia de doña Mariana de Austria que era preciso hacer algo. A regañadientes, se autorizaron, patentes de corso para atacar a los buques ingleses como se había hecho en Europa, con notable éxito, en tiempos de Cromwell.

2.4 EL CORSO ESPAÑOL

EN CONTRA de lo que comúnmente se cree, el corso era una actividad legal muy bien regulada por las autoridades, con el fin de diferenciarlo de los acto de piratería. Se beneficiaba el corsario, que obtenía una gran parte del botín, y a su vez la Corona, a la que representaba mediante una «patente de corso», que sin ningún gasto, le permitía incrementar su flota de guerra y, al mismo tiempo recibía una buena parte de los beneficios.

España, quizá algo tarde, aunque ya desde 1498 el rey Fernando le había concedido patentes a armadores vizcaínos y guipuzcoamos, intentó también por medio de sucesivas Reales Ordenanzas, regular esa actividad de la que muchos particulares hicieron su forma de vida. Unos para amasar inmensas fortunas y otros para labrarse una carrera en la Real Armada que, de otra forma, les hubiera resultado mucho más difícil.

Galeón español en el puerto de Nápoles. Obra de Abraham Willearts realizada en 1668. Buques españoles, con impresionantes cañones de las grandes fundiciones de Lieja, se encargaban de realizar constantes patrullas para mantener las rutas de navegación a salvo de todo tipo de piratas. National Maritime Museum, Greenwich.

En cualquiera de ambos casos, el corso jugó una baza muy importante en la política exterior de la corte española. En América, por ejemplo, donde era materialmente imposible contar con una escuadra que pudiera proteger tantas millas de costa y rutas marítimas, la falta de barcos de la armada fue cubierta con bastante éxito por corsarios locales, que se encargaron de mantener a raya a ingleses y holandeses.

La primera ordenanza que reguló y fomentó esta actividad en España fue promovida por Felipe IV en 1621 debido a las incesantes acciones de corsarios y piratas ingleses, holandeses, franceses, argelinos y turcos, que asolaban el comercio español en las Indias y el Mediterráneo. Así, los comerciantes que sufrían el saqueo de sus bienes podían, con el consentimiento real, invertir de vez en cuando su papel y ser ellos los que se convirtieran en ávidos cazadores.

Los corsarios, además de quedarse con lo que sacaran de la venta del buque y su carga, recibían bonificaciones de la Tesorería de Marina del Departamento al que pertenecían por algunos de los pertrechos del barco apresado: si se trataba de un bajel de guerra, por cada cañón de más de 12 libras recibían 1200 reales de vellón, y si era de menos, 800 reales. Por un prisionero 200 reales. Si el bajel era corsario recibían 900 reales por cada cañón de más de 12 libras, 600 si era de menos y 160 por prisionero. Cantidades que se reducían más aún en el caso de los buques mercantes. Esas diferencias daban cuenta de que era más difícil capturar un barco Real que uno privado o un mercante.

Antonio Barceló, nacido en 1717, uno de los más conocidos y temidos corsarios españoles. Empezó como corsario muy joven, a bordo de un pequeño jabeque particular mallorquín y, gracias a sus capturas, entró como oficial en la Real Armada. Llegó a ser teniente general, después de una magnífica trayectoria jalonada de brillantes. Obra anónima. Museo Naval, Madrid.

Además, las bonificaciones eran mayores si el barco apresado era de guerra y había sido tomado al abordaje, que si se trataba de un corsario o un mercante que había sido tomado sin lucha.

De la venta de la presa, una quinta parte —de nuevo el quinto real— se le enviaba a la Corona. Del resto se hacían dos partes. Una se dividía en tres quintos que correspondían a la tripulación y guarnición. La otra era para la oficialidad. Si en el barco corsario se encontraban miembros de la Real Armada en calidad de pasajeros no les correspondía nada, aunque si habían intervenido en la captura, el capitán podía darles un recompensa.

Un barco corsario tenía permiso para identificar los barcos mercantes que se encontrara, examinar sus patentes, pasaportes y otros documentos acreditativos, así como el diario de navegación y los listados de pasajes y mercancías. Debía hacerse sin violencia, salvo que el capitán detenido se negara. Estaba castigado con pena de muerte extorsionar o dañar de cualquier forma a las tripulaciones y embarcaciones que fueran neutrales o aliadas de España. Si la embarcación era sospechosa de ser enemiga, bien por falta de traductor o confusión en los papeles, se la podía obligar ir a puerto hasta su completa identificación.

Tenían que dejar navegar a los barcos neutrales y aliados que presentaran los correspondientes papeles, aunque fueran con carga de propiedad neutral a puertos enemigos, siempre que estos no estuvieran bloqueados. Los corsarios que detuvieran y llevaran a otro puerto a una embarcación neutral o aliada sin motivo justificado, debían indemnizar a los agraviados. Si el barco neutral llevaba tres cuartas partes de la tripulación de nacionalidad enemiga u oficiales de guerra, podía ser apresado. Si un barco neutral llevaba pertrechos de guerra —pólvora, armas, tiendas, caballos o uniformes— a un puerto enemigo era también capturado. Tampoco se podía apresar barcos enemigos que se encontraran en aguas aliadas o amigas, hasta que dicha embarcación no estuviera más allá de un tiro de cañón de distancia de la costa. A los barcos que cumplían con los requisitos para ser capturados se los denominaba de «buena presa».

No se permitía el saqueo de la carga. Las presas se llevaban a puerto sin tocar para que un auditor redactara la relación oficial de bienes y el dinero que se obtenía por ellas. Las autoridades portuarias interrogaban además al capitán del barco apresado y del corsario, para tener la certeza del «buen apresamiento» y de que no se habían producido irregularidades en la acción. También era delito maltratar a los prisioneros o dejarlos abandonados en islas o costas. Debían entregarse al gobernador de la plaza en la que se encontraran, o al comandante de Marina.

Si se recuperaba una embarcación aliada o neutral, anteriormente capturada por el enemigo, se le abonaba una octava parte a los corsarios pertenecientes a la Real Armada o una sexta parte a los privados y se devolvía al país al que perteneciera. Si el barco represado era español y no habían pasado 24 horas, se le daba la mitad de su valor. Pasadas esas 24 horas recuperaba su valor por completo.

En caso de que alguna embarcación privada hiciera labores de corso sin la debida patente, se les consideraba piratas y se ahorcaba a sus responsables. Esta medida se aplicaba tanto a barcos españoles como enemigos.

Debido a su éxito, esta actividad se reafirmó con el tiempo en otras ordenanzas que ampliaron los cometidos del corsario, normalmente en caso

CORSARIOS, BUCANEROS Y FILIBUSTEROS

Durante los siglos XVII y XVIII es fácil encontrar una serie de nombres que, en muchas ocasiones se usan de manera indistinta, como bucanero, corsario, pirata o filibustero. Sin embargo, entre unos y otros hay bastantes diferencias:

CORSARIOS: Sus patentes eran básicamente la «patente de corso» —*letter of marque*—, que concedía a un capitán permiso para atacar a las naves de los enemigos de su señor o nación, la «carta de paso» —*letter pass*—, que autorizaba una actividad o permitía navegar por una zona, y la «carta de represalia» —*letter of reprisal*—, que existía desde finales de la Edad Media y permitía a un capitán resarcirse de un daño producido en la justa medida de lo perdido.

BUCANEROS: Se denominaba así, a los europeos —en su mayor parte franceses e ingleses— que se establecieron en La Española dedicados a la caza y al bucan —ahumado de carne—. Eran una mezcla de contrabandistas y aventureros que cuando las autoridades españolas acabaron con sus animales y comercio acabaron dedicándose a la piratería.

FILIBUSTEROS: Así fueron conocidos antiguos corsarios y aventureros que establecidos en las islas del Caribe se dedicaron desde mediados del siglo XVII a atacar los asentamientos costeros españoles en las Antillas y en Tierra Firme. A menudo organizados en torno a jefes audaces y agresivos, combatían como corsarios bajo bandera inglesa, holandesa o francesa cuando por interés o dinero les convenía. A finales del XVII desaparecieron fundidos con los colonos o aniquilados por las flotas de las potencias europeas que ya no veían con buenos ojos su existencia.

PIRATAS: Autodenominados en ésta época «caballeros de fortuna», la piratería es tan antigua como la navegación, pero a comienzos del siglo XVIII antiguos corsarios y viejos filibusteros se aventuraron en todos los mares del globo a la captura de barcos de cualquier nación y bandera solo por el oro y las riquezas, sin ampararse en patente alguna y sin obedecer a otra ley y bandera que no fuera la suya. Aunque la piratería ha existido desde siempre, y aún existe hoy, la era de sus grandes capitanes acabó con el final de la navegación a vela a principios del siglo XIX.

de guerra. Fueron las de 1674; 1702; 1718 —explícitamente «contra turcos, moros y otros enemigos de la Corona»—; 1762; 1779; 1794 —contra intereses franceses, a causa de la Revolución, y en la que se prohibía el corso contra los aliados de España, como Inglaterra—, 1796 —esta vez contra los antiguos aliados ingleses y a favor de los franceses— y 1801, que renovaba las hostilidades con los británicos.

Con las reformas iniciadas durante el reinado de Felipe V se empezaron a sustituir los galeones de los siglos anteriores, de formas pesadas y redondeadas, por otros buques más ligeros. Navío español de 112 cañones visto por la aleta de babor. Grabado de Agustín Berlinguero. Museo Naval, Madrid.

Sin duda alguna, las patentes de corso dadas a particulares o a bajeles de la Real Armada fueron muy útiles para el mantenimiento y limpieza de las rutas comerciales y, gracias a ellas, los británicos siempre tuvieron dificultad para ejercer el comercio ilegal. Esa fue una de las principales causas en 1739 de la Guerra del Asiento, motivada por las presiones a su gobierno de los comerciantes británicos, ante la captura continua por parte de guardacostas corsarios y de la armada de los mercantes que hacían contrabando en las aguas españolas de América.

Las ordenanzas no solo se aplicaban en tiempo de guerra, el 29 de julio de 1752 se otorga una patente de corso al jefe de escuadra don Pedro Mesía de la Cerda con la misión principal de limpiar las aguas caribeñas de corsarios holandeses que asolaban el comercio. Para ello partió de Cartagena de Indias con una escuadra formada por el navío *Septentrión* de 60 cañones, la fragata *Galga*, el paquebote *Marte* y los jabeques *Cazador*, *Volante*, *Galgo* y *Liebre*. Unos buques muy ligeros con los que se podía realizar el corso de forma más eficaz. En su patente se le autorizaba a capturar cuantas embarcaciones inglesas y francesas se encontraran practicando el comercio ilícito y se añadía que la venta de las presas y sus mercancías sería repartida entre todas las dotaciones de la escuadra.

La Paz de Utrecht puso fin a la Guerra de Sucesión Española. Felipe V de Borbón mantenía el trono de España a cambio de ceder territorios en Europa y darle a Inglaterra dos grandes ventajas comerciales con las posesiones americanas: poder enviar 144 000 esclavos durante 30 años, y permitir el flete de un navío de permiso anual, un barco de 500 toneladas autorizado a transportar mercancías a la feria de Portobelo, libre de aranceles. Con esas concesiones se rompía por primera vez el monopolio comercial mantenido durante los dos siglos anteriores. Retrato de Felipe V. Obra de Louis Michel van Loo realizada en 1737. Palacio Real de la Granja de San Ildefonso, Segovia.

El particular que quería dedicarse al corso debía dirigirse al Comandante Militar de Marina de la provincia donde tuviera origen. Allí tendría que figurar en un registro donde se anotaría el nombre de la embarcación, su porte, armas, pertrechos, dotación y las fianzas abonadas para lo que las *Ordenanzas* denominaban «el aseguramiento de la buena conducta». Una suma que podía llegar, según los casos, a 60 000 reales de vellón. Si todo estaba en orden, ambas partes firmaban la patente. Por una lado la empresa del buque corsario y por otro, el capitán general del departamento o el Secretario del Despacho de Marina, en nombre del rey.

Una vez obtenido el documento, el comandante militar de marina de la provincia facilitaba hombres y pertrechos en caso de que se necesitaran. Si lo que requería era más dotación podía contratar como máximo una cuarta parte de marineros de la Real Armada matriculados —los profesionales que no pertenecían a levas—, siempre y cuando la armada no los necesitara para otros cometidos. El resto, obligatoriamente instruidos y hábiles en el manejo de las armas y la navegación, debía aportarlos el dueño de la patente. Si el armador del corsario no podía obtener por sus propios medios artillería, pólvora o armas, los arsenales de la Armada podían vendérselos a precio de costo, previo pago al contado o a los seis meses. Siempre y cuando los barcos del Rey no lo necesitaran.

Si el personal de la Real Armada se dedicaba al corso privado en un determinado momento, podía ascender como si estuviera en un barco del Rey. En caso de que el capitán de un barco corsario privado perteneciera a la Armada, el nombre del barco llevaba de sobrenombre «Real», para diferenciarlo de los corsarios con capitán particular. Los tripulantes corsarios gozaban del fuero de marina que les permitía el uso de armas y otros privilegios de la Armada mientras estuvieran en servicio. A su vez, las viudas obtenían pensión en caso de fallecimiento y, si eran heridos, podían ser tratados en las instalaciones de la Armada de cada departamento.

Navíos, fragatas, jabeques y demás buques de la Real Armada también podían dedicarse al corso, en solitario o en escuadras, sin perjuicio a la carrera militar de sus dotaciones.

El ejercicio del corso español se hizo sobre todo en aguas del mar Caribe, donde ingleses, franceses y holandeses tenían un provechoso contrabando. Los buques corsarios que se dedicaban en tiempo de paz solo a vigilar que no se produjera comercio ilícito recibían el nombre oficial de guardacostas. Formaban así una imprescindible flota de guerra paramilitar al servicio de la Corona, ya que era imposible para los buques de la Real Armada proteger tantas millas de costa y rutas marítimas.

Destacadas fueron, por ejemplo, las actuaciones del bergantín corsario *Real Saeta*, al mando del alférez de navío Agustín de Matute, que en aguas de Yucatán y Veracruz realizó multitud de presas de contrabandistas españoles y extranjeros, o la del capitán Vicente Antonio de Icuza y Arbaiza, de origen vasco, a quien, en abril de 1765, el gobernador y capitán general de Caracas le concedió patente de corso para que limpiara las aguas de la provincia.

2.5 Los Borbones y la Flota de Indias

A lo largo del siglo XVIII, con la llegada al trono de una nueva dinastía y sus innovaciones legislativas, se promulgaron una serie de reformas en el sistema de flotas, dadas las dificultades cada vez mayores para realizar las travesías entre América y la metrópoli. Lo que se pretendía con esos nuevos reglamentos era principalmente reducir el contrabando, que los convoyes de galeones marchasen con mayor regularidad y frecuencia y que las fechas de arribo se cumpliesen con más exactitud que hasta entonces.

Unos problemas que tras las concesiones otorgadas a Inglaterra, Francia y Holanda con los tratados firmados en Utrecht entre 1713 y 1715, se acentuaron de forma preocupante. Fue también en esas fechas cuando hemos visto que se produjo el traslado definitivo de la Casa de la Contratación de Sevilla a Cádiz, tras casi un siglo de rivalidad entre ambas ciudades por capitalizar el comercio con las Indias, aunque para entonces la institución se encontraba ya en franco declive. La nueva estructura administrativa y la progresiva descentralización del comercio le irían mermando atribuciones, dejadas en manos del Intendente General de Marina, con rango de ministro, hasta que en 1790 acabó por ser definitivamente suprimida. Sus funciones de fiscalización y control del tráfico pasarían a ser desempeñadas por aduanas —los denominados «juzgados de arribadas»— en los diferentes puertos autorizados a comerciar con las Indias.

Pero no adelantemos acontecimientos. El 5 de abril de 1720, tras unos intentos de reforma previos en 1717[52], 1718 y 1719, se presentó un plan bajo el título *Proyecto para galeones y flotas del Perú y Nueva España y para Navíos de Registro y Avisos*, que no tenía otro cometido que preservar el sistema de flotas y galeones en los convoyes vigentes, aunque se pretendiera presentarlo como un medio de conseguir mayor efectividad. Era la expresión escrita de la política del intendente de marina nombrado por Felipe V, José Patiño, y tenía dos partes. La primera se refería al transporte en sí y la segunda a la organización administrativa y fiscal.

Su finalidad era resolver cuanto antes las dos necesidades más acuciantes de la metrópoli: agilizar el tráfico y dar salida a los productos de la incipiente industria peninsular y, mediante una simplificación de los impuestos[53], lograr recaudar el dinero que la Real Hacienda necesitaba para mantener la política reformista que se había iniciado.

Las medidas adoptadas también establecían un régimen proteccionista de las manufacturas españolas al rebajar sus impuestos hasta un 85 % de lo que pagaban en 1711 y aumentar los de los productos extranjeros, entre otros los solicitados tejidos hechos con hilo de Flandes, la canela y la pimienta. Lo que sí se elevaron por igual fueron los derechos de importación de los metales pre-

---

[52] En 1717 se publicaron las Ordenanzas de la armada, para aunar todas las fuerzas existentes.

[53] Se suprimieron algunos impuestos absurdos de escasa rentabilidad y se crearon otros, por ejemplo, el «derecho de palmeo», que gravaba sobre las mercancías transportadas medidas en metros cúbicos.

ciosos: el oro pagaría el 2 % —en 1711 se abonaba solo el 1,5 %—, y la plata, el 5 %, el 1 % más que en 1711.

En cuanto a las flotas, la Corona prometía en el prólogo del Real Proyecto que en el futuro suministraría los buques de guerra necesarios para la escolta de los mercantes, y aseguraba que mantendría un rígido calendario para ambas flotas. La de Nueva España saldría siempre el 1 de junio y la de los galeones el 1 de septiembre, sin atender a las reclamaciones de los comerciantes, por culpa de quienes se originaban hasta entonces los enormes retrasos que tanto se criticaban.

El teniente general de la Real Armada Manuel López Pintado. Dirigió la Flota de Nueva España en agosto de 1715, tras el Tratado de Utrecht, integrada por 10 buques mercantes y 3 de guerra. Llegó a Veracruz en 73 días y regresó a Cádiz al año siguiente. Obra anónima. Colección particular.

También se reglamentaba en sus páginas el tiempo que debía estar la flota en América. Los galeones debían completar todas sus operaciones en Cartagena de Indias y Portobelo durante un plazo máximo de 50 días. En el viaje de regreso no podrían hacer más que una sola escala en La Habana y, como máximo, de dos semanas de duración. Para cubrir las bajas por enfermedad, muerte o deserción de los tripulantes —lo que en realidad también originaba muchos retrasos— se ordenó que cada flota viajara acompañada de un buque de pequeño calado en el que se embarcaría a un número indeterminado de marineros suplentes.

La primera flota que salió bajo los auspicios de la nueva reglamentación lo hizo bajo las órdenes del general Fernando Chacón en 1720. Constaba de 3 navíos de guerra y 16 mercantes que transportaban un cargamento de 4377,6 toneladas. Su destino era Nueva España, y ya zarpó con retraso; el 7 de agosto, en vez del 1 de junio como estaba previsto. Llegó a Veracruz el 26 de octubre, pero no pudo descargar las mercancías a causa de las fuertes tormentas que asolaron la costa mexicana hasta enero de 1721.

La feria de Jalapa pudo hacerse finalmente en febrero, pero no con la rapidez ordenada. Los comerciantes embarcados y los mexicanos no pudieron ponerse de acuerdo en los precios, y el virrey tuvo que intervenir para fijarlos. La causa de la desavenencia era muy sencilla. Los miembros del consulado mexicano habían pensado, con buen criterio, que las prisas obligarían a los del consulado andaluz a vender con menos ganancias para poder desembarazarse de todas sus mercancías. Además, se produjo un imprevisto, que el virrey de Perú, Carmíneo Nicolás Caracciolo, príncipe de Santo Buono, que debía embarcar en la flota con destino a España, demoró mucho su llegada. Al final, la flota que debía partir el 15 de abril salió mes y medio más tarde, el 29 de mayo. A pesar de ello, en Jalapa quedó mucha carga sin vender, una amarga experiencia para los comerciantes, convencidos de que fijar el calendario no había hecho otra cosa que estropear todo el negocio. Lo sucedido llevaría a prohibir en 1722 la celebración de nuevas ferias en Jalapa y que al año siguiente el virrey ordenara que las ferias futuras se hicieran por el método antiguo.

Peor fue el caso de la flota de galeones. Debía zarpar en 1720 pero se retrasó ocho meses, hasta junio de 1721. La dirigía Francisco de Guevara y estaba formada por 4 navíos de guerra y 9 mercantes, con un cargamento de 2047 toneladas.

Guevara, con la intención de acelerar las negociaciones, envió desde las islas Canarias un navío de aviso para que la Armada del Mar del Sur se pusiese en marcha y condujese rápidamente a Panamá la plata que debía viajar a España. La flota llegó a Cartagena de Indias el 5 de agosto de 1721, 14 años después de que lo hubiera hecho la anterior, pero no había rastro de la plata peruana. No se iniciaron las conversaciones en Lima para preparar la Armada hasta noviembre.

Hacía tanto tiempo que no se despachaba una flota de esas características, que nadie sabía ya hacer los contratos y hubo que buscar modelos en los archivos del siglo anterior. Luego resultó que los buques no tenían las condiciones mínimas de navegabilidad y era necesario repararlos. Al final, la Armada ancló en Panamá en abril de 1722, ocho meses después de la llegada de los galeones.

Pero todavía no estaba todo resuelto. El paso de la plata peruana por el Chagres fue especialmente dificultoso, pues el río estaba obstruido desde hacía tiempo y, puesto que ya no se utilizaba, nadie se había ocupado de drenarlo. Varias canoas repletas de fardos naufragaron y fue imposible recuperar su carga. Luego resultó que en la feria de Portobelo no había suficiente dinero para comprar la mercancía llegada desde Europa y que gran parte de la transportada desde Perú había desaparecido misteriosamente —para dedicarla a comprar contrabando—. Hubo que esperar de nuevo. Hasta la llegada de otros dos buques procedentes de El Callao con más caudales, que arribaron a la bahía el 30 de junio.

Un esfuerzo que resultó totalmente inútil cuando apareció en Portobelo el navío de permiso inglés, vendió las mercancías más baratas y aceptó facilidades de pago al cobrar en efectivo solo el 25 % del valor de los productos. Eso sin contar con que en los alrededores del puerto se habían instalado otros 11 navíos contrabandistas que realizaban una feria paralela. La oficial debía concluir el 31 de julio, pero también hubo que retrasarla hasta fines de agosto para no perder el viaje. Cuando la flota se hizo a la mar de regreso a España quedaba aún mucha mercancía sin vender. Económicamente fue un absoluto desastre que demostró lo inoperante del sistema de flotas frente al contrabando.

A partir de ese momento, la política de Felipe V se centró en reprimirlo mediante la vigilancia de las costas americanas. Se permitió la actuación de numerosos corsarios y se produjeron continuas capturas de buques ingleses, lo que, evidentemente, molestó al Gobierno británico.

Entretanto, los comerciantes publicaron infinitos memoriales y libros en los que proponían fórmulas para mejorar el sistema comercial en América. Por su parte, la Corona presentó una nueva reglamentación en 1725, cuya única innovación con respecto al proyecto anterior era el «firme establecimiento de salidas anuales de flotas y galeones» y tardó otros 10 años en organizar otra componenda más de las flotas, plasmada en la *Real Cédula sobre el despacho de galeones y flotas y método de comerciar los residentes en Indias con España*, que vio la luz en 1735.

Esta vez no se estableció ninguna periodicidad anual, simplemente se estipuló que los galeones saldrían cuando se recibieran las informaciones favorables desde Lima y que se procuraría que llegasen a Cartagena de Indias al mismo tiempo que la Armada del Mar del Sur lo hiciera a Panamá. Para la flota de Nueva España el reglamento fijó un máximo de 3000 toneladas, mucho más acorde con las necesidades reales, y ordenó que un tercio quedara reservado, obligatoriamente, a los productos agrícolas de la Península. Además, se prohibía a los comerciantes remitir dinero para sus compras de mercancías. Una disposición que despertó tantas protestas que fue finalmente revocada.

Para cumplir lo dispuesto salió en 1737 la Flota de Galeones. La mandaba Blas de Lezo y constaba de 2 buques de guerra y 6 mercantes, oficialmente con solo 1891,3 toneladas de mercancías. Sería la última vez que la Flota de Galeones cruzara el océano.

2.5.1 *Lezo y la Flota de Galeones*

Es muy probable que fuera el ministro Patiño, pues a fin de cuentas era su protector, quien le concediera a Lezo el mando de un destino tan codiciado. En cualquier caso, su nombramiento le llegó a mediados de 1736 y de inmediato comenzó a organizar el alistamiento de la flota.

Zarpó con destino a Tierra Firme una vez cumplimentados todos los requisitos en el puerto de Cádiz el 3 de febrero de 1737, fecha de su 48 años cumpleaños. Dirigía desde el puente del navío *Conquistador* a 10 buques mercantes de diferente porte escoltados, según se les denomina en la documentación existente, por los galeones guardacostas, que se quedarían ya en América para la defensa de su litoral.

Durante los primeros días de navegación les sobrevino un temporal que impidió que el navío *Fuerte* y el resto de los mercantes pudieran seguir al *Conquistador*. Tras un viaje un poco complicado en el que se hundió uno de los mercantes, Lezo llegó a Cartagena de Indias el 7 de marzo, a los 32 días de travesía. El *Fuerte*, los mercantes y parte de la escolta lo hicieron ocho días después.

La Cartagena de Indias que se encontraron los recién llegados la describen perfectamente los tenientes de navío Jorge Juan y Antonio de Ulloa, que la habían visitado durante unos meses dos años antes, en su obra *Noticias Secretas de América*, publicada en 1748 y prohibida por el gobierno: «tiene unos 20 000 habitantes, con una capacidad similar a una ciudad europea de tercer orden. La distribución interior y sus suburbios están muy bien; las calles son amplias y todas pavimentadas; las casas bien hechas y bien distribuidas, la mayor parte construidas».

Lezo no tenía que regresar, iba destinado a América, pero en los últimos años se ha originado cierta controversia en cuanto al puesto que desempeñó a su llegada a Cartagena. Lo cierto es que primero ejerció el de comandante de la Flota de Guardacostas y, más tarde, el de comandante de la escuadra de Cartagena de Indias.

Mucho menos conocido es el hecho de que, en colaboración con el recién nombrado gobernador de la ciudad, Pedro José Fidalgo, con quien había hecho el viaje desde Cádiz, creó la Compañía de Armadores en Corso, poco después de su llegada. Sus embarcaciones, compradas paradójicamente en la británica Jamaica, no tardaron en limpiar toda la costa desde el Darién a Santa Marta.

En todos los casos, lo que quedaba claro era que el propósito de Lezo no era otro que cumplir cuanto antes las órdenes que había recibido de Patiño y hacer frente al grave problema que suponía el incremento del contrabando —británico, español, o de cualquier otra nacionalidad—, en aquellas aguas.

Iniciada su labor, mantuvo abundante correspondencia con el Ministerio de Indias para solicitar el aumento de la escuadra. No se le concedió. A pesar de ello, en apenas un año sus buques, los que quedaban de la Armada de Barlovento, y los particulares de la Compañía Guipuzcoana de Caracas, apoyados por gobernadores de las Antillas, que intensificaron a su vez la concesión de patentes de corso, lograron formar una potente escuadra.

El Teniente General de la Real Armada Blas de Lezo. Dirigió la Flota de Galeones en 1737. Pasaría a la historia por su participación cuatro años después en la brillante defensa de Cartagena de Indias ante los británicos Obra anónima realizada en 1853, a partir del original que conservan sus descendientes. Museo Naval, Madrid.

Lograron apresar a una veintena de barcos ingleses y 6 holandeses —2 buques a manos de corsarios de La Habana y 4 balandras en aguas de Curaçao, frente a las costas venezolanas— dedicados descaradamente al comercio ilegal. El único problema fue que en la mayoría de los casos, las detenciones, basadas en simples sospechas, no podían probarse dada la naturaleza del negocio que llevaban a cabo, y era muy difícil establecer un criterio de culpabilidad que fuese admitido por ambas partes.

Una real cédula de 20 de julio de 1738 determinaba que los barcos extranjeros que fuesen apresados por hallarse fondeados o navegando en lugares y rumbos sospechosos serían buenas presas si en ellos se encontraban frutos que solo pudieran proceder de los dominios españoles; valía para los holandeses, pero se olvidaba de que los ingleses también podían conseguirlos mediante el Asiento.

Británicos y holandeses presentaron reclamaciones a las que contesto el Ministerio de Estado con dureza. Reiteró las órdenes aplicadas a los extranjeros que comerciasen ilícitamente en Indias, y confirmó que deberían ser enjuiciados y sentenciados por la Casa de Contratación, según lo establecido en derecho y por los tratados de paz.

Ese mismo año, entre las quejas de unos y otros se celebró la feria de Portobelo. La plata peruana, transportada a Panamá en la Armada del Mar del Sur pocos meses después de la llegada de la flota, ya no pudo llevarse a Portobelo, ante el temor de un ataque británico. Permaneció en Panamá varios meses y volvió a Perú, pero ya muy mermada.

El almirante Edward Vernon. En 1746, poco después de ser derrotado en Cartagena de Indias abandonó la Royal Navy por no conseguir un ascenso. Los años siguientes los pasó en el Parlamento, donde ocupó escaño por Ipswich. Falleció en Suffolk el 30 de octubre de 1757 a los 73 años de edad. Obra de Thomas Hudson realizada en 1750. Museo de Colchester and Ipswich.

Otra guerra era inminente[54], y el final de un sistema que se había mostrado muy efectivo pero ya estaba anquilosado en el tiempo, también. En esos conflictivos años se crearían además la mayoría de las compañías privilegiadas de comercio, como la Guipuzcoana de Caracas, en 1728, —la única un poco anterior y que ya hemos citado—; la de San Cristóbal de La Habana, en 1740; o la de San Fernando de Sevilla, fundada en 1747.

---

[54] Sobre los casos holandeses, en 1740, después de pedir satisfacciones a Holanda por daños experimentados en las costas desde Cumana a Cartagena se aceptó nombrar plenipotenciarios para negociar y firmar un tratado de neutralidad con el fin de que no se uniese a Inglaterra y entrase en la guerra.

2.5.2 *El poder de una ilusión*

Cuatro meses antes de que el 23 de octubre de 1739 Inglaterra iniciase oficialmente las hostilidades con España por el problema de las capturas de navíos que
hacían contrabando con América, sumado a la perspectiva de perder en breve el
asiento de negros[55] y el navío de permiso —los británicos la denominaron Guerra de la Oreja de Jenkins, pues la Cámara de los Comunes la formalizó después
de una tempestuosa sesión en la que el capitán Jenkins, un contrabandista, se
presentó exhibiendo en un frasco la oreja que le había cortado hacía ya 8 años
un corsario español cuando intentaba realizar su negocio ilegal, prueba de la
crueldad de los españoles—, su gobierno había preparado ya una escuadra de
operaciones bajo al mando del vicealmirante Edward Vernon.

La formaban su buque insignia, el navío *Burford* de 70 cañones, los navíos
Lennox, *Elizabeth* y *Kent*, los tres también de 70 cañones; los navíos de 50 cañones
Strafford, *Diamond* y *Falmouth* y las fragatas *Anglesea*, de 44 cañones; *Pearl*, de 40
y *Sherness*, de 32. Su destino era Port Royal, en Jamaica, la base británica de
operaciones navales en el Caribe, y llevaba un plan secreto para atacar, exclusivamente, el comercio en las posesiones españolas.

Tras largas conversaciones en las que se habló incluso de atacar La Habana, se optó por algo más sencillo. Se decidió elegir como objetivos los tres
puertos principales del nuevamente constituido Virreinato de Nueva Granada:
La Guaira, Portobelo y Cartagena de Indias.

Sobre todo, y en principio, Portobelo, que formaba parte del imaginario
británico desde que en 1601 la saqueara el bucanero William Parker y en 1668
Morgan.

La expedición partió de la base naval de Spithead, Inglaterra, el 23 de
julio, pero los vientos contrarios no les permitieron dejar el Canal, por lo que
aguardaron en la bahía de Portland a que les fueran propicios. El 4 de agosto
salieron definitivamente para Jamaica y dejaron retrasados, de patrulla por las
costas españolas y portuguesas del Atlántico, a la fragata *Pearl* y a los navíos
Lennox, *Elizabeth* y *Kent*, con instrucciones precisas de hundir o quemar cualquier buque español que encontraran y, si era posible, interceptar a la flota de
azogues que, tras dejar su carga, había salido de La Habana el 19 de abril y
llegaría escoltada por la escuadra de José Pizarro.

Vernon hizo escala en Antigua el 9 de octubre y llegó a Port Royal, el
día 23. Allí debía unírsele la escuadra del comodoro Charles Brown, que enar-
bolaba su pabellón en el navío *Hampton Court*, de 70 cañones y contaba con los
navíos *Norwich*, de 50; *Worcester*, *Windsor* y *Princess Louisa* de 60, seis fragatas y
otras unidades menores.

---

[55] Ver nuestro libro *Esclavos*. EDAF, 2014.

La salida de Vernon, conocida por la Corte en Madrid, le fue notificada el 16 de agosto por el primer secretario del despacho de Marina e Indias, José de la Quintana, a Fidalgo[56], por creerse que ese era su destino. El 20, en previsión de futuros acontecimientos, Felipe V nombró virrey de Nueva Granada al teniente general Sebastián de Eslava, un navarro veterano de la Guerra de Sucesión y de la campaña de Sicilia.

El virreinato, que había sido suprimido en 1723 y se recuperaba ahora en prevención a los ataques ingleses, se dividía en dos zonas, la del Atlántico y la del Pacífico. Las defensas de la costa del Atlántico se extendían desde el río Chagre hasta el río Hacha, e incluían el castillo de San Lorenzo de Chagre, Portobelo, el Darién, Cartagena de Indias y Santa Marta. Puesto que no se esperaban ataques desde el interior, Santa Fe —sede de la Audiencia y residencia oficial del virrey—, Popayán o Quito, localidades de tierra adentro mucho más importantes que las costeras, no disponían apenas de guarnición. En el Pacífico solo se mantenían fortificadas Panamá y Guayaquil[57], el único puerto importante entre Panamá y El Callao.

La guarnición de Panamá, como siempre, era escasa, 6 compañías presidiales con un total de 474 hombres. Además, había una compañía de 33 soldados en el castillo de Chepo, que contaba también con un piquete de artillería dirigido por un capitán y formado por un condestable y 18 artilleros, y tenía en las cercanías varias fortificaciones con la consideración de presidios —baluartes fronterizos con tropas para la defensa y consolidación territorial—: El fuerte del Chocó, con un comandante, y 23 soldados; el fuerte de Terable, con un comandante, un segundo comandante y veintitrés milicianos; el Real de Santa María, con un gobernador, 29 soldados y 32 milicianos; el Fuerte de Cahpigana, con 8 soldados y 19 milicianos y el Fuerte de Caná, con un teniente de gobernador, 3 soldados y veinticuatro milicianos.

Eso —694 efectivos, entre soldados y milicianos en el supuesto que las guarniciones estuviesen al completo, que nunca lo estaban—, y un sargento en el pueblo de Chimán encargado de movilizar al vecindario en caso de que fuera necesario, era todo con lo que la Corona pensaba defender de cualquier ataque, externo o interno, el istmo, el nudo de comunicaciones del sistema comercial entre el Virreinato del Perú y la Península.

Cuando Eslava tomo posesión de su cargo el 21 de marzo de 1740 —por motivos estratégicos en Cartagena de Indias, en vez de en Santa Fe—, lo acom-

---

[56] Fidalgo falleció súbitamente ese mismo año. Ocupó su puesto Melchor de Navarrete y Bujanda, que se encargó de los asuntos administrativos mientras Blas de Lezo se ocupaba de los navales.

[57] Su situación obligó a que se considerara necesario fortificarlo. En 1721, el primer virrey de Nueva Granada, Jorge de Villalonga, hizo una propuesta para la construcción de un fuerte que permitiese la defensa del astillero, pero fue rechazada por su elevado coste.

pañaban tres batallones de refuerzo peninsulares. Eran los segundos batallones de los regimientos de España, Granada y Aragón; 1 308 hombres en teoría, sin contar los 160 que murieron durante la travesía, los enfermos y los que desertaron en Puerto Rico. Los de España y Aragón se quedaron en Cartagena de Indias y el de Granada se dirigió a Panamá para reforzar la plaza. Llegaban tarde. El primer ataque se había producido mucho antes, el 22 de octubre de 1739, cuando aún faltaban ocho días para que la declaración oficial de guerra se enviara a Madrid[58].

Las fortificaciones de Portobelo. Es un error muy extendido pensar que esto es lo que encontró Vernon, no es así. La ciudad se reconstruyó por completo y se fortificó de nuevo entre 1753 y 1760. Eso es lo que podemos ver en la actualidad.

Esa mañana había aparecido ante La Guaira, en la actual Venezuela, lugar de almacenamiento de las mercancías de la Compañía Guipuzcoana de Caracas que tenía la exclusiva del comercio con la provincia. el capitán Thomas Waterhouse con 3 navíos: *Princess Louisa* y *Strafford*, de 60 cañones, y *Norwich*, de 50. Allí se encontró con que amarradas en el puerto y su bahía se encontraban en total 17 embarcaciones entre mercantes y pequeñas naves. Era cuestión de tiempo que zarparan y lo dejaran sin su parte del botín, por lo que, sin dudarlo, se preparó para atacar y capturar todos las posibles.

Arboló bandera española y puso proa hacia el interior de la bahía, pero la estratagema no le dio el resultado esperado. Las baterías costeras, que ha-

[58] Inglaterra declaró la guerra oficialmente el 30 de octubre. España no lo hizo hasta el 26 de noviembre.

bían advertido el engaño, esperaron a tenerle a tiro y abrieron fuego al unísono. Eran las de los fuertes de San Carlos, San Agustín, Zamuro y el Colorado, artillados, según relación fechada en 1738, con 1 cañón de bronce de a 22 y 14 de hierro de diferentes calibres. Solo que tan escasa dotación de la Artillería Real se había aumentado con un considerable número sin cuantificar de piezas bien instaladas que pertenecían directamente a la Compañía Guipuzcoana y estaban dirigidas con eficacia por el gobernador de la plaza, el brigadier Gabriel José de Zuloaga, y el capitán Francisco Saucedo.

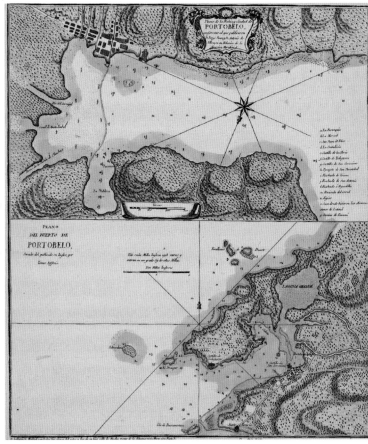

Plano de la Bahía y Ciudad de Portobelo, conforme al que publicaron Jorge Juan y Antonio de Ulloa en su Relación de la América Meridional. Lo realizó el cartógrafo Tomas López en 1792. Biblioteca Nacional, Madrid.

Después de tres horas de intercambiar disparos, Waterhouse, sin conseguir capturar las embarcaciones españolas y con serios daños en sus buques, decidió poner rumbo a Jamaica. Para disculpar su fracaso, el capitán británico manifestó ante Vernon que carecía de pilotos que conocieran esas aguas, que no había galeones con plata y la pérdida de vidas no compensaba la captura de unas pequeñas embarcaciones, y que había decidido dar la vuelta por que pensaba que sus navíos eran necesarios para futuras operaciones más importantes. Además del primer ataque de la guerra era la primera de las muchas excusas que pondrían ambos bandos durante la campaña. Esta vez le correspondía a la *Royal Navy*.

Casi al mismo tiempo que en La Guaira, 6 navíos y fragatas al mando del comodoro Brown se presentaron ante La Habana y bombardearon el castillo de Cojímar, situado junto a la ciudad, pero lejos de las fuertes defensas de la plaza. Capturaron varias balandras y goletas que acudían a la capital de la isla con cargamentos de añil y sal, y a la fragata mercante *Bizarra*. Durante varios días los ingleses reconocieron los fondeaderos de Bahía Honda, Barucano y Jaruco, situados en las inmediaciones, y efectuaron varios desembarcos para tantear las defensas de la plaza, hasta que fueron expulsados por las tropas enviadas a todos los lugares donde se presumía el asalto por el gobernador, Juan Francisco de Güemes y Horcasitas, que hicieron prisioneros suficientes como para reunir todo tipo de información sobre sus fuerzas.

Poco antes de que Brown regresara a Port Royal de su crucero por aguas cubanas, comenzaron las reuniones para determinar objetivos de mayor envergadura. Edward Trelawny, gobernador de Jamaica, era de la opinión de que se debía atacar Cartagena de Indias, pero Vernon desestimó esa opción hasta no contar con un contingente de tropas más numeroso.

Se optó entones por Portobelo, con la idea de obtener un amplio botín, pero no dejaba de ser una opción un tanto absurda si lo que se pretendía era conseguir la plata de los galeones, porque el almirante sabía perfectamente que habría más posibilidades de obtener beneficios cuando los comerciantes celebrasen la feria, y eso no iba a suceder. ¿Cúal fue entonces a nuestro entender la razón del ataque? Fama y gloria, para situarse en mejor posición en el Parlamento. Vernon, que no era la primera vez que navegaba por el Caribe, sabía perfectamente lo que se iba a encontrar y, que si esperaba, Portobelo podía estar mejor defendido.

El 22 de noviembre partieron de Port Royal los navíos *Burford*, *Hampton Court*, *Worcester*, *Strafford*, *Princess Louisa* y *Norwich*, junto a la fragata *Sherness*, con el propio Vernon a la cabeza. Embarcados iban en total 2 735 hombres, de ellos 240 de infantería, cedidos por Trelawny, al mando del capitán jamaicano William Newton. Quince días más tarde la flotilla se presentó ante la bahía y la *Sherness* fue enviada a patrullar las aguas cercanas a Cartagena para avisar de una posible llegada de refuerzos españoles.

El único problema eran las posibles defensas. Tanto San Felipe de Todo Fierro, al que los británicos denominaron el Castillo de Hierro —*Iron Castle*—, para dar sensación de mayor peligrosidad, que controlaba el acceso al puerto desde la base de una colina que lo protegía de un ataque por tierra, como San Jerónimo y Santiago de la Gloria —o del Príncipe— situados en el interior. Solo que eran mucho menos «fieros» de lo que parecían.

Todos estaban bien diseñados por el ingeniero italiano Juan Bautista Antonelli, con muros de unos tres metros de alto construidos de roca de coral, un elemento parecido a la coquina que se utilizaba para los castillos de La Florida y que, como esta, absorbía en su mayor parte la fuerza de las balas de cañón que le fueran disparadas sin llegar a romperse demasiado, pero carecían de una buena artillería y una guarnición completa, un mal endémico en toda la América española.

Hombres había apenas 284, y piezas de artillería, sobre el papel, 103 en total entre cañones, culebrinas, falconetes y pedreros de hierro o bronce. Solo que todas muy antiguas y, aunque no podemos encontrar datos que lo demuestren, lo más probable es que se hallasen inútiles en su gran mayoría, lo que justificaría que, por ejemplo, en San Felipe, hubiese 12 artilleros para casi 20 piezas.

En cualquier caso, su gobernador interino, el ya anciano Francisco Javier de la Vega Retez, sustituto de Bernardo Gutiérrez de Bocanegra, que se encontraba en Panamá sometido a juicio por contrabando —así estaban las cosas también por entonces—, no parecía haber tenido la misma preocupación que los responsables de otras plazas fuertes para reforzar las defensas de la ciudad ante el inminente ataque británico a la zona. Las posiciones se encontraban prácticamente abandonadas, algunos cañones ni siquiera estaban debidamente colocados y la coordinación entre las diferentes guarniciones era prácticamente nula. Incluso la fuerza naval encargada de defender el puerto, a las órdenes del comandante de los guardacostas de la bahía, Francisco de Abazoa, se reducía solo a 3 buques —*Santa Bárbara*, *Santa Rosa* y *San Pedro*— y un paquebote.

Vernon conocía la bahía. Trece años antes, en 1726, había participado bajo las órdenes del almirante Francis Hosier en el infructuoso intento de bloquear la salida de la flota del tesoro. Desde entonces había asegurado a cualquiera que quisiera oírle, que podía tomar la plaza con solo seis barcos, y estaba dispuesto a demostrarlo, lo que abala nuestra idea de que buscaba algo más que una victoria

Hagamos aquí una interrupción. Es fácil decir, si tenemos solo en consideración lo que le ocurrió después frente a Cartagena de Indias, que el vicealmirante era un hombre dado a las «fantasmadas», pero no sería exacto en esta ocasión. Lo que verdaderamente defendía con esas palabras, como había hecho siempre hasta entonces, era una operación rápida con un escuadrón pequeño y potente que evitara las grandes flotas, propensas a un número enorme de bajas debido a las enfermedades. Porque ya lo había vivido durante su anterior estancia en el Caribe, cuando la fiebre amarilla produjo el fallecimiento del propio Hosier y 3 000 o 4 000 de sus hombres. Lo sorprendente es que luego la fama y el orgullo le hicieran olvidar sus convicciones.

La captura de Portobelo. *Vernon se convirtió en el héroe del momento tras ocupar el célebre puerto de la Carrera de Indias. Inglaterra no le perdonó que ni durante el resto de la guerra ni en su posterior carrera fuera capaz de igualar ese triunfo.* Obra realizada en 1741, atribuida a Richard Paton. Colección particular.

Vernon apareció ante Portobelo a última hora del 2 de diciembre[59], y ancló a siete u ocho millas de la entrada del puerto, para celebrar consejo de guerra e impartir las últimas instrucciones antes del ataque. Esa mañana, el

---

[59]   Se lee con demasiada frecuencia la fecha del 20 de noviembre, copiada de documentos británicos. Pertenece al calendario juliano, y no al gregoriano, que se utilizaba en España. Inglaterra y sus colonias no adoptaron el calendario gregoriano hasta 1752. Ese año, el miércoles 2 de septiembre dio paso al jueves 14 de septiembre.

comandante de la plaza, Francisco Martínez de la Vega, que ya sabía que los ingleses se dirigían hacia allí, mandó a Abazoa defender con 53 soldados de marina el castillo de San Felipe. Se sumaban a los 100 que se habían enviado de guarnición dos días antes, al tiempo que otros 100 tomaban posiciones en el castillo de La Gloria para reforzar a los 80 —44 artilleros y 36 soldados de infantería—, que estaban bajo el mando del capitán del presidio, Sebastián Meléndez.

Esa, y los 20 milicianos, 20 artilleros, 8 marineros y 9 grumetes que quedaron a las órdenes del teniente de navío de la fragata *Santa Bárbara*, Francisco Garganta, para defender la plaza, era toda la guarnición. Tampoco había suficientes pertrechos. Si hacemos caso a la relación presentada posteriormente por Garganta, él solo disponía de 5 rifles, algo de pólvora, 20 fusiles en mal estado y algunas piedras de cañón[60].

Al amanecer del día 3, con viento favorable, la flota inglesa puso proa al puerto en línea de batalla con sus banderas desplegadas. La encabezaba el *Norwich* seguido del *Hampton Court*, el *Worcester* y el *Strafford* y la cerraba el *Burford*. Las órdenes eran llegar hasta el fondo, pero tuvieron relativa suerte. El viento del este se lo impidió, por lo que se decidió concentrar el cañoneo sobre el fuerte San Felipe, lo que mantuvo a los buques alejados del alcance del Gloria y San Jerónimo. Decimos que su suerte fue relativa, porque es cierto que esa fue la razón de que El Gloria dejara cortos los pocos disparos que hizo, pero no es menos cierto que el San Jerónimo ni siquiera pudo abrir fuego, por tener todos sus cañones desmontados de las cureñas.

Los primeros impactos sobre el San Felipe provocaron la inmediata huida del condestable, los milicianos, muchos soldados y algunos marineros, lo que redujo la guarnición de forma considerable a poco más de 40 hombres. No quedó otra opción que abandonar los muros y retirarse hasta un paraje que se conocía como La Bovedilla. Allí no tardaron en llegar los ingleses, que en cuanto vieron que los españoles abandonaban sus posiciones, desembarcaron una fuerza mixta de marineros e infantería, dirigidos por el tercer teniente del *Burford*, Thomas Broderick[61], y capturaron el fuerte.

Al mediodía, perdido San Felipe, De la Vega ordenó al capitán de navío José de Campuzano que acudiese con sus tropas a reforzar las defensas del castillo de la Gloria. Sobre las 20:00 se transportó toda la pólvora de los buques al castillo, se desembarcó a los oficiales y a la tropa y se celebró un consejo de guerra. Allí, y entre todos, se decidió que ante la abrumadora superioridad de fuerzas inglesas, la falta de artillería y las continuas deserciones, lo más conveniente era rendir la plaza. Así se hizo, sin tratar siquiera de ofrecer algo de resistencia desde el interior, aunque los fuertes restantes no habían sido atacados. Esa misma noche cesó el fuego y todas las familias de la ciudad, los oficiales y el capitán del presidio, Sebastián Meléndez, huyeron al monte.

El 3 de diciembre, a las 05:30, con las primeras luces del alba y sin ninguna oposición, los navíos ingleses atracaron en el puerto, donde les esperaba como única representación española el alférez de navío Francisco de Medina, encargado de negociar la capitulación. Según las cláusulas que se acordaron sobre las 15:00, el castillo de La Gloria y el resto de la plaza serían entregados con las siguientes condiciones:

---

[60]   AGS. Secretaría de Marina. *Relación de lo ocurrido en Portobelo desde el 26 de noviembre hasta el 4 de diciembre de 1739*.

[61]   En 1762, Broderick llegaría a vicealmirante de la flota blanca británica.

- El castillo de La Gloria se abandonaría a los cuatro días de firmadas las capitulaciones.
- La guarnición saldría con todo su armamento, sería escoltada por soldados ingleses para evitar problemas y podría llevar con ella dos cañones montados sobre sus afustes con diez tiros de pólvora cada uno y la mecha encendida.
- Los vecinos podrían recoger todos sus enseres y tomar la dirección que deseasen.
- Se respetaría las imágenes y personas relacionadas con el culto.
- Se entregaría a las tropas españolas dos fragatas y un paquebote con las que poder abandonar la plaza.

Vernon aceptó, salvo, evidentemente, la entrega de cualquier buque. Solo a petición de Abazoa, y en deferencia a él, accedió a cederle dos balandras mercantes en las que nada más podría embarcar a la marinería y algunas de las provisiones que quedaban[62], para navegar hasta Cartagena.

Eufórico por la fácil victoria, pero sin ningún botín, puesto que el oro que debía guardarse en la ciudad había sido enviado de vuelta a Perú en previsión de un ataque, Vernon ordenó la destrucción de las fortalezas. Una labor que se prolongó de forma impune durante tres semanas. Los tres castillos fueron demolidos hasta los cimientos y sus cañones desmontados y arrojados al mar. Su intención nunca había sido permanecer en aquel enclave, por lo que a finales de diciembre envió al *Diamond* de patrulla para evitar cualquier sobresalto por parte de la armada española y zarpó con sus presas —una fragata y dos guardacostas de 20 cañones cada uno—, hacia Port Royal. Durante la travesía, la escuadra sufrió las inclemencias del tiempo y llegó a dispersarse, pero consiguió llegar finalmente sin pérdidas a Jamaica.

En cartas fechadas a bordo del *Bunford* los días 24 y 27 de diciembre y confiadas al capitán Pedro de Elizagarate, apresado con su buque por una de las fragatas inglesas, Vernon le comunicaba a Blas de Lezo, como ya hemos dicho comandante de la escuadra de Cartagena y máxima autoridad militar hasta la llegada del virrey Eslava, la forma en que habían sido tratados los prisioneros de Portobelo y esperaba que lo fueran de la misma manera y con la misma consideración, los agentes comerciales ingleses de la Compañía de los Mares del Sur detenidos en Cartagena cuando se habían iniciado las hostilidades.

Las justificaciones sobre un suceso que parecía haber estremecido más a toda la América española, de Norte a Sur, que a la Corte de Madrid, empe-

---

[62] Partieron el 8 de diciembre con 35 sacos de pan, 16 barriles de carne y tocino en pedazos sueltos, 26 botellas de aceite y un saco y medio de arroz.

ñada en buscar su destino en Italia, comenzaron de inmediato. Muchos de los habitantes de la ciudad habían optado por el saqueo y la huida, lo que provocó la pérdida de gran parte de los enseres respetados en las capitulaciones. Francisco de la Vega lo anotaba en una de sus cartas el 5 de diciembre: «han saqueado la ciudad miserablemente y han perdido por su culpa y abandono lo que nuestro esfuerzo había logrado conseguir en la capitulación». Una frase que, sacada de contexto, muchos autores han utilizado para referirse a la actuación inglesa, —que probablemente fuera similar, no seremos nosotros los que los defendamos— pero que, en realidad, hablaba de la actitud de los habitantes de Portobelo.

No fue su única misiva. En la del 8 de diciembre, dirigida a Blas de Lezo, intentaba explicar su actuación: «Muy afectado he quedado —decía el gobernador—, después del quebranto de la pérdida de esta plaza, tal que, solo la obligación al real servicio me esfuerza ejecutarlo, pues su rendición tiene mi espíritu del todo fallecido, a vista de haberme sido preciso capitular una plaza tan importante como ésta, por la falta de un todo que en ella había, pues las carenas estaban podridas, la pólvora de Lima tan inferior que no tenía el menor alcance, la tropa cortísima, y toda ella hizo fuga. En una palabra, nada más puedo asegurar que desde los primeros rumores de guerra, no he hecho otra cosa que informar al señor Presidente —se refiere a Dionisio Martínez de la Vega, gobernador y capitán general de las provincias de Tierra Firme y presidente de la Audiencia de Panamá—, de todo lo que necesitaba, quien por la falta de caudales, siempre me ha respondido que no podía dar entero cumplimiento[63]».

Tampoco fue el único en buscar ayuda. Abazoa también había enviado los días previos al ataque de Vernon sucesivas cartas a Lezo, con peticiones de armamento y tropas, a las que no había obtenido respuesta[64].

Martinez de la Vega, por su parte, dio cuenta pormenorizada al virrey del estado en que se encontraba su distrito y de que tenía «reducido el batallón de pie fijo de aquella plaza a unos pocos inválidos que no llegaban a 50, ni podían, aun en tiempo de paz hacer el servicio de guarnición por lo que menos podía mantener destacamentos en Portobelo, Chagres y el resto de los lugares de su jurisdicción».

La última en llegar, el 28 de julio de 1740, fue la de José Antonio de Mendoza Caamaño y Sotomayor, tercer marqués de Villagarcía de Arosa y virrey del Perú que, por si acaso, había estado ocupado recabando cualquier

---

63   Hasta febrero de 1740 Martínez de la Vega no se decidió en enviar un refuerzo de 400 hombres a Portobelo, siempre que se hubieran ido ya todos los ingleses.
64   Para las cartas de Abazoa, AGS, Leg 396.1-24-25-26. Para la correspondencia de Blas de Lezo, AGI/23.13.4.1/ Santa Fe, 1021.

información que lo exculpase. Utilizaba entre otros argumentos la carta escrita por Juan José Robira, depuesto juez visitador de las cajas de Panamá, «testigo ocular de todo el suceso, por hallarse preso en la ocasión en el castillo de Todofierro» y la que había escrito Bocanegra, que permanecía preso en Panamá, —ambas fechadas en Portobelo el 29 de diciembre del año anterior—, para eximirse de cualquier responsabilidad de la situación de las defensas.

Anverso y reverso de una de las monedas conmemorativas de la toma de Portobelo. Se hicieron varios modelos. En la más conocida está en el anverso la efigie de Vernon y la leyenda Vernon semper viret *—Vernon siempre prospera— y en el reverso* Porto Belo sex solum navibus espugnate *—Tomó Portobelo con solo seis barcos—. Nov. 22-1739.*

Sotomayor explicaba también que ese mismo día, el 29 de diciembre, había dado noticia a Nueva Granada y a Lima de lo sucedido, a donde llegaba también la jurisdicción del comandante de la Armada del mar del Sur, Jacinto Segurola, que estaba en Panamá con los preparativos del convoy de los barcos del comercio limeño a la espera de la celebración de la feria de Portobelo. Ambos solicitaron armas, hombres y pertrechos para Panamá, y para las naves capitana y almiranta, lo que demuestra en qué condiciones habían zarpado los dos buques del Callao. Hasta el 16 de febrero de 1740, no se llegó a un acuerdo en Lima entre los responsables de Justicia y Hacienda para enviar 100 000 pesos, pólvora, 100 hombres para la capitana —40 soldados y 60 marineros— y 50 para la almiranta —25 infantes y 25 marineros—. Tampoco a ellos les sobraban los recursos.

Comenzaba así otro de los grandes misterios españoles. Es inexplicable que si Jorge Juan y Antonio de Ulloa habían visto lo que publicaron diez años después en *Las Noticias secretas de América* como explicación a su pérdida, no se lo comunicasen a Blas de Lezo en Cartagena.

«La plaza —escribían en 1745 en referencia a su visita de 1735—, estaba en peor estado que la de Cartagena, porque al descuido y demasiada confianza de los gobernadores se agregaba la mala disposición del terreno y la contrariedad del temperamento. El estado que tenían aquellas plazas de la costa del mar del norte era puntualmente conocido por los ingleses, que no ignoraban su debilidad y lo distante de los recursos para recibir socorros, por falta de aquel regular estado en que se deben mantener las plazas en tiempo de paz, para que en los de guerra no experimenten algún mal suceso, ni se vean precisadas a tomar las precauciones cuando ya no hay el tiempo necesario para concluirlas. Se vio en Panamá, que aunque está cerrada de muralla de piedra, no tiene, por donde se puede formar ataque, más resguardo ni otra obra avanzada que la cubra, que un simple foso».

Mucho menos comprensible es, que si este lo sabía, no hiciera nada. Máxime cuando ya le había comunicado en los meses previos al conflicto a Zenón de Somodevilla, marqués de la Ensenada, por entonces secretario del Consejo del Almirantazgo, que tanto los habitantes de aquel lugar como los de Panamá se venían abasteciendo por la única vía posible: la del comercio ilícito con franceses, holandeses e ingleses[65]. Puede que la contestación a estas incógnitas fuera otro de los males españoles: es más fácil escribir a «toro pasado» y, si es posible, descargar responsabilidades, que tomar decisiones sobre la marcha.

Pese a ser reconstruida, modificar la estructura de las fortificaciones y modernizar sus defensas, Portobelo, que no volvió a ser atacada, no recuperó su importancia hasta la construcción en el siglo XX del Canal de Panamá, ya que se modificó la ruta de la Flota de Indias.

Mientras se esperaba el siguiente golpe, llegó a Inglaterra en marzo de 1740 el capitán James Rentone con la balandra española de 18 cañones capturada, *San Cristóbal*, alias *Triunfo*, que se había renombrado como *Triumph*. Llevaba las noticias de la toma de Portobelo. La alegría fue inmensa he hizo correr ríos de tinta en la incipiente prensa de la época. Se acuñaron monedas conmemorativas, se nombraron calles en su honor —Portobello Road en Londres y los distritos de Portobello en Edimburgo y Dublín—, y se esperó el regreso de Vernon, ascendido a almirante y convertido en un héroe.

También en la colonias inglesas de América la victoria fue particularmente bien recibida, se denominó Porto Bello a una ciudad de Virginia y se bautizó como Mount Vernon a una plantación conocida hasta entonces como Little Hunting Creek, en Virginia, heredada por Lawrence Washington, capitán del regimiento *Gooche's Marines*, una unidad de la milicia americana, adscrita a la infantería de marina británica que formaba parte de las tropas de Vernon, y hermanastro del célebre George Washington. Cuando el futuro presidente de los Estados Unidos heredó la propiedad, conservó el nombre, tal y como hoy se conoce.

---

[65]   AGS. Secretaría de Marina.

El momento de mayor gloria de Vernon llegó en la cena que le ofreció Jorge II, cuando en honor de ambos se tocó por primera vez el que luego sería himno nacional británico, *God Save the King*. No sería la única canción que llegaría hasta nuestros días para conmemorar el combate, *Rule Britannia*, publicada en agosto de ese año, en la que el compositor Thomas Arne ponía música a un poema patriótico de James Thomson, también ensalzaba la expansión marítima de Gran Bretaña, ejemplarizada en la reciente captura de la posición española.

Henchido de orgullo, Vernon intentó repetir su éxito en 1741 frente a Cartagena de Indias, donde fracasó estrepitosamente. Tuvo que retirarse derrotado y humillado, pero esa es otra historia.

2.6 El fin de una era

La guerra con Inglaterra duró hasta 1748. Nueve años en los que fue imposible organizar flotas, pues los puertos de arribada estaban amenazados y la armada, ocupada en defender la Península, no podía custodiar los mercantes de la Carrera de Indias.

El comercio con la otra orilla del Atlántico tuvo que realizarse mediante los navíos de registro, embarcaciones fletadas directamente por los comerciantes quienes a menudo acompañaban en el viaje a sus cargamentos. Una vez en América se instalaban en alguna ciudad y vendían directamente sus mercancías.

Eso despertó la hostilidad del consulado de comerciantes de México, que exigió restablecer cuanto antes el régimen de flotas en el que, al menos, podía controlar las transacciones. Además, sus miembros no se atrevían a comprar los cargamentos que llegaban, pues temían que al día siguiente apareciera cualquier otro barco que provocase una bajada del precio de los artículos.

Tampoco en el consulado de Lima estaban de acuerdo con los navíos de registro. Los buques eludían la peligrosa ruta del Caribe, donde se libraba la guerra, y se dirigían al Perú por el cabo de Hornos. Muchos se quedaban en Buenos Aires y sus propietarios mandaban la mercancía a lomos de mula hasta Lima. Ahora eran los peruanos los que recibían los productos por Buenos Aires, en vez de al revés, y los precios les resultaban demasiado altos. Indignados, los comerciantes limeños pidieron también el restablecimiento del antiguo sistema de flotas, que habían manejado durante siglos.

Los comerciantes andaluces no tardaron en sumarse a sus colegas mexicanos y peruanos, pues el sistema de los navíos de registro les impedía actuar como habían hecho siempre: averiguar cómo estaba el mercado americano y especular con los precios. El Consulado de Cádiz secundó así a los de Lima y México en solicitar el restablecimiento del viejo sistema.

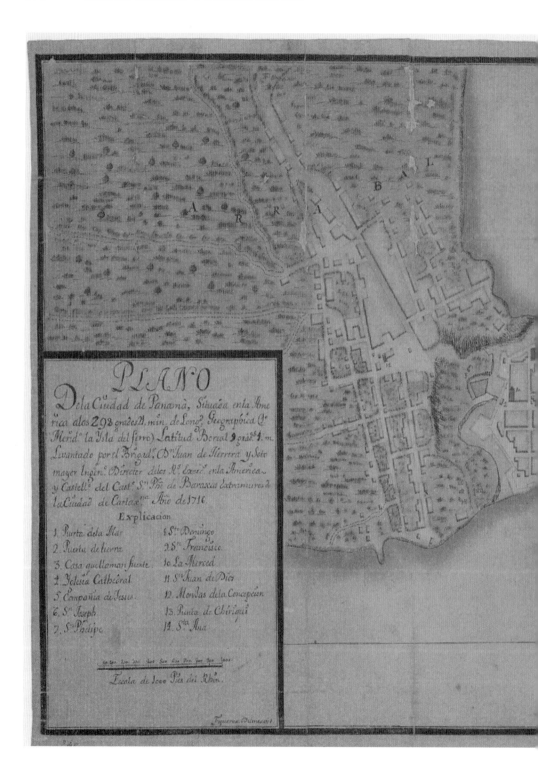

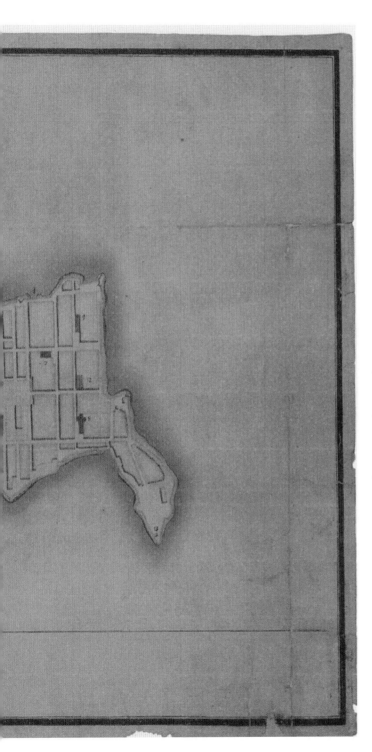

Asaltada en 1679 por el pirata inglés Henry Morgan, Panamá quedó arrasada por un incendio. La nueva ciudad que se erigió, que ya nunca llegaría a tener el esplendor de la antigua, se fundó a pocos kilómetros sobre una pequeña península, al pie del cerro Ancón, el 21 de enero de 1763. Aunque todavía cumplía su función de puerto y mercado en el sistema de rutas transoceánicas, dejó de tener vida propia y pasó a depender de los subsidios del Perú y de los impuestos de paso. Su proyecto de trazado abarcó todo el territorio peninsular cerrado por un perímetro amurallado que la convirtió en una isla marcada por su carácter eminentemente defensivo. Plano de la ciudad de Panamá realizado por Juan Herrera y Sotomayor en 1716. Servicio Geográfico del Ejército.

En 1750 se firmó la paz con Inglaterra, y el marqués de la Ensenada, que ya ejercía como secretario de estado de Hacienda, Guerra, Marina e Indias, convocó de inmediato una junta de comerciantes para estudiar la solicitud formulada por los consulados de restablecer el sistema de flotas. Se decidió que era urgente enviar la de Nueva España, en 1753 como muy tarde. El caso de la de galeones no estaba tan claro, pues los mercados sudamericanos estaban saturados de género por los navíos de registro y el dinero se necesitaba para reconstruir antes Portobelo.

Además, no todo el gobierno era favorable a que se restituyeran las flotas. En 1743 José del Campillo, predecesor del marqués en sus mismos cargos, había publicado poco antes de su prematura muerte su famosa obra *Nuevo sistema de gobierno económico para la América*, en la que abogaba por un comercio libre entre América y la Península, y esa opinión la compartían ya muchos ilustrados.

Al final, Ensenada se decidió a restablecer el régimen de flotas, pero no para el Perú. Solo para Nueva España y con periodicidad bienal. La orden se cursó el 11 de octubre de 1754 y poco después se anunció que la primera zarparía en 1756.

No lo hizo. Hubo que esperar hasta el 11 de febrero de 1757, más de 20 años después de que hubiera partido la anterior. La mandaba Joaquín Manuel de Villena y estibaba oficialmente 7069,7 toneladas en 10 mercantes, a los que escoltaban 2 navíos de guerra. La feria se hizo en Jalapa y quedó mucha mercancía sin vender. Para poder regresar a la Península hubo que retrasar la partida hasta el 2 de mayo de 1758.

Carlos III llegó a Madrid para ocupar el trono que había dejado vacante la muerte de su hermano el 9 de diciembre de 1759. Tenía una gran experiencia de gobierno como rey de Nápoles, y su intención era establecer y fortalecer los vínculos comerciales y económicos con América después del abandono a que habían sido sometidas las posesiones en el continente por sus antecesores, Felipe V y Fernando VI. Sus buenas intenciones apenas tuvieron repercusión. Muy poca en Nueva España y Perú, y casi ninguna en Panamá, pues el Istmo ya apenas contaba en los objetivos reformistas borbónicos.

Fue el fin del comercio con la región donde había empezado todo. En 1781, Ciudad de Panamá sufrió un terrible incendio que la destruyó casi por completo —el tercero en el siglo XVIII, los anteriores habían ocurrido en 1737 y 1756—. El suceso influyó mucho en la burguesía criolla, que desde el inicio de la tercera década del siglo había empezado a protagonizar movimientos de carácter liberal. Principalmente reclamaban la reducción de impuestos y el establecimiento de aduanas que frenasen el contrabando de mercancías inglesas y holandesas, que saturaban el mercado. Estos movimientos, que a pesar de ser aplacados rápidamente por parte de las autoridades con medidas para perseguir el comercio ilegal, no tardaron en extenderse, pusieron de relieve el creciente malestar de una población americana que, en general, veía que comenzaba a peligrar su forma de vida.

La siguiente flota la mandó Carlos Regio y zarpó de Cádiz el 29 de junio de 1760 con 8492,7 toneladas de mercancías. En esta ocasión la formaban 13 mercantes, también escoltados por 2 navíos de guerra. La acompañaron 6 buques de registro con destino a La Habana, Caracas, Santo Domingo y Honduras. En América tuvo que afrontar unas dificultades similares a la anterior y regresó en abril de 1762.

Ni la intervención de España en la Guerra de los Siete Años ni la toma de La Habana por los británicos en 1763 acabaron con la Carrera de Indias. En 1765 zarpó de Cádiz una nueva flota a las órdenes de Agustín de Idiáquez, que transportó 8013,6 toneladas de géneros y artículos.

En ella viajaba un ilustre pasajero José de Gálvez[66], visitador de Nueva España por orden del rey, encargado de averiguar lo que ocurría en la feria de Jalapa e intentar buscar una forma de mejorarla. La flota cumplió su cometido y Gálvez el suyo, que fue el de dejar como estaba un sistema que él mismo ya consideraba caduco. El futuro ministro de Indias era uno más de los que estaban convencidos de que lo mejor era el régimen de libre comercio. Un sistema que comenzó a dar sus primeros pasos el 16 de octubre de 1765, cuando, como única fórmula para reactivar su maltrecha economía, se otorgó como merced real a las islas de Sotavento, Cuba, Santo Domingo, Puerto Rico, Trinidad y Margarita que pudieran negociar abiertamente con nueve puertos españoles autorizados: Cádiz, Sevilla, Alicante, Cartagena, Málaga, Barcelona, Santander, La Coruña y Gijón.

Todavía hubo tres flotas más en 1768, 1772 y 1776. La última la mandó Antonio de Ulloa y transportó 8176 toneladas. Todas se encontraron con la misma dificultad: vender sus mercancías, pues siempre había sobrantes de las veces anteriores. Finalmente, el 12 de octubre de 1778 se publicó el Reglamento de Libre Comercio para América que dio por finalizado el sistema de flotas. No se trataba realmente de un comercio totalmente libre, pues las ciudades americanas seguían obligadas a negociar únicamente con la metrópoli, pero al menos se las liberaba de hacerlo con un puerto único de la Península y bajo el dictado de sus comerciantes.

Aun así, Nueva España y Venezuela, quedaron excluidas del nuevo sistema. El virreinato, porque todavía se pensaba en abastecerlo mediante flotas que recogieran la plata de las minas, y la capitanía general, porque estaba ya casi exclusivamente bajo el control de la Compañía Guipuzcoana.

[66] Ver nuestro libro *Bernardo de Gálvez. De la apachería a la independencia de los Estados Unidos*. EDAF, 2015.

Sin embargo, México no pudo recibir más flotas. En 1779 se declaró otra guerra con Inglaterra que impidió enviarlas, y hubo que regresar al sistema de navíos de registro.

El 28 de febrero de 1789, sin otra opción, la Corona ordenó que en Nueva España y Venezuela se aplicaran también cuanto antes los beneficios del Reglamento de Libre Comercio que ya estaba vigente. La Flota de Indias ya no volvería a cruzar el Atlántico.

2.6.1 *Deber cumplido*

Resulta sorprendente que haya hombres que al mando de la Flota de Indias cruzaran veinte o treinta veces el Atlántico al servicio de su rey, y que no hayan dejado ninguna huella en la historia española. Algo que resulta mucho más llamativo si se compara con la atención que otros países dedican a sus almirantes o comandantes navales, conocidos con facilidad incluso fuera de sus fronteras.

Probablemente, porque conducir centenares de mercantes a su destino resultase una operación casi rutinaria dentro de un sistema muy burocratizado, y en la Carrera de Indias había pocas posibilidades de convertirse en épicos protagonistas de grandes batallas. Pero lo cierto es que, cuando las hubo, en su gran mayoría los hombres embarcados mostraron su valor y tesón de la misma manera que lo hicieron los tan conocidos tercios de infantería.

Barcos ante una costa rocosa. Ambas son dos fragatas de la primera década del siglo XIX. Obra de Johannes Hermanus Koekkoek realizada en 1811. Colección Rob Kattenburg, Ámsterdam.

Se ha hablado mucho de los buques perdidos, y se ha especulado, con razón o sin ella, sobre los motivos de que esto ocurriera. Incluso se ha permitido que, en ocasiones, flotara sobre muchos de los mandos de la flota un ligero velo de cobardía que parecía hacerlos inferiores a Drake, Hyne, Hawkins o Anson. Pero lo que se ha dicho muy pocas veces era que las ordenanzas reales les prohibían buscar o entablar combate a no ser que fuera estrictamente necesario. Y no solo se les prohibía, si no que se les juzgaba por ello a la vuelta.

Su única misión era, principal y fundamentalmente, llevar las mercancías o el azogue de ida, y regresar con los metales preciosos y más mercancías en el viaje de vuelta. Nada heroico, un encargo sencillo y, sin embargo, algo que constituía uno de los engranajes básicos de un mecanismo muy complejo que servía para comunicar dos, e incluso tres continentes a través del Atlántico y el Pacífico. Un cometido tan «simple» que solo lo realizaron en el mundo los marinos españoles.

Las responsabilidades que se les encomendaron a los altos mandos de la flota fueron siempre más allá de las que normalmente se les encargaron a sus homónimos de los ejércitos de tierra. No lo decimos nosotros, si no la Recopilación de órdenes de 1680. Además de, como es lógico, estar a su cargo el gobierno de los marineros y soldados de los barcos de guerra y ser los encargados de conducirlos a la batalla contra cualquier enemigo que intentase obstaculizar el paso de las flotas, tenían otros muchos trabajos. El primero, ser responsables, junto con funcionarios de la Casa de la Contratación, de seleccionar, carenar, cargar y pertrechar de acuerdo con unas ordenanzas muy estrictas cientos de barcos. En este sentido y, sobre todo en los primeros tiempos de la Carrera de Indias, resultó frecuente que los generales fueran los propietarios de los buques que mandaban y que estuvieran alquilados al rey. Un ejemplo de empresa privada de la Carrera de Indias podía estar constituido por asentistas y constructores navales que aportaba barcos y comandantes pilotos que dirigían los mismos. Fue el caso de la asociación formada en 1662 por los asentistas Jacinto Antonio de Echeverri y Miguel de Aristiguieta, dueños de las naos *El Buen Jesús* y *San Ignacio*, y el veterano y hábil almirante vasco Juan de Echevarri, caballero de la Orden de Calatrava y marqués de Villa-Rubia, hermano del primero, quien haría el viaje en conserva de los galeones.

En segundo lugar, además de combatir a algún corsario que les saliese al paso, los altos mandos de las armadas debían luchar contra el gran enemigo de la hacienda del rey: los contrabandistas y defraudadores del fisco. Para ello debían de actuar como verdaderos agentes de aduanas y colaborar con los oficiales reales de los puertos americanos en la persecución de quienes no querían pagar los impuestos y embarcaban la plata y las demás mercancías sin registrar. Un filtro que no solo debían ejercer con los bienes, también con las personas. Era su responsabilidad evitar el embarque de pasajeros ilegales y perseguir y capturar a aquellos miembros de las tripulaciones que desertaban en las Indias.

Otra de las competencias más importantes de los generales era la de ser jueces privativos de todo el personal civil y militar de las flotas, que en muchos casos suponían varios miles de personas. Podían castigar a los ladrones, clavándoles una mano al mástil, o estaban facultados para colgar de una verga a un corsario sin dar ningún tipo de explicación. Incluso en determinados casos, llegaban a tener jurisdicción sobre los vecinos de los puertos en que recalaban, siempre que estos protegiesen a desertores o estorbasen la salida de las flotas, mediante deudas con los comerciantes embarcados o actividades ilícitas destinadas a incrementar el precio de las mercancías.

Todo eso y alguna cosa más que ya hemos visto referente a los cuidados éticos, religiosos y morales de su pasaje y tripulación, sin contar su importante labor como guardianes del tesoro real, de cuya seguridad eran los últimos responsables. Pocas veces un servidor del rey tenía a su cuidado entre 10 y 12 millones de pesos procedentes de México o el Perú, con la circunstancia de que, en determinados momentos, estaba autorizado a utilizar tan rico cargamento. Así ocurría cuando los víveres se terminaban y era necesario comprarlo a los altísimos precios que alcanzaban en América. O cuando era imprescindible reparar con urgencia alguno de los buques para zarpar antes que lo impidieran las condiciones climatológicas.

Competencias y responsabilidades que siempre eran férreamente controladas por la Corona. Para un general era fácil dejarse sobornar para que llevase pasajeros sin licencia, comerciantes en plazas de marineros, o no estuviese muy atento a las mercancías que se cargaban fuera de registro. Aunque, sin incumplir las ordenanzas, también podía hacerse rico simplemente con desvelar la información confidencial que suponía la fecha de salida de la flota, lo que podía ser vital para los comerciantes y navieros que hacían los últimos tratos y querían saber hasta dónde podían aguantar en sus regateos sin tener que bajar los precios. Para evitar todo esto, los generales estuvieron, como otros funcionarios, sometidos a la realización de visitas, similares a auténticos juicios de residencia —un procedimiento judicial del derecho castellano e indiano, que consistía en que al término del desempeño de un funcionario público se sometían a revisión sus actuaciones y se escuchaban todos los cargos que hubiese en su contra—, al terminar cada viaje.

La Corona trató también siempre de conseguir que muchas de las decisiones importantes no las tomasen los generales de manera autónoma, sino solo después de haber consultado a las principales autoridades subalternas de la flota, lo cual no evitaba que, a la postre, la última palabra la tuviera el máximo responsable de la expedición.

¿Cuál era entonces el sistema de selección de los candidatos a tan altos cometidos? Inicialmente, generales y almirantes fueron escogidos directamente por la Casa de la Contratación de Sevilla, pero muy pronto fue el todopoderoso Consejo de Indias el que presentó una lista de aspirantes al rey para que éste escogiera. En tiempos de Felipe II esas elecciones se hacían con todo cuidado y se atendía preferentemente a los méritos militares y náuticos, pero con el paso del tiempo, la venalidad y el nepotismo llegó a abrir una brecha muy importante en el sistema.

¿Fue eso lo que llevó a la decadencia del sistema, como puede leerse en muchas ocasiones? Rotundamente no. El duque de Medinasidonia, por ejemplo, que mandó la armada de la Empresa de Inglaterra, no tenía ni idea de astrolabios, brújulas o maniobras, pero tampoco la tenía el comandante supremo de los buques ingleses, el *lord* almirante Charles Howard de Effingham que jamás había pisado un barco y había llegado a ese cargo, cuando ya tenía 50 años, tras haber sido embajador en Francia y lord Chambelán de la corte.

En cuanto a su origen, noble o plebeyo, aunque una buena parte de los comandantes de las armadas y flotas de Indias se avecindaron en Sevilla o Cádiz, otros muchos habían nacido en la cornisa cantábrica. Sirvan también como ejemplo el general gallego Francisco de Novoa, que condujo tres convoyes en los años 1579 y 1587, el general Juan Gutiérrez de Garibay, caballero de Santiago y que cruzó, nada más y nada menos que 16 veces el Atlántico entre

El sevillano Antonio de Ulloa, naturalista, escritor y marino, organizó y dirigió la última Flota de Indias cuando aún era jefe de escuadra. Ascendido a teniente general a su regreso, fue nombrado ministro de la Junta de Comercio y Moneda del Reino. Obra de Andrés Cortés y Aguilar. Ayuntamiento de Sevilla.

1592 y 1613 o Tomás de Larraspuru, el general que más veces cruzó el océano Atlántico mandando flotas y que, como vecino de Azcoitia, intentó en 1602 que se le reconociese su condición de hidalgo notorio.

En cualquier caso, todos, mejor o peor, de distintos orígenes sociales o profesionales y de diferentes generaciones, hicieron su trabajo durante siglos y ayudaron a crear y mantener un imperio, para luego caer en el olvido de sus conciudadanos.

3.ª PARTE

Del Mare Nostrum al Mar Tenebroso

El golpe de viento. *Un galeón en alta mar durante una tempestad*. Obra de Willem van de Velde realizada en 1680. Rijksmuseum, Amsterdam.

Necesitamos audacia, más audacia y siempre más audacia.

Georges Jacques Danton

Pues desde que amanece el rubio Apolo
En su carro de fuego, cuya llama
Huye el frío dragón, revuelto al Polo,
Al mismo paso que su luz derrama,
Halla un mundo sembrado de blasones
Bordados todos de española fama.

Bernardo de Balbuena

3.1 Vamos a contar mentiras

En todo el mundo es habitual que la gente crea que las riquezas que los españoles traían de las Indias acababan a menudo en las manos de piratas o de corsarios enemigos de la monarquía católica, también es frecuente que la imaginación del público en general esté atrapada por imágenes de gigantescos galeones atacados por audaces «caballeros de fortuna», que al frente de valerosas tripulaciones asaltan y toman con facilidad las naves españolas en asaltos al abordaje en las azules aguas del Caribe, en medio de brutales combates en los que siempre la habilidad en la navegación y con la espada de los valerosos ingleses —normalmente los «heroicos» piratas del cine de Hollywood son, por razones obvias, ingleses— acababa con la resistencia de fanáticos y crueles españoles, siempre vestidos de negro, y obsesionados con la religión, torturadores asesinos, además de torpes e incapaces y con olor a ajo.

Sin embargo, lo que en verdad ocurrió fue algo muy diferente. A comienzos de la década de 1540, era evidente que si los hombres cultos e ilustrados de la Europa del Renacimiento sabían ya de una forma bastante correcta como era nuestro mundo, esto había sido principalmente por «industria» de los españoles. Durante más de medio siglo, los navegantes de la Corona de Castilla, ahora españoles para todos los europeos, apoyados en el esfuerzo de hombres de genio, matemáticos, geógrafos, constructores de barcos, y marinos valerosos dispuestos a jugarse la vida, ávidos de poder y gloria, de riquezas materiales, pero también espirituales, deseosos de llegar «más allá» habían ampliado el conocimiento de nuestro planeta llevando sus naves cada vez más lejos, explorado tierras y mares desconocidos, y una vez que se asentaron con firmeza en las nuevas tierras del continente americano, jamás dejaron que el esfuerzo de lo que habrían logrado se perdiera estúpidamente en manos de bandidos harapientos en el mar. No es lógico que quienes se hicieron dueños de medio mundo se dejase arrebatar sus riquezas con tanto esfuerzo conseguidas y, de hecho, no fue así.

Le guste o no a los guionistas de cine estadounidenses, a los novelistas británicos o franceses o los defensores de la Leyenda Negra, la realidad es tozuda y terca. Durante los 300 años que España fue la soberana de América, ni ingleses, ni holandeses ni franceses lograron hacerse con un puerto en la tierra firme del continente y sus fracasos, que comenzaron con el intento francés en la Florida de 1564, que fue el primero, terminaron con el desastre británico ante Buenos Aires de 1807, que fue el último. Y esa es, pese a quien pese, la realidad.

Durante todos esos años, es cierto que ingleses y franceses lograron hacerse con notables territorios al norte de las áreas de expansión española,

El 1 de noviembre de 1625, una poderosa fuerza naval angloholandesa de más de 10 000 hombres a las órdenes de sir Edward Cecil, atacó Cádiz con la esperanza de apoderarse del puerto de llegada de la Flota del Tesoro desde las Indias. La falta de preparación de los mandos ingleses, su incompetencia y el bajo nivel de sus hombres, unido a la brillante defensa de las tropas al mando del gobernador Fernando Girón y del duque de Medina Sidonia, provocó un desastre entre los atacantes, que perdieron 30 naves y casi un millar de marineros y soldados. Fue un fracaso más de los muchos cosechados por los enemigos de España en su intento de apoderarse del oro que venía de América. Obra atribuida a Aart van Antum. Rijksmuseum, Amsterdam.

que España no podía controlar ni mucho menos ocupar, pero nunca fueron capaces de apoderarse de ninguno de los grandes núcleos del poder español[67]. En el siglo XVII los Países Bajos, e incluso Suecia lograrían pequeños territorios en Norte América, pero en las ricas zonas del Caribe, tuvieron que conformarse con islas miserables, y eso a pesar que España apenas tenía población y medios

---

[67] Los ingleses se establecieron en Norte América no porque les gustase, sino porque no podían en otra parte. Aun en el siglo XVIII, Jamaica o Barbados eran mucho más importantes para la Corona Británica y su economía que las Carolinas o *Massachusetts*.

para defender un territorio tan inmenso, pero es lo que ocurrió, que no lograron nada, prácticamente nada[68].

Del mismo modo, el capturar las flotas que iban a Europa cargadas de tesoros no fue nunca otra cosa que una ilusión, y los piratas, los corsarios e incluso las flotas organizadas de los estados enemigos de España no fueron capaces jamás de poner en peligro el tráfico trasatlántico, incluso en los terribles días de la Guerra de Sucesión Española, cuando las flotas españolas eran casi inexistentes, y en realidad, nunca pasaron de ser un molesto incordio, al que la propaganda, las novelas y el cine han dado una dimensión que jamás tuvo.

También es importante y creemos que es preciso destacarlo, que hay que situar las cosas tal y como sucedieron en su verdadero contexto. No se puede ni se debe decir alegremente que piratas y corsarios «atacaban a los galeones españoles» en mar abierto, y menos aún en el siglo XVI. Cuando ocurrió fue siempre algo absolutamente excepcional, una anomalía que se debía siempre a una superioridad numérica o material absoluta y, en general no pasaban de atacar más que barcos pequeños, cerca de las costas y cuando sabían que todo estaba a su favor. Las cosas cambiaron algo en el siglo XVII, pero solo cuando el poder español estaba ya muy desgastado por la lucha incesante contra todos los enemigos imaginables, y cuando los atacantes no eran piratas, sino las flotas de estados perfectamente organizados.

Otro asunto relacionado con los ataques de piratas y corsarios, e incluso de las armadas de naciones enemigas, fue la zona de actuación. Olvídense de abordajes en el Caribe, la práctica totalidad de los ataques hasta la segunda mitad del siglo XVI se realizaron en las costas europeas y, como máximo, en las Canarias o en las Azores. Mucho más allá era aventurarse demasiado para los mediocres navegantes europeos y, solo en el último tercio del siglo, franceses primero[69], ingleses después, y finalmente los rebeldes holandeses, comenzaron a ser una preocupante molestia en aguas americanas, si bien no hubo un serio desafío al poder español en el Caribe hasta la década de 1630, más de un siglo y cuarto después de la llegada de Colón a América.

3.1.1 Las primeras amenazas

El Tratado de Tordesillas de 1494 fijó la demarcación entre las zonas reservadas a la exploración y colonización de España y Portugal, mediante una línea

---

[68] Los holandeses y los suecos tuvieron pequeñas colonias en la costa Este de los actuales Estados Unidos que acabaron en manos británicas. Los primeros lograron controlar varias islas en las Antillas y los suecos e incluso los daneses, lograron alguna isla minúscula. Fue todo lo que consiguieron, y eso en los peores momentos de España.

[69] Como veremos, gracias casi siempre a la ayuda de desertores españoles.

de demarcación, que, teniendo sus extremos en ambos polos geográficos, pasase a 370 leguas al Oeste de las islas de Cabo Verde[70]. Este tratado, que resolvía y ponía punto y final a las discusiones entre ambas naciones que se arrastraban desde mediados de siglo, fue percibido en toda Europa, con la excepción de Francia[71], con indiferencia, e incluso en el caso francés su firme oposición tardó más de una generación en hacerse notar. En cuanto a Inglaterra, en esa época, pura y simplemente no pintaba nada. No tenía tripulaciones experimentadas, ni capitanes, ni pilotos, ni buques, ni dinero.

A pesar de todo, con Portugal hubo roces, y si bien en 1502 se llegó a un acuerdo de paz y no agresión, la llegada de Magallanes a las Molucas en la década de 1520, y las continuas expediciones españolas a la zona, alarmaron a los portugueses, que libraron un sordo y oscuro conflicto armado contra los españoles en el otro lado del mundo, en tierras y aguas de islas apenas conocidas. El choque no llegó a más, sin que en América se produjesen conflictos equivalentes a los de Asia Oriental, y en Europa la situación no llegó, en ningún momento a desembocar en una guerra abierta. Ni Carlos I quería un conflicto con el país de su suegro, ni los portugueses estaban tan locos como para desafiar al ejército más poderoso de Europa.

Sin embargo, las guerras con Francia afectaron a las relaciones entre ambas naciones, y fueron causa de numerosos malentendidos, pues España acusaba a Portugal de dar cobijo a los corsarios franceses que atacaban el comercio español. Ya en 1512, el rey Fernando tuvo que dirigirse al rey de Portugal, al que manifestó su extrañeza por dar cobijo en sus puertos a corsarios franceses que se sabían «andaban en armada esperando a los de las Indias», y un año después, encargó a la Casa de Contratación que buscase una solución de cara a prevenir el peligro que constituían los navíos franceses. Igualmente ocurrió en 1525, pues el embajador español en Lisboa, informó al rey Carlos I, que incluso había un tratado secreto entre portugueses y franceses para amenazar a las naves que hacían la «Carrera de Indias». Ningún historiador a encontrado pruebas de ello, pero sin duda se referirían a hechos posiblemente aislados, en los que barcos franceses se aprovecharon de la neutralidad portuguesa para buscar amparo y cobijo[72]. Más grave que eso, fue la pretensión de los funcionarios de la Corona de Portugal de cobrar una décima parte de las riquezas

---

[70]   Ramón Menéndez Pidal, en su *Historia de España*, afirmó que era el primer tratado moderno de la historia europea pues, por primera vez, al lado de los diplomáticos que llevaban las conversaciones había dos grupos de peritos que los asesoraban técnicamente.

[71]   Hay una leyenda que asegura que el rey francés dijo que quería ver en que parte del testamento de Adán estaba su exclusión de las nuevas tierras descubiertas.

[72]   Un especialista como Esteban Mira Caballos —*Las armadas imperiales*— cita casos de corsarios franceses refugiándose en Portugal, como uno en 1535 en Villanova, y otro en Portiñán, pero parecen casos aislados.

transportadas por los barcos que venían de América si tocaban un puerto bajo control portugués, fuese cuál fuese la causa de entrada en ellos. Jamás fue aceptado por España, y los ocasionales ataques españoles a buques e incluso puestos portugueses en África, siempre fueron castigados por las autoridades.

Finalmente, a pesar de estos roces, las relaciones entre españoles y portugueses en el escenario atlántico siempre fueron cordiales. Se desarrollaron en un marco de respeto y colaboración mutuo, sin que se diesen en ningún momento los constantes enfrentamientos que se produjeron en Asia. Ocurridos incluso los años en que ambas naciones estuvieron regidas por el mismo monarca[73].

Se suele olvidar que entre 1492 y 1620, durante mucho más de un siglo, España fue la dueña y señora absoluta de las nuevas tierras del Hemisferio Occidental. Fue prácticamente imposible para cualquier potencia europea ocupar territorio alguno en América Central y del Sur, e incluso los pequeños asentamientos en minúsculas islas del Caribe eran una y otra vez destruidos por los contraataques españoles. Recuperación de la isla de San Cristóbal por don Fadrique de Toledo en 1634. Obra de Félix Castelo. Museo del Prado, Madrid.

---

[73]   Ver nuestro libro *Naves negras*, en esta misma colección.

Las razones por las que españoles y portugueses acabaron colaborando durante el reinado de Carlos I y el de su hijo Felipe fueron varias. La primera, que ambas naciones obtenían ventajas: para los españoles el poder usar los puertos portugueses como refugio seguro, tanto en caso de tormentas, como si había amenazas de buques enemigos, era esencial, y las Azores, a medio camino entre América y Europa, fueron desde el principio muy apreciadas como escala por los pilotos y capitanes de los buques de la Carrera de Indias, hasta el extremo de que acabaron convirtiéndose en una escala fija.

La flota de Jean Ango ante Lisboa. El armador normando fue el principal impulsor de los ataques corsarios contra España y Portugal, y logró notables éxitos, pero jamás osó atacar territorio español alguno en América. Igualmente la leyenda dice que bloqueó el puerto de Lisboa, pero ningún documento de la época, ni francés ni portugués, da evidencia de ello, y con seguridad, el suceso es una invención. Ilustración de Albert Robida.

Los portugueses también obtenían ventajas, desde la seguridad de contar con apoyos en casos de ataques corsarios o piratas, ya fueran europeos o berberiscos, sobre las costas de Madeira y del Algarbe, y sobre todo, porque la armada de Portugal era enormemente dependiente del armamento pesado, es decir artillería, y municiones, que importaban de España, desde Sevilla a Vizcaya, siempre con licencia especial del monarca español. Si España siempre anduvo escasa de cañones, Portugal aún más.

Es frecuente encontrar muestras de colaboración entre flotillas de ambos países antes de la unión de las coronas en 1580 y nunca impidieron los buques españoles a los portugueses desplazarse por la Carrera de Indias. Se veían banderas blancas de las carracas de Portugal en puertos de Canarias, pero también en Santo Domingo, Trinidad o Cuba.

Las primeras amenazas a los barcos que venían de América, no vinieron por lo tanto de nuestro vecino más inmediato, Portugal, que era además la única nación que podía rivalizar con España en experiencia y pericia náutica, sino del eterno enemigo de España en la primera mitad del siglo XVI: Francia.

Ni que decir tiene que el corso y la piratería son tan antiguas como la navegación, y tras la unión de las coronas de Castilla y Aragón en las personas de sus monarcas, Isabel y Fernando, cada vez que España y Francia entraban en guerra, ambos bandos concedían patentes de corso para actuar contra los intereses de su enemigo. Lo que no debe olvidarse es que nada es tan sencillo como lo pinta el cine. Los corsarios, al fin y al cabo empresarios que arriesgaban su vida y hacienda, sirviendo a su nación a cambio de un beneficio económico, eran habitualmente comerciantes, contrabandistas y también piratas. Si hablamos con precisión, el «pirata» no acata más ley que su voluntad, y navega solo por el beneficio y la riqueza, sin que le importe la bandera o nación de sus víctimas, en tanto que el «corsario» se debe al monarca o soberano al que sirve, y si bien también busca el beneficio, solo ataca a los barcos de las naciones enemigas de la suya, que es a lo que le autoriza la patente, pero en la práctica no era así[74].

En general, lo normal a finales de la Edad Media y el Renacimiento, era que todos los barcos que se aventuraban a alta mar con deseo de botín, tuviesen algún tipo de patente o permiso, por lo que tenían más o menos la consideración de corsarios para su nación, y de piratas para sus enemigos, por lo que si tenían éxito eran honrados y tratados como héroes si regresaban a sus puertos, y como delincuentes si no lo lograban y caían en manos de sus adversarios, a quienes sus patentes legales les importaban un bledo.

Estos corsarios, que pululaban por los mares próximos a las costas españolas en busca de riquezas, actuaban en dos escenarios distintos, las costas del Mediterráneo, donde la amenaza la constituían los corsarios berberiscos, siempre a la búsqueda de riquezas y botín humano, y el Atlántico, donde el objetivo rápidamente fueron los barcos que llegaban de las Indias, y si bien para España, fueron los primeros la auténtica amenaza, en la imaginación popular

---

[74] Había varias razones para ello. Por lo pronto, casi ningún capitán, y menos aún la tripulación, era capaz de distinguir las banderas de sus enemigos de las de sus aliados o neutrales, por lo que lo normal es que todos actuasen como piratas.

son los segundos los que ganan la partida, y es de los que nos ocuparemos en este libro[75].

Los corsarios franceses que actuaban en las costas españolas por causa de las guerras de Italia, contaban claramente con apoyo real, lo que significaba que contaban con medios sobrados, y estaban en general bien equipados y mandados, y contaban con buen armamento y pertrechos de calidad, y sus encuentros con barcos que procedían de América se dieron enseguida[76], pero lo que lo cambió todo fue la suerte.

Durante la Guerra de los Cuatro Años —de 1521 a 1526—, que finalizó con el espectacular triunfo de las armas españolas en Pavía, Francia había emitido decenas de patentes de corso para que sus marinos atacasen el comercio español. Uno de los capitanes más audaces se llamaba Jean Fleury, conocido en España como Juan Florín, quien había servido como piloto y navegante para Jean Ango, un rico armador de Dieppe, en Normandía, que entonces era el mayor puerto de Francia, y donde se armaron los principales buques dispuestos a desafiar el poder del emperador Carlos.

Fleury, que sin lugar a dudas era un notable marino[77], y que parecía conocer bien las costas de España y Portugal, se dirigió al Sur, al mando de seis barcos, actuando en un enorme espacio de más de 1000 kilómetros a la búsqueda de un buen botín, teniendo como centro de actividad las costas del Algarbe y la zona del Cabo San Vicente, pero el destino iba a poner en sus manos algo inesperado, una flota española de tres naves a la que atacó consciente de su superioridad. La nao capitana, al mando del capitán Alonso de Ávila y otra más tuvieron que rendirse, pudiendo escapar la tercera nao llamada *Santa María de la Rábida* al mando de Juan de la Ribera.

Cuando subió a bordo de las naves castellanas capturadas, no creyó lo que veía. Ante sus ojos había, en palabras de Fernández Duro, «una esmeralda fina, cuadrada, del tamaño de la palma de la mano, que remataba en punta como pirámide; una vajilla de oro y plata en tazas, jarros y otras piezas labradas con aves, peces y diversos animales; algunas en figura de frutas y flores; manillas, orejeras, bexotes y diversidad de joyas de hombres y mujeres en gran número; ídolos, cerbatanas de plata y oro; máscaras mosaicas de piedras finas, vestiduras sacerdotales, mitras, palios, frontales y ornamentos de pluma, de algodón…».

---

75   El corso norteafricano fue terrible para España e Italia, e incluso para naciones alejadas como los Países Bajos e Inglaterra, y para los españoles de la época eran mil veces más peligrosos que Drake o Hawkins. Y es que en verdad lo eran.

76   Colón, en su tercer viaje a América en el año 1498, varió su derrotero al avistar corsarios franceses cerca del Cabo de San Vicente esperándolo, y cerca de La Gomera ordenó atacar a un corsario francés.

77   Se cree que su nombre real era Giovanni da Verrazzano y era natural de Florencia, y que de joven había viajado por todo el Mediterráneo Oriental y comerciado con sedas y especias.

Sin saberlo, un modesto corsario, se acababa de apoderar del «quinto real» del tesoro de Moctezuma que Cortés enviaba a su señor el emperador Carlos.

Totalmente alucinados, los normandos se habían encontrado con un tesoro compuesto por 44 979 pesos en oro, 3689 pesos en oro bajo, 35 marcos y 5 onzas de plata —8139 kg— y rodelas, máscaras, collares, brazaletes, vasos, figuras de animales y flores, jade, perlas, plumería, aves exóticas, tres tigres —jaguares— vivos y huesos de gigantes —probablemente de mamut—, y por si fuera poco, antes de regresar a Francia, tomó al asalto un barco que llegaba de Santo Domingo, y que transportaba 20 000 pesos en oro, perlas, azúcar y pieles.

Las naves de la Carrera de Indias eran demasiado poderosas para los enemigos que se podían encontrar en el mar en el siglo XVI. Para enfrentarse a un galeón había que echarle mucho valor y gozar de una superioridad absoluta. De lo contrario nadie lo intentaba. Ilustración de Anton Otto Fisher.

Cuando regresó a Francia, su armador, Jean d' Ango, decidió regalar el tesoro al rey Francisco I y al almirante de Francia. Ambos quedaron conmocionados. Ahora entendían cómo su principal rival, el emperador Carlos podía armar a sus ejércitos mercenarios y hacer frente a cualquier ataque. El Atlántico acababa de convertirse en un teatro más de operaciones militares. Uno en el que el botín del vencedor podía, con suerte, alcanzar cifras astronómicas.

Los restos de Nueva Cádiz, en la minúscula isla de Cubagua (Nueva Esparta, Venezuela), edificada para aprovechar la riqueza en perlas de la zona, y que fue atacada por una expedición pirata francesa dirigida por un traidor español en 1528, en el que fue el primer asalto contra una población española en América.

A partir de ese momento, durante toda la Guerra de los Cuatro Años, y en las guerras posteriores, los enemigos de España, en su afán de participar de los beneficios de la explotación de América y del tráfico marítimo, no tardaron en recurrir al asalto y saqueo de las poblaciones litorales españolas de ambos lados del Atlántico y al ataque a las naves sueltas que cubrían la Carrera de Indias.

Fleury se había convertido en un ejemplo entre miles de marineros, capitanes, pilotos, navegantes y aventureros, de toda clase y condición, que creían poder tener su misma suerte.

Decenas de barcos franceses de todo tipo salieron en jauría y el triángulo Canarias-Azores-Cabo San Vicente se convirtió en una zona peligrosa, en la que navegar era arriesgarse a sufrir el ataque de corsarios y piratas. Tanto, que San Vicente llegó a ser conocido como el «cabo de las sorpresas». Pero prácticamente ningún barco francés osó avanzar al Oeste de Azores. América era territorio español. En exclusiva.

Sin embargo, la codicia por lograr obtener las riquezas que ofrecían las Indias se había convertido en una obsesión para el rey de Francia, que sin embargo carecía de pilotos y navegantes capaces de arriesgarse a cruzar el océano y enfrentarse a los españoles en el Nuevo Mundo[78], aun a pesar que cuando se apoderaron de los barcos que enviaba Cortes al emperador capturaron varias cartas náuticas que mostraban las islas y la tierra firme del Caribe, un material secreto de gran valor, que tarde o temprano alguien se animaría a usar.

Fleury acabaría por convertirse en un experto en el ataque a embarcaciones procedentes de América. Aseguró haber asaltado más de 150, la gran mayoría pequeños barcos de comercio local y cabotaje de poco o nulo valor. Durante cinco años más actuó entre la Península y las islas Canarias, pero Carlos I, que nunca olvidó lo ocurrido, se obsesionó con él. El corsario fue capturado en 1527 por el capitán vasco Martín Pérez de Irizar, en alta mar, cerca de Cádiz. Lo enviaron a la Casa de Contratación, se le remitió preso al rey, y este mandó un mensajero con la orden de ejecutarlo donde lo encontrara. Lo ahorcaron en el Puerto del Pico, en Colmenar de Arenas, hoy Mombeltrán, en la provincia de Toledo.

Como siempre, fue un traidor quien facilitó a los franceses los datos que necesitaban para armarse de valor y cruzar el Atlántico. En 1528, Diego de Ingenios, un onubense —era de Cartaya— a cambio del oro francés y para vengar agravios sufridos, lideró una expedición naval contra la villa de Nueva Cádiz de Cubagua —Venezuela—, acompañado de una turba de franceses, ingleses, españoles y portugueses, que apenas obtuvo botín, pero que mostró a los franceses que los pueblos y pequeñas ciudades del Caribe apenas tenían defensas y podían ser atacadas casi a placer. Habían pasado casi 40 años desde que Colón llegara a las nuevas tierras, y los armadores franceses ahora sabían que era posible arriesgarse a atacar no solo los barcos que llegaban de América, sino también las fuentes de las que procedían las riquezas.

A la España imperial del todopoderoso emperador Carlos, le había surgido un problema, pero no había que angustiarse, en los años siguientes todo siguió igual. España y Francia entraban en guerra constantemente, los corsarios franceses se lanzaban contra las costas de Canarias, Andalucía Occidental y las Azores y, de vez en cuando, capturaban algún barco si contaban con la desproporción numérica suficiente a su favor. Poca cosa. América, de momento, seguía a salvo.

---

[78]   Los colonos eran un puñado, y los soldados inexistentes, pero no había piratas o corsarios con valor para arriesgarse a navegar a tierras de América, ni siquiera a las Antillas. No sabían y no podían.

3.1.2 *La crisis francesa*

Durante las interminables guerras con Francia, Jean François de la Rocque de Roberval, atacó con éxto Baracoa en 1543. Apenas obtuvo botín a pesar de que había viajado ya en ocasiones a América, incluso en compañía de Cartier. No debemos olvidar que, como en la mayor parte de los ataques de las primeras épocas, los más eficaces solo pudieron salir bien cuando había españoles renegados apoyando sus acciones, como sucedió en Cartagena de Indias, atacada por primera vez en julio de 1544 gracias a que el capitán francés contó con la colaboración de un traidor apellidado Ormaechea[79], que supuestamente actuó así para vengarse de una ofensa.

La Paz de Crépy, firmada en septiembre de ese mismo año, hizo que el emperador Carlos solicitase formalmente al rey de Francia la desmovilización de los corsarios, pero no sirvió en la práctica de nada, pues la mayor parte de los capitanes siguieron actuando por su cuenta y riesgo. Ahora eran pura y simplemente piratas.

La muerte de Francisco I, el enconado enemigo de Carlos I, no supuso mayor tranquilidad. Su sucesor, Enrique II, se involucró en una quinta guerra hispanofrancesa entre 1551 y 1559 que, rápidamente, atrajo a las banderas del rey francés a los piratas que actuaban en el Atlántico, convertidos de nuevo, por arte de la política y la necesidad, en honrados corsarios.

Los más importantes fueron dos hugonotes —protestantes— Jacques de Sores, que acabaría por ser conocido como el «ángel exterminador» y François Le Crec, apodado «pata palo[80]», quien en 1552 había atacado Porto Santo, en Madeira, a pesar de que Portugal no estaba en guerra con Francia. Ambos se habían unido, por iniciativa de Francisco I, que siempre deseoso de lograr capturar las riquezas que venían de América, les cedió tres barcos de la flota real, a los que se unieron siete corsarios aprestados por «inversores» que veían la forma de obtener una fácil ganancia. Con ellos iba también el señor de Roberval.

Los piratas franceses, con sus buques del rey, cruzaron el océano y se presentaron en las costas americanas divididos en dos pequeñas flotas. Una, con seis naos y cuatro pataches —equipados con remos— para operar en aguas costeras y desembocaduras de ríos, al mando de François Le Clerk. La otra, bjo el mando de Robert Blondel, marchó a las Antillas Mayores y comenzó sus ataques por Puerto Rico. Luego siguió a La Española, donde cayeron

---

[79] Logró unos 35 000 pesos en el saqueo directo; 2500 de la Caja de custodia del «Quinto Real»; y otros 2000 al amenazar a los vecinos con arrasar la ciudad si no le daban más dinero.

[80] Tenía fama de valiente e impetuoso. Había perdido la pierna en un combate naval contra los ingleses, lo que no le impidió seguir navegando y luchando.

como una tromba sobre los indefensos asentamientos españoles que tenían en su mayoría casi medio siglo de antigüedad y carecían de defensas. Tomaron y destruyeron Azua, La Yaguana y Monte Cristi. Capturaron más de 100 000 pesos e hicieron un intento sobre San Juan de Puerto Rico.

A su regreso a Europa, en julio de 1553, se lanzaron sobre Santa Cruz de la Palma, en las Canarias, un importante puerto de comunicación con América que no estaba fortificado. Se presentaron por sorpresa, incendiaron la población y la arrasaron hasta los cimientos. Una cobarde conducta que sería la norma de los corsarios y piratas franceses e ingleses, pues rara vez atacaron lugares fortificados o bien defendidos.

Mapa de Cuba realizado en 1616. Las apenas pobladas villas y ciudades de la isla fueron fáciles presas para los brutales corsarios y piratas franceses, incapaces de atacar a los galeones de la Carrera, pero que encontraron una forma fácil de hacer botín.

Por su parte el grupo dirigido por Jacques de Sores tomó sin problemas Santiago de Cuba y, con la ayuda una vez más de un traidor, se acercó a la Isla Margarita, frente a Venezuela. La saquearon, igual que Borburoata y Santa Marta[81]. Antes de volver a Europa intentó tomar La Habana, pero sus apenas 24 vecinos armados se atrincheraron al mando del gobernador Angulo en la

---

[81]   Un tal Diego Pérez dijo al llegar a puerto que eran naves de Castilla, y nadie les molestó. Fue capturado tiempo después y ahorcado.

precaria fortaleza que defendía malamente el puerto, mientras que el alcalde se dirigía al interior en busca de ayuda.

Sores logró tomar la posición, y exigió a los vecino 3000 pesos como rescate, pero el gobernador, con la ayuda de no más de 35 colonos, unos 200 esclavos negros y 80 indios, atacó a los piratas, que enfurecidos se vengaron ejecutando a sangre fría a 31 prisioneros y realizaron todo tipo de acciones humillantes para los católicos —eran calvinistas en su mayor parte—.

Veracruz, la base en Nueva España de la flota española. En mayo de 1683 los piratas Agramonte y Lorencillo, ambos originarios de Nueva España —Lorencillo era del mismo Veracruz—, la rodearon y asaltaron sembrando el terror entre sus habitantes, que despertaron con los disparos de los mosquetes y los gritos de «Viva el rey de Francia».

Fue suficiente la llegada de estas noticias a España para que la alarma cundiese en la Corte. Álvaro de Bazán recibió la orden de proteger a toda costa la llegada de los buques procedentes de América, y la Armada de Guardacostas de Andalucía barrió de corsarios franceses el litoral del estrecho a lo largo del año 1555. Además, también se reforzaron con escoltas las flotas que llegaban de las Indias, lo que demostró ser muy eficaz.

A pesar de que durante la guerra España contó con la alianza inglesa, lo que resultó útil para contener las acciones navales francesas en el Norte, se autorizó a que el quinto real de las presas que se tomasen se entregase a los «generales de galeones y flotas», para estimularlos y animarlos a atacar a las naves francesas. También se emitieron patentes de corso, con el objeto de perjudicar el comercio costero francés.

No obstante, esta guerra con Francia sería la última en largo tiempo, tras más de medio siglo de conflictos constantes. Las demoledoras victorias españolas en San Quintín —10 de agosto de 1557— y Gravelinas —13 de julio de 1558—, obligarían a Francia a firmar al año siguiente la Paz de Cateau Cambrésis, muy beneficiosa para España, y que le aseguraría el control de Italia por más de un siglo. A cambio, una vez más, muchos corsarios franceses se convirtieron en piratas. Martín Cote, por ejemplo, atacó Santa Marta y Cartagena de Indias cuando la guerra había terminado y, a pesar del aviso que se había dado, logró tomar la ciudad, no sin dificultades, gracias a su abrumadora superioridad numérica.

En los dos años siguientes se produjeron algunos ataques menores en el Yucatán por parte de restos de las flotas corsarias, pero jamás pudieron tomar ninguna nave de transporte importante ni amenazaron el comercio. Se limitaron a pequeños golpes, más propios de rateros que de auténticos piratas. Uno de ellos incluso se entregó en Campeche a las autoridades virreinales con sus hombres. Afirmaba tener noticias de que no había ya guerra entre ambas naciones, e incluso se les permitió residir allí[82].

Las acciones navales francesas, ya fueran de corsarios o de piratas, apenas constituyeron un molesto incordio, que en nada amenazó la posición española en América, pues en estos años no solo no lograron apoderarse de ninguna posición en el Nuevo Mundo, si no que ni siquiera lo intentaron. Pura y simplemente no podían. Sus más grandes expediciones solo lograron botines de mediano porte gracias a atacar poblaciones que carecían de elementos defensivos, tanto materiales como humanos. Si el nuevo rey de Francia, como su padre, envidiaba el oro que España obtenía de las Indias, así iba a seguir, envidiándolo.

3.1.3 Por la «libertad en los mares»

En guerra con España desde la década de 1560, los rebeldes de las provincias unidas tardaron un tiempo en contar con una flota decente, y aunque eran un movimiento heterogéneo, que aglutinaba a varias provincias de mayoría protestante de los Países Bajos, para los españoles fueron simplemente, los «ho-

---

[82] Es importante no olvidar que durante toda la primera mitad del siglo XVI Inglaterra era aliada de España y los Países Bajos, en su totalidad, formaban parte de la monarquía Habsburgo.

landeses», que a finales del siglo XVI comenzaron a convertirse en una seria amenaza para las flotas de Indias.

Holanda y las Provincias Unidas eran ricos territorios, muy poblados, que desde la Edad Media se encontraban entre los más avanzados y desarrollados de Europa. Cuando en 1602 el almirante Heemskerk, al servicio de la Compañía Holandesa de las Indias Orientales, capturó la carabela portuguesa *Catalina* y tuvo que repartir los beneficios se produjo un curioso debate, y es que los menonitas[83], que estaban entre los accionistas, consideraron que era una acción violenta e ilegal, por lo que los responsables de la Compañía solicitaron un informe jurídico sobre la libertad de comercio en los mares del mundo. El resultado fue *Mare liberum*, obra de Hugo Grocio publicada en 1608[84], que sorprendentemente usaba sabiamente elementos de la Escuela de Salamanca de Francisco de Vitoria y Fernando Vázquez de Menchaca, y su discusión sobre la imposibilidad de apropiación de los mares, contra la propia España.

Basados en ella, la mayor parte de las expediciones holandesas estuvieron dirigidas hacía Brasil y las Indias Orientales, sin que las flotas de Indias estuviesen entre sus objetivos iniciales. En el Caribe se limitaron a acciones típicas de contrabandistas, hasta que en 1621, con el fin de la Tregua de los doce años, la Compañía Holandesa de las Indias Occidentales, emitió decenas de patentes de corso para hacer la guerra a España en América. Sus primeras intenciones apuntaron hacía el Perú, pues sabían que la costa del Pacífico estaba menos defendida, pero una expedición marchó al Caribe. Eso le añadía a España una tercera potencia enemiga al escenario de guerra americano, pero aunque hoy nos parezca raro, la primera meta de los holandeses como nación, no era ni el oro, ni la plata, sino conseguir sal[85]. Fue la razón de brutales enfrentamientos entre flotas de ambos países durante años. Una debilidad que aprovechó España para controlar sus depredaciones mientras tenían a Brasil, donde intentaron desesperadamente establecerse[86], como objetivo.

Igualmente atacarían una y otra vez puestos españoles en las Antillas. En 1634 tomaron la isla de Curazao[87], cuando una expedición de la Com-

---

[83] Son una rama pacifista y trinitaria del movimiento cristiano anabaptista, originado en el siglo XVI, como expresión radical de la Reforma. Hoy son casi un millón y medio, repartidos por todo el mundo. En la actualidad son muy extraños, pues viven casi como en el siglo XVII, pero entonces estaban en plena modernidad.

[84] Según Luis García Arias, fue escrito contra Portugal, impreso contra España y utilizado contra Inglaterra.

[85] Desde 1585, las salinas de Araya en Venezuela, fueron objetivo esencial de los holandeses.

[86] Lo lograrían, para así dominar todas las etapas de la producción de azúcar, desde la plantación de la caña de azúcar hasta el refino y la distribución, pero los portugueses acabarían por derrotarlos.

[87] Querían lo de siempre, madera y sal. Siempre sal.

pañía de las Indias Occidentales comandada por el almirante Johannes van
Walbeeck, logró hacerse con ella a pesar de la enconada defensa que hicieron
López de Moría y Juan Matheos. Todo esto estaba muy bien para los intereses
de los Países Bajos, pero no era nada ante las grandes ambiciones de conquista
de muchos de sus capitanes, que se consideraban merecedores de mejor suerte,
y a fe nuestra que la tuvieron.

Tras la victoria española en Bahía en 1624, en la que los holandeses
fueron expulsados de Brasil, el vicealmirante Pieter Heyn, que llevaba media
vida embarcado, retornó a los Países Bajos. No tuvo problemas para conseguir el mando de una nueva flota: 9 galeones de altura y 5 patches y pinazas
con las que intentar volver sobre Bahía y recuperarse de la humillación, pero
le fue imposible. Aunque logró entrar y saquear la ciudad, no pudo tomarla.
Finalmente regresó a su país en 1627, donde fue bien recibido[88].

Eso le permitió contar una vez más con la complicidad de los responsables de la Compañía, que le ofrecieron una flota capaz de enfrentarse con
cualquiera que se tropezase con él en el Atlántico: 36 buques, 2 300 marinos y
1 000 soldados experimentados. Esta vez el objetivo sí era atacar a la Flota de
Indias, que «trae a Europa la vara de oro que castiga a toda la Cristiandad y la
desalienta». Era una apuesta fuerte: todo o nada[89].

*Pieter Heyn. En 1628 Heyn comandó la
escuadra holandesa en la batalla de la bahía
de Matanzas, en la que derrotó y capturó
parte de la Flota de Indias, ganancia que
financió la gran armada de 61 buques y
7 000 hombres que sirvió para apoderarse
en 1630 de Pernambuco y fundar la
colonia de Nueva Holanda, en Brasil,
que sería destruida por los portugueses
años más tarde. Óleo sobre lienzo de
Jan Daemen Cool. Rijskmuseum,
Ámsterdam.*

---

[88]   Se encontró con la Flota de Indias de Tomás de Larraspruru, con sus 40 barcos,
pero la dejó irse… no fuera a enfadarse.

[89]   La guerra iba mal. Los corsarios de Dunkerque arrasaban las flotas de las Provincias Unidas, Spínola había conquistado el Palatinado y Breda había caído, por lo
que la espada española apuntaba de nuevo al corazón de Holanda.

En Cuba, Heyn esperó la llegada de la Flota, los españoles habían visto sus barcos, pero los holandeses lograron interceptar los seis avisos enviados por el gobernador de La Habana hacia los puertos de Veracruz, Honduras y Cartagena de Indias. Hundió el séptimo y obligó al octavo a volver a puerto. Solo se logró romper el bloqueo en una ocasión. El aviso llegó a Costa Firme, por lo que el escuadrón de Cartagena no llegó a zarpar, pero no sucedió lo mismo con las flotas de Honduras y Nueva España.

Las tripulaciones de tres galeones holandeses reparten sus beneficios y adquieren provisiones en una playa del mar del Norte. Obra de Andries ven Eertvelt realizada en 1641. Rijskmuseum, Ámsterdam.

La de Honduras fue la primera en caer. Iba solo acompañada por dos galeones de guerra que no eran rival para la masa de enemigos que se les echó encima, y acabó fácilmente en manos de los holandeses. Días después atraparon a 12 barcos de la vanguardia de la flota que venía de México y, al poco tiempo, atacaron a los 11 transportes restantes y a los 4 galeones de su escolta, que intentaron desesperadamente entrar en La Habana.

La mañana del 8 de septiembre de 1628, los holandeses, con la ventaja de barlovento, se aprovecharon de una mala maniobra de los españoles en la bahía de Matanzas y, sin apenas lucha, los capturaron. Quemaron todos los mercantes, y se quedaron como presa con los galeones. Regresaron a Holanda, sin ningún problema, el 9 de enero de 1629.

En una acción de valor y genio, plena de audacia, que es justo reconocer, Heyn obtuvo 11 500 000 florines, con una ganancia media de 7 000 000 que repartió ese año entre los inversores un beneficio del 50 %. Además, la plata española financió el ejército holandés durante ocho meses. Una consecuencia directa que les permitió capturar la fortaleza de Bolduque, en los antiguos territorios de los duques de Lovaina.

Heyn había logrado un éxito histórico y fue aclamado como un héroe. Al ver a la multitud que lo vitoreaba desde el balcón del ayuntamiento de Leyden, le comentó al burgomaestre: «Ahora me alaban, porque he adquirido riquezas sin el menor peligro; pero antes, cuando arriesgué mi vida en los combates, ni siquiera sabían que existía», y es que la ingratitud y la envidia no son exclusivo patrimonio español. Por vez primera en la historia la «Flota española de la plata» había caído en manos de una potencia extranjera. También fue la última[90].

En los años siguientes, otros marinos de los Países Bajos intentaron una y otra vez repetir sus éxitos, pero no era tarea fácil. También lo hicieron decenas de corsarios, piratas y flotas más o menos oficiales, que atacaron sin tregua al comercio español, y lograron conquistar varias islas en la que establecer grandes centros comerciales y dedicarse al cultivo del azúcar o del tabaco, pero nadie volvió a tener un éxito semejante al de Heyn.

3.2 HOMBRES Y NAVES DE MAR Y GUERRA

HASTA MÁS ALLÁ DE LA PAZ de Cateau Cambrésis en 1559, la superioridad española en las aguas del Atlántico sobre cualquier otra nación del orbe fue más allá incluso de lo que los especialistas e historiadores están dispuestos a admitir, pues es para muchos de ellos una auténtica humillación la total incapacidad de sus nacionales durante décadas para molestar en lo más mínimo a las naves y flotas que transportaban a Cádiz y Sevilla las riquezas de América. Esta superioridad se asentaba firmemente en tres pilares: conocimiento científico, habilidad náutica y tecnología.

El descubrimiento de América tuvo grandes ventajas para los puertos de la costa atlántica de España, y no solo por el comercio, sino también porque amplió a Terranova, el Labrador y otras áreas de América del Norte, las zonas de pesca del bacalao y de otras especies que se explotaban con gran rendimiento por los pescadores vascos, cántabros o gallegos, teniendo además un impulso importantísimo en el diseño y construcción de nuevos modelos de barcos, más grandes, más pesados y mejor diseñados para aguantar las tempestades y la mar brava del Norte.

---

[90] Heyn merece un lugar de honor entre los héroes de Holanda. Fue un hombre valeroso y honesto. Fiel a su propia leyenda, su barco fue interceptado por tres corsarios de Ostende al servicio de España. No se escondió, y decidió vender cara su vida. A la media hora de combate una bala de cañón le arrancó el hombro izquierdo y murió en el acto. Está enterrado en la Oude Kerk en Delft.

Progresivamente las viejas carabelas y naos fueron siendo reemplazadas por naves más poderosas y mejoradas constantemente con innovaciones que las hacían más marineras y más resistentes. Hacía 1550 era ya habitual el forro interior, se inventaron bombas de cobre y se comenzó a aplicar planchas de plomo en los cascos, diseñándose nuevos betunes y barnices con los que proteger la madera de las inclemencias del tiempo.

Los mástiles se hicieron más altos y comenzaron a emplearse maderas americanas más resistentes, mejoraron los cordajes e incluso se realizaron los primeros intentos de acorazar barcos con sacos de lana que amortiguasen el impacto de los proyectiles de artillería. Álvaro de Bazán (padre), inventó, por ejemplo, un modelo de nao pesada con remos y velas, de hecho una especie de galeaza, de la que obtuvo privilegio en 1550, para poder ampliar la carga de mercancías, igualmente armadores como Juan de Lezcano, Martín de Rentería, Ramón de Moncada o Bernardino de Mendoza, así como otros constructores guipuzcoanos y vizcaínos, construyeron barcos cada vez más potentes, como la nave capitana de la flota de guarda de las costas de Málaga que en 1535 tenía seis gavias y dejó anonadados a quienes marcharon a la campaña de Túnez.

No obstante, las particularidades de los usos locales tuvieron su importancia, y siguieron influyendo tanto en el diseño como en el uso de los nuevos modelos de barcos de altura. En general, durante la primera mitad del siglo XVI, a diferencia de los armadores portugueses que hacían buques cada vez más grandes, los españoles optaron por naves marineras, rápidas de unas 200 toneladas de peso, útiles para el comercio y la guerra, y veloces y ágiles naves de exploración, en la práctica naos evolucionadas, de unas 100 toneladas eficaces para la exploración en mar abierto pero también para aproximarse a las costas desconocidas, y que serían las protagonistas de las grandes hazañas de los marinos españoles en las islas de la Especiería y en la exploración de las inmensas extensiones del Pacífico.

La experiencia, generación tras generación, de los viajes a las Indias, convirtieron a los marinos españoles y portugueses en los mejores de la historia de la navegación, y decenas de cartógrafos, ingenieros, matemáticos y sabios de todas las ramas del conocimiento, aportaron sus ideas y conocimientos a la mejora de los barcos, logrando en las diestras manos de sus capitanes, pilotos y marineros, hazañas asombrosas.

Como ejemplo destacable de hasta qué punto estaba avanzada la construcción náutica española en el Renacimiento, y el nivel que había alcanzado la tecnología y la ciencia de construcción naval, Carlos I aprobó por cédula de 22 de marzo de 1539 los proyectos de Blasco de Garay, un asombroso «físico» o «maquinista» que había servido al emperador en mar y tierra, y al que se otorgó carta para que se comenzase a financiar sus inventos, enviándolo a las atara-

Galeón español. La flota de la guarda de la carrera, siempre dirigida por capitanes generales de prestigio y experiencia, se convirtió en un elemento esencial del poder naval español, pues sus misiones eran de vital importancia para garantizar la llegada del oro y la plata de América. Obra de Andries van Eertvelt realizada en 1628. National Maritime Museum, Londres.

zanas del puerto de Málaga, y asignándole proveedores para sus máquinas que debían equipar los buques de guerra de bajo y alto bordo —galeras y naos— de las armadas de la monarquía hispana. Entre sus ideas estaba una máquina de ruedas motrices navales, y el Memorial de 1539, que dirigió al rey ofrecía:

> …para esta armada, si como digo hubiese efecto si no para cualquiera otra que V.M. aparejare, daré un instrumento fácil con que se podrán excusar en las galeras todos los remadores, y que cuatro hombres puedan hacer mayor movimiento que ellos todos hacen, y tanto mayor movimiento que casi pudiesen pasar sin velas, y que este mismo instrumento se puede poner en cualquiera navío de alto bordo con poco embarazo, y que no haya necesidad de navío de bordo bajo ni de remos jamás.

Dispuso también ingenios para extraer del fondo del mar efectos naves con la fuerza de dos hombres, sistemas para permanecer bajo el agua y de iluminación submarina, plantas potabilizadoras de agua de mar, etc., y sabemos que al menos una de sus creaciones se construyó y probó en un galeón de 200 toneladas, al que puso Garay seis ruedas en los costados, idea que repitió en otro de 350 y en uno más grande aún en Barcelona, simplificando el mecanismo de las paletas reduciendo las ruedas dos por banda, con lo cual, el trabajo de 50 hombres, anduvo legua por hora, haciendo la ciaboga en la mitad del tiempo que empleaba una galera.

Puerto. *La más conocida de las pequeñas armadas de América, la de Tierra Firme, fue creada por una real cédula de 3 de febrero de 1578 para operar contra corsarios, piratas y contrabandistas. Era imprescindible que contase con pequeños puertos de apoyo que permitiesen a las naves recuperarse y a las tripulaciones tomar alimentos frescos y agua.* Obra de Andries van Eertvelt realizada en 1629. Colección particular.

El efecto de estas y otras muchas ideas, satisfactorias o no, es que aseguraron el dominio total del mar a los castellanos por más de medio siglo, un periodo en el que los navíos españoles fueron los dueños indiscutibles de las aguas del hemisferio occidental.

A estas mejoras de diseño y construcción, se unió un refuerzo de la artillería embarcada, y el 14 de agosto de 1535, se dictó la Ordenanza para guarnecer las naos de cañones, armas portátiles, pertrechos, marinería y artilleros. En realidad la idea de homologar tipos de piezas y calibres era casi imposible en la época, pero cualquier intento en ese camino sería muy útil, y no es de extrañar que en las flotas principales, como las de las Indias, su aplicación fuese rápida.

Solo tres años después, puede verse en el catálogo de piezas de la armada de Blasco Núñez Vela al llegar de las Indias un cierto equilibrio y armonía. Sus naos pesadas portaban cañones de 47 y 48 quintales o algo más, llamados «coronas», por tener esculpida una corona imperial junto al fogón; pedreros «manzocos», con un escudo de armas reales y una cabeza de león en la culata; cañones «pelícanos», que tenían esculpido un pelícano y una cruz de Calatrava, con sus asas junto los muñones, y un peso ya de 55 quintales; cañones «águilas» de entre 49 y 51 quintales, y «salvajes» de 42 a 46 quintales; culebrinas, de 24 quintales; medias culebrinas, de 21 a 37; sacres, de 17 a 21; falconetes, de 12; rivadoquines, de 5; y medios cañones pedreros, de 14. Todo un ejemplo de calibres normalizados y muestra de una logística eficaz y coherente.

Aún así, los documentos que hablan de la escasez de cañones en España son muchos, y durante los siglos XVI y XVII siempre hubo necesidad de tener más. El propio Carlos I se mostraba desesperado al respecto, pues llegó a afirmar —tan pronto como en 1523— que no tenía sentido gastar en buques de guerra si no había cañones para equiparlos. Lo mismo ocurrió con las diferentes naves encargadas de proteger a las flotas que venían de América; necesitaban potencia de fuego, por lo que contar con los más modernos cañones era esencial, desde los caros modelos de bronce a los flamantes ejemplares de hierro colado.

Esto constituía una auténtica revolución industrial por el uso de nuevas técnicas de fundición, que en los estados europeos de la época suponía un modelo de producción autárquico y cerrado, en el que se buscaba satisfacer las propias necesidades, con plantas de producción industrial en su territorio, y capaces de cubrir las necesidades de material bélico del país sin recurrir a operaciones diplomáticas complejas, pues ningún estado quería caer en la órbita de la potencia suministradora[91].

Respecto a las armas portátiles, los arcabuces eran la principal, pero a mediados de siglo comienzan a embarcarse mosquetes, y los oficiales empleaban las primeras y sofisticadas pistolas de rueda, si bien hacía mediados de siglo no era raro aún ver ballestas.

La cierto es que Carlos I y Felipe II no tenían una marina en el sentido moderno, que en España nace con la creación en 1714 de la Secretaría de la Armada que impulsó su reforma, modernización y expansión, y por lo tanto no podemos hablar de naves construidas por y para la guerra, sino que los buques disponibles se adaptaban a las necesidades del comercio y la guerra según

---

[91]   Los intentos de hacer más y mejores cañones fueron constantes a lo largo del siglo XVII, un ejemplo es la maestranza de artillería de La Cavada —en Cantabria, creada gracias a sesenta familias flamencas de la zona de Lieja traídas a España— que llegó a producir hasta 1000 cañones anuales con destino a la marina y al ejército, pero nunca fue suficiente.

fuese conveniente, y en realidad todo buque, incluso cuando se dedicaba solo al tráfico de mercancías o incluso a la pesca, disponía de armas, y no únicamente portátiles, también artillería menuda y giratoria e incluso cañones.

Lo normal en caso de guerra es que los mercantes se reforzasen con armas pesadas y se montaban castillos a popa y proa, como en la Edad Media, para dar cobijo y ventaja en el combate a la infantería embarcada, siendo el responsable del equipamiento y preparación quien tuviera el asiento o contrato real correspondiente.

A finales del siglo XVI, poco antes de la Empresa de Inglaterra, los diseñadores ingleses eliminaron progresivamente los altos castillos de popa y proa de los galeones, lo que al bajar la pantalla que ofrecían al viento los hacía más rápidos y maniobrables. Esta innovación y otras más, especialmente en la artillería, hizo que lo largo del siglo XVII, los ingleses primero, y holandeses y franceses después, fueran alcanzando e incluso superando los diseños españoles, que quedaron algo anticuados y faltos de una política de normalización que estableciese modelos y tipos definidos, a pesar de los intentos al respecto que se hicieron en tiempos de Carlos II.

A mediados del siglo XVIII la ingeniería náutica española había no solo alcanzado la calidad inglesa, sino que progresivamente fueron mejorando hasta el extremo de que puede decirse que, de nuevo, los bajeles españoles eran los mejores del mundo, justo en el momento en el que la falta de especialistas y de tripulaciones adecuadas comenzó a hacerse notar de forma angustiosa.

En general, puede decirse que las naves españolas fueron siempre de la suficiente calidad para mantener el comercio con las Indias sin problema alguno. Progresivamente la amenaza contra las flotas que traían el oro y la plata de América se fue incrementando pero en general España pudo mantener siempre abiertas las comunicaciones entre ambos continentes, y ni en los peores momentos fueron capaces las armadas de las potencias europeas enemigas, y mucho menos los piratas, amenazar en lo más mínimo el tráfico básico de metales, mercaderías y productos esenciales.

3.2.1 *Venganza*

En 1591, mientras España se lamía las heridas de la Empresa de Inglaterra, John Hawkins, antiguo pirata reconvertido en caballero, le propuso a Isabel I bloquear y capturar en alta mar una de las flotas del tesoro. Harían fortuna e impedirían la recuperación naval de su rival. A la reina le pareció una idea excelente y autorizó que zarpara una escuadra para patrullar el Atlántico a la espera de su presa. Entre sus buques se encontraba el *Revenge*, buque insignia de Drake antes de su muerte.

Encuentro entre españoles y holandeses. Un galeón español, a la izquierda, descarga sus cañones sobre un buque de guerra holandés. Obra de Cornelis Verbeeck realizada entre 1590 y 1637.National Gallery of Art. Washington.

Alonso de Bazán al mando de la flota que había zarpado de La Habana ese verano, supo de la presencia inglesa el 30 de agosto en aguas de las islas Azores. Le informó su maestre de campo, Juan de Urbina, que tenía desplegados varios avisos en misión de reconocimiento.

El combate, muy distinto según se lean fuentes de la época inglesas o españolas, comenzó el 9 de septiembre después de varios días en los que ambas flotas se mantuvieron expectantes sin decidirse a tomar la iniciativa. Unos, los españoles, empeñados en buscar una forma de esquivar al enemigo. Otros, los ingleses, con la excusa de que las tripulaciones habían bajado a tierra víctimas de las enfermedades; pero realmente sin intención ninguna de buscar un enfrentamiento en el que se sabían en minoría.

A los ocho de la tarde, a 15 leguas de las islas, Bazán, tras conferenciar con el general Juan Maldonado, al mando de la capitana, decidió aprovechar el viento, largar vela y sorprender a los ingleses. La idea era dividir la flota en dos escuadras. Una, a las órdenes del general Marcos de Aramburu, con los

siete galeones de Castilla entre los que se encontraba la capitana de Garibay, la capitana de los pataches, el *San Francisco de la Presa* y los mercantes *León Roxo* y *Cavallero de la Mar*, entraría por el canal entre las islas Flores y Corvo. La otra, bajo su mando, formada por el resto de buques, bordearía por la izquierda la isla de Flores. Juntas, rodearían a los ingleses y los sorprenderían. El plan era bueno, pero no tardaron en surgir los primeros inconvenientes.

Apenas se había iniciado la navegación para situarse en los puntos indicados, el general Sancho Pardo, a bordo de uno de los galeones de Santander, le envió nota de que acababa de romper el bauprés y no podría cumplir las órdenes. Para no dejarlo solo, el resto de la flota interrumpió sus maniobras a la espera de que concluyera las reparaciones. El retraso le permitió a *lord* Thomas Howard, alertado de la llegada de los españoles, que los 22 buques de su flota izaran anclas y se dirigieran a mar abierto para intentar escapar.

Iniciada de nuevo la marcha, en el grupo de Bazán se situaron a barlovento los galeones *San Pablo*, *San Martín* y *San Felipe*, junto a los 8 mercantes a cargo de Luis Coytiño. A sotavento lo hicieron los generales Martín de Bertendona, Sancho Pardo y Antonio de Urquiola, y en retaguardia, Bartolomé de Villavicencio. En ese orden navegaban cuando Bazán fue informado de que el enemigo estaba a la vista. El mismo momento en que también los vio salir de la pequeña bahía de la isla de Flores Marcos de Aramburu.

Aramburu le comunicó al almirante que iniciaba la persecución. Él se dio por enterado y se dio a la vela para llegar cuanto antes a su encuentro.

Los ingleses hacían aguada en la isla cuando les avisó uno de sus pataches de la presencia de la flota española. No lo dudaron, dejaron todo lo que tenían entre manos y levaron anclas para huir en dirección contraria, hacia el Norte, con toda la fuerza de sus velas.

Eran 22 buques, entre los que se encontraban 6 galeones de la reina. Encabezaba la línea, ganando barlovento, su capitana, el *Defiance* de Howard. Mientras, parte de la flota española, que los tenía a su derecha, cargó las velas todo lo posible, orzó y se dirigió al encuentro de las primeras naves enemigas.

Sobre las 17:00, Aramburu comenzó a cañonear al enemigo, que respondió de la misma manera. Avanzó, lo intentó tantas veces cómo tuvo el viento a favor, pero no pudo abordar a ninguno de los buques ingleses.

Bazán, que le seguía con el resto de la armada desplegó todas las velas posibles y se dirigió hacia la capitana inglesa. Le seguían el *San Bernabé*, a las órdenes del general Bertendona y, al mando del capitán Claudio de Viamonte, el galeón *San Felipe*, que embarcaba a la compañía de infantería del maestre de campo Francisco de Toledo.

Alcanzados los ingleses, Viamonte intentó abordar al *Defiance*. Le fue imposible, rehuía el combate. Lo que sí consiguió fue realizar una descarga muy próxima con toda la artillería de una de sus bandas y una fuerte descarga de mosquetería que le infringió graves daños. Luego, cayó sobre el Revenge y, con grandes dificultades, consiguió abordarlo. No tardó en hacerlo también la nave de Martín de Bertendona, cuando ya anochecía.

El *Defiance* y el resto de los buques ingleses, al ver que llegaba también Bazán, abandonaron al *Revenge* a su suerte y se alejaron del combate. El *San Cristóbal* embistió al *Revenge* por debajo de su castillo de popa y colocó en la nave inglesa un segundo grupo de abordaje para ayudar a los escasos 10 hombres que del grupo de Viamonte. Los soldados españoles consiguieron llegar hasta el palo mayor al tiempo que llegaban refuerzos del Asunción, de Antonio Manrique y del mercante *La Serena*, de Coutinho.

Para entonces, Grenville ya había caído herido y la tripulación del Revenge optó por rendirse.

La lucha del *Revenge* fue posteriormente idealizado por el poeta británico Alfred Tennyson[92], especializado en convertir las derrotas de su nación en

---

[92]   Tennyson fue el responsable de que un monumental y sangriento desastre británico, la carga de la brigada ligera en Balaclava, Crimea, en 1854, sea considerado mundialmente una heroica victoria.

actos heroicos en su obra *Revenge: La balada de la Flota*. De Grenville decía que había querido hacer estallar su buque antes que renunciar a la lucha, pero eso siempre lo negaron la tripulación y los oficiales, que rindieron el buque con Grenville ya herido, a cambio de la promesa de un trato justo.

Grenville murió días más tarde entre insultos a sus hombres por «cobardes, traidores y perros», pero ni ellos pudieron disfrutar de su liberación, ni Bazán, muy criticado en la Corte por no haber causado más estragos a los ingleses, de su victoria. La flota fue sorprendida por una fuerte tormenta con grandes olas que duró una semana. Hizo naufragar a 15 de los buques del convoy y hundió al *Revenge* cerca de la isla Terceira con su tripulación de presa formada por marinos españoles y prisioneros ingleses. Fue uno más de los muchos sinsabores que les dio el océano Atlántico a los marinos españoles. A su pesar, los ingleses jamás conseguirían hacerse con una flota del tesoro, y mucho menos en alta mar.

3.3 DE PÉRDIDAS Y NAUFRAGIOS

MUCHO SE HA ESCRITO sobre las grandes fortunas obtenidas, antes y ahora, gracias a la Flota de Indias. No todo es cierto. La realidad se mezcla demasiado con la leyenda o los intereses históricos de los rivales de España en el teatro atlántico. En múltiples ocasiones, en relatos enardecidos por nuestros propios compatriotas, que parecen molestos de que las cosas aún funcionasen relativamente bien en ambas orillas del océano durante los siglos XVI, XVII y XVIII.

A pesar de todas las críticas, el sistema de flotas y armadas demostró ser de una enorme eficacia para impedir cualquier ataque, tanto debido a la información que de las rutas enemigas solían disponer los españoles, como a la importante labor realizada por los avisos —pequeños navíos muy veloces que daban cuenta rápidamente de los peligros e informaban a la Corona de la llegada de la flota—.

Por supuesto que hubo pérdidas, pero solo en muy contadas ocasiones los buques, cuyo mayor obstáculo siempre fue enfrentarse a las tormentas y los temibles huracanes, no pudieron alcanzar sus puertos de destino. Durante los tres siglos que se mantuvo en activo, el sistema de convoyes navales se mostró siempre como el medio más eficaz para asegurar el próspero comercio entre España y sus provincias de ultramar de las Indias Occidentales. Tanto, que el sistema fue copiado por los aliados durante la Primera y Segunda Guerras Mundiales para asegurar el traslado de mercancías de América a Europa y poder así hacer frente a los ataques de los buques y submarinos alemanes que intentaban impedirlo.

No era fácil abordar a la flota de Indias durante la navegación, si estaba bien organizada. Los galeones de escolta se situaban durante la navegación a barlovento de los mercantes, en posición avanzada, con la finalidad táctica de acudir con rapidez si se producía algún ataque enemigo, averías graves o cualquier otra contingencia. Los piratas y corsarios lo sabían, y debían contentarse por regla general con observar desde lejos, como meros espectadores, el espectáculo del enorme número de velas que surcaban juntas el horizonte. Solo los buques mercantes rezagados, por avería o a causa de las tormentas, podían ser para ellos una presa fácil.

La conferencia de Sommeset House, que pondría fin a la guerra entre España e Inglaterra en 1604. A la derecha la delegación inglesa: Thomas Sackville —al fondo junto a la ventana—, Charles Howard, Charles Blount, Henry Howard y Robert Cecil. A la izquierda, la delegación hispanoflamenca: Juan de Velasco —junto a la ventana—, Juan de Tassis y Acuña, Alessandro Robido, Charles de Ligne, Jean Richardot y Louis Verekyn. National Portrait Gallery, Londres.

A lo largo de los siglos, solo en un par de ocasiones sufrieron daños las flotas anuales, siempre por el ataque de potentes y numerosas escuadras de guerra enemigas. Entre 1548 y 1555, por ejemplo, solo se perdieron cuatro buques de un total de 540 fletados desde las Indias por España. Solo dos cayeron en manos de piratas, los otros dos se hundieron debido a las inclemencias del tiempo. Desde 1503 a 1650 se perdieron aproximadamente un 10 % de los barcos fletados, pero los naufragios fueron la razón principal.

Es evidente que los naufragios son hechos fortuitos. Sin embargo, eran un riesgo más de la navegación a las Indias. La normativa española si bien no podía evitar los naufragios intentaba aminorar los efectos de los mismos y corregir sus efectos nocivos.

Sir Richard Grenville. Intentó durante buena parte de su vida que Isabel le permitiera realizar una campaña por el océano Pacífico para capturar uno de los galeones de Manila. Nunca se lo permitió, lo que le llevó a enfrentarse con Drake. *Orgulloso y altivo, intentó hundirse con el* Revenge *para evitar ante la reina el desprestigio de la derrota.* Obra de autor anónimo de finales del siglo XVI. National Portrait Gallery, Londres.

La Casa de Contratación tenía competencias para intervenir en cualquier asunto relacionado con la pérdida de los navíos y las mercaderías que venían de las Indias, y a estos efectos sus comisionados estaban por encima que los gobernadores de Cádiz, Sanlúcar y cualquier otro lugar, como se dispone en el Tomo IV, título XXXVIII, en las leyes XXII, XXIII y XXIV, que se titulan «De los navíos arribados, derrotados y perdidos» que dicen así: «Que la Hacienda de navíos perdidos se envíe con los autos y escrituras» (Ley 22), «que los bienes de navíos perdidos en las costas del norte de las Indias se traigan a Sevilla (Ley 23)», y «que el Consulado de Sevilla pueda nombrar quien acuda en Sanlúcar a los navíos perdidos» (Ley 24).

Carlos I se había preocupado de que el Consulado mantuviese una cuidadosa contabilidad de los barcos perdidos en naufragios, pero también de aquellos que por diversas circunstancias habían sufrido percances y daños, sin que sus mercancías se perdieran en su totalidad o en parte, por lo que disponemos de una amplia y bien elaborada documentación[93].

Una de las ventajas el sistema español era que la Casa de Contratación era la base de toda la organización de la Carrera de Indias, lo que ha permitido que la documentación se encuentre perfectamente localizada, incluidas todas las cuentas, papeles de la armada, cartas, correspondencia de virreyes, contadores, administradores, presidentes, o generales de las flotas. En todas las Secciones de las Audiencias existen datos sobre naufragios que incluyen información sobre la forma y circunstancias en las que se produjeron, desde causas naturales, en los que se detallan los elementos climatológicos que intervinieron en el suceso, a otros, como sobrecarga de los navíos, configuración de los puertos de salida, etc., y con valiosos datos sobre algunas ocasiones en que los naufragios se produjeron por decisión consciente de los capitanes para evitar males mayores.

A lo largo de los tres siglos de presencia española en América, las cargas, los tonelajes de los barcos y el volumen del negocio, se fue incrementando y con ello, los naufragios por causas naturales. Los datos recopilados por Chanu establecen que en el periodo de su estudio, que acaba en 1650, los naufragios afectaron a cerca del 10% del tráfico, si bien hay que matizar que el 8,98% se produjo en la desembocadura de ríos, ensenadas o barras de puertos, por lo que los daños en estos casos fueron, por razones obvias, en general menores, siendo los lugares de mayores pérdidas Veracruz, Matanzas, Bermudas, Azores y Cádiz.

Se intentó por todos los medios que hubiese un sistema de inspecciones que garantizase la calidad y el buen estado de las naves que hacían la Carrera de Indias. Una Real Cédula de 5 de mayo de 1557 dio instrucciones a los inspectores de la Casa de Contratación para examinar las naos, y comprobar el estado de la madera, cordajes, velas, palos, repuestos, etc., algo que progresivamente se fue haciendo con mayor intensidad, pues era bien sabido que el comercio con las Indias, y no solo los metales preciosos que de allí llegaban, era esencial para España.

Respecto a los naufragios, una vez que se producían, es preciso destacar dos aspectos diferentes: por un lado el cuerpo legislativo que permitirá realizar las actividades necesarias para recuperar la carga, y por otro, la forma práctica de hacerlo.

En cuanto a lo primero hay que tener en cuenta que cada vez que se conocía un hundimiento se producía una especie de locura colectiva, pues todo el mundo deseaba por todos los medios apoderarse de lo que de valor hubiese en

[93] Esto ha permitidos realizar sofisticados y muy completos trabajos, como los de Ángeles Flores y Denise C. Lakey en el Golfo de Cádiz, o los de Huguette y Pierre Chaunu sobre los *Libros de Registros de Ida y Venida*, de la Casa de la Contratación.

el barco, sin que importase el rango o jerarquía de cada uno. Igual ocurría en las costas, pues en muchas zonas, los naufragios eran una interesante parte de la economía local, y los lugareños no vacilaban en saquear a los supervivientes, especialmente si eran extranjeros. No es de extrañar que hubiese todo tipo de normas y ordenanzas encaminadas a proteger las mercancías salvadas de los naufragios para entregárselas a sus dueños, como la Real Cédula de 6 de septiembre de 1538, que ordena a las autoridades de Indias el envío a la Casa de Contratación de Sevilla del importe y justificantes de las mercancías salvadas de naufragios y vendidas con el claro objeto de pagar a los dueños.

En otras ocasiones se facilitaba también el uso de sistemas y artilugios que permitían extraer tesoros del fondo del mar, pudiendo quienes lo lograsen quedarse con lo recuperado pagando el correspondiente Quinto Real.

En muchos casos las naves quedaban abandonadas a su suerte, pues no había sobre ellas reclamación alguna, situación que se daba con relativa frecuencia, por lo que se iniciaron procedimientos, amparados por normas legales, para que se pudiesen vender mediante pública subasta las mercancías, el oro y la plata, así como otros bienes salvados de naufragios cuyo destino sería sufragar los gastos de la Casa de Contratación, como consta en la Cédula de 19 de febrero de 1550, dirigida a los presidentes y oidores de las audiencias y cancillerías de Indias.

Más complejos son los casos de contrabando, incluso de metales preciosos, puesto que en ocasiones los capitanes de las naves simulaban naufragios o directamente embarrancaban para proteger sus intereses, pues una parte de la carga era directamente ilegal, un lucrativo negocio que movía mucho dinero y afectaba directamente al monopolio que el estado intentaba sostener a través de la Casa de Contratación. Era por lo tanto preciso que los barcos llevasen un detallado registro de las mercancías que cargaban y que se mantuviese su control durante todo el periodo que durase la navegación. No es de extrañar que el 8 de febrero de 1539, una Real Cédula de Carlos I, dirigida a los oficiales de la Casa de Contratación, obligaba a informar de todo el oro y la plata que venía sin registrar en las naos que llegaban de Veracruz y de Santo Domingo.

Cuestión también importante, y relacionada, son los fletes y los seguros. Durante el reinado de Carlos I era la oferta y la demanda la que los regulaba, pero la presión ante el Consejo de Indias hizo que, ya avanzado el reinado de Felipe II, se estableciesen en 1572, unos aranceles. Los cargadores abonaban un tercio del flete al embarque de la mercancía y dos tercios a su entrega, por lo que los armadores, para poder llevar adelante su negocio, tenían que poner sus naves como garantía del cumplimiento de los préstamos que pedían, dado que los viajes eran largos y costaban mucho dinero en equipamiento y mantenimiento y salarios de la tripulación.

Para proteger los nuevos territorios, las rutas de navegación e incluso los asentamientos, se organizó, armó y se consiguió tripulación para una serie de armadas. Un trabajo tan colosal como el que supuso la fortificación de las costas de la América española. Un esfuerzo grandioso y monumental del que todavía hoy podemos apreciar su huella. Mapa de Cartagena de Indias del siglo XVI. Biblioteca Nacional, Madrid.

ysla española

Respecto a los seguros, suscribir una póliza era algo habitual desde finales de la Edad Media[94]. A finales del siglo XIV se hacían ya por cientos, y eran una práctica normal a pesar de que la prohibición canónica del préstamo marítimo con interés, obligó a los aseguradores a trabajar en busca de trucos que lo disimularan, como ocultarlo bajo formas diversas de compraventa, como comprar al asegurado los bienes que querían asegurarse y se le reconocía deudor del precio estipulado, conviniéndose en que el contrato sería nulo si estos objetos llegaban sanos y salvos al punto de destino. Es decir, que la indemnización pactada revestía en el contrato la forma de precio[95], hasta en nacimiento de las modernas compañías aseguradoras a finales del siglo XVII.

España comparte el origen del seguro en Barcelona, a través de su *Consolat de Mar*, que se convirtió en la base del derecho internacional comercial del Mediterráneo, pero más tarde se desarrollaron las ordenanzas del Consulado de Burgos, aprobadas por Carlos I en 1538, y las de Bilbao y Sevilla, que dedican más de la mitad de su articulado a regular el seguro, a pesar de lo cual los contratos de seguros marítimos de la época tienen numerosas lagunas. Así, por ejemplo, era habitual que no figurase el nombre del buque, truco para seguros múltiples. Las primas se pagaban en el plazo de tres meses después de firmarse la póliza y estaban limitadas usualmente por el plazo de dos años, plazo máximo para cualquier reclamación, cuestión esta importante que veremos al hablar de los pecios.

3.3.1 El galeón desaparecido

En 1622, España, que había reanudado las operaciones contra Holanda tras una larga tregua, y veía como los Habsburgo españoles estaban cada vez más involucrados en la guerra de los Treinta Años, vivía un momento crítico. Ese año, el joven Felipe IV, acosado por los prestamistas —en especial los Fugger de Augsburgo—, mientras sus aristócratas derrochaban a manos llenas, necesitaba con urgencia el oro y la plata de América, esenciales para evitar la bancarrota y continuar la agresiva política internacional española. Pero la tan necesaria gran flota anual, cargada con las fabulosas riquezas de Oriente y las Indias que debía regresar a la Península desde La Habana, se demoraba.

Había partido de Sevilla hacia el Caribe el 23 de marzo y, después de una breve escala en la isla de Dominica, seguido a Cartagena de Indias, para

---

[94]   El primer contrato de seguro marítimo conocido se remonta a 1347 y fue firmado en Génova mediante escritura notarial, para un navío que iba a Mallorca.

[95]   Esta triquiñuela legal pasó luego a los seguros de vida, usando el recurso de hacer recaer el contrato sobre una cantidad de objetos y mercaderías.

desde allí arribar a Portobelo el 24 de mayo tras una rutinaria travesía. Para entonces, el tesoro que debía llegar de Lima y Potosí vía Panamá, en la costa del ismo del lado del Pacífico, aún cruzaba la selva por el Camino Real en un tren de mulas. Se tardaría casi dos meses en situar la carga en los buques de la flota de Tierra Firme y prepararlos para zarpar.

Pudieron levar anclas el 22 de julio. Pusieron rumbo hacia La Habana, previa escala en Cartagena, donde se cargó el primer envío de oro de las minas de Santa Fe de Bogotá. Luego, en Trujillo, se embarcó también índigo —la planta utilizada para teñir las prendas de añil—. Embocaron el puerto de la capital de Cuba el 22 de agosto para encontrarse con la flota de Nueva España, recién llegada de Veracruz.

El cálido y húmedo domingo 4 de septiembre, con un clima casi perfecto a pesar de estar en plena temporada de huracanes —comenzaba a finales de julio—, el marqués de Cardereita, embarcado en el *Candelaria*, la nave capitana, tomó la decisión de poner rumbo a Europa. Los 28 barcos de la flota combinada izaron anclas y, en una larga fila custodiada por los galeones de la guarda, en cuyas bodegas viajaba lo más valioso del tesoro, cogieron una ligera brisa y empezaron a surcar la bahía. Luego establecieron como siempre un curso hacia el Norte, hacia el Canal de Bahamas, La Florida y la fuerte corriente del Golfo, que les permitiría alcanzar la latitud de la Península antes de virar hacia el Este.

Entre los buques estaba el *Nuestra Señora de Atocha*, un típico galeón del siglo XVII de palos trinquetes y mayores con velas cuadras, y un palo de mesana con vela latina. Lo había construido en La Habana Alonso Ferrara entre 1616 y 1620. Desplazaba 550 toneladas, tenía 34 metros de eslora, 10,5 metros de manga y 1,5 metros de calado. Se colocó en la posición asignada como nave almirante, a retaguardia del convoy. Hasta entonces había hecho solamente una travesía previa a la Península, durante la que quebró su palo mayor y se vio obligado a reemplazarlo, pero era uno de los buques de escolta y llevaba una compañía de 82 soldados de infantería dispuestos hasta el último hombre a defenderlo de cualquier intento de abordaje enemigo. Por esa razón, aunque de andar lento al ir al límite de su calado, lo habían elegido para embarcar los pasajeros más ricos y, bien estibado, transportaba en sus bodegas un enorme porcentaje del tesoro de la flota: 24 toneladas de plata en 1038 lingotes, 180 000 pesos en monedas de plata, 161 monedas de oro, 582 lingotes de cobre, 125 barras y discos de oro, 350 cofres de índigo, 525 fardos de tabaco, 1200 libras de objetos en plata trabajada e infinidad de joyas y piedras preciosas. Un peso al que había que añadir el de sus de sus 20 cañones de bronce y los habituales artículos de contrabando.

Las cosas empezaron a ir mal esa misma tarde, cuando empezó a relampaguear por el horizonte. Poco después, las negras nubes de una galerna alcanzaron al convoy con una cortina de lluvia acompañada de fuertes vientos del noroeste. Se arrizaron las gavias y se aseguraron los aparejos, pero al llegar la noche, se había convertido en una tempestad. Al romper el día, el convoy, bajo un cielo gris plomizo de grandes nubarrones, estaba rodeado de gigantescas olas que mantuvieron a buena parte de las tripulaciones y todo el pasaje bajo cubierta, mareados o dedicados a encomendar su vida a Dios. Mucho más cuando se hundió el *Consolación*, uno de los mercantes. Por la tarde, el fuerte viento huracanado roló hacia el Sur y arrojó a los buques hacia los Cayos de Florida. A duras penas, entre bandazos y con los palos peligrosamente inclinados, buena parte de la flota logró introducirse en las aguas relativamente seguras del Golfo de México, pero el *Atocha*, el *Santa Margarita*, el mercante *Nuestra Señora del Rosario* y dos buques más pequeños, todos al final de la cola del convoy, recibieron el mayor impacto de la tormenta y no fueron tan afortunados. Con sus velas y aparejos reducidos a jirones, y los mástiles rotos, flotaron hacia los arrecifes sin poder eludirlos. Los cinco naufragaron. El *Atocha*, levantado en lo alto de una ola, se estrelló violentamente contra un enorme bajío de coral. Se hundió al instante, arrastrado por el peso de la carga y los cañones.

Lope Díez de Armendáriz, primer marqués de Cadreita desde el 29 de abril de 1617 por nombramiento de Felipe III. Nacido en Quito en 1575 por estar su padre en el cargo de Presidente de la Real Audiencia, se convertiría en 1635, tras desempeñar una larga carrera naval, en el primer criollo que ocupaba el puesto de virrey de Nueva España. Obra anónima realizada hacia 1637.

A la mañana siguiente, un pequeño barco mercante, el *Santa Cruz*, se abrió camino a través de los restos del naufragio y rescató a cinco hombres, tres marineros y dos esclavos, que aún se aferraban al tocón del palo de mesana de su buque. Eran los únicos supervivientes de los 265 tripulantes y pasajeros que viajaban en el galeón.

Uno de los dibujos de Pesca de perlas y busca de galeones, *realizados con tinta sepia por el propio Pedro de Ledesma, Secretario del Consejo de Indias con Felipe III y Felipe IV. Se conserva en el archivo del Museo Naval de Madrid.*

Los socorristas trataron también de entrar en el casco sumergido a 55 pies de profundidad —17 metros—, pero encontraron todas las escotillas firmemente aseguradas y fue imposible. Señalaron el lugar del hundimiento, a unas 50 millas de lo que hoy se conoce como Dry Tortugas, y acudieron al rescate de la gente y el tesoro del *Santa Margarita* y el *Nuestra Señora del Rosario*, este último en aguas poco profundas de fácil acceso. Semanas después, mientras se esperaba que llegaran de La Habana las herramientas necesarias para entrar en el buque, un nuevo huracán sacudió la zona. Desgarró la estructura, partió los mástiles, destruyó los últimos restos del buque, y borró toda huella del *Ato-*

cha, que desapareció en las profundidades del Atlántico sin dejar rastro. Para la Corona fue un desastre. Solo veinte barcos regresaron a La Habana. Ocho se perdieron, con una carga de dos millones de pesos.

Los equipos de rescate españoles, que en 1626 localizaron el *Santa Margarita* y lograron reflotar la mayoría de su cargamento, buscaron durante las seis décadas siguientes el pecio del *Atocha* con la intención de rescatar su valioso botín, pero todos los intentos resultaron baldíos. Recuperar sus tesoros, fue la causa de que el Secretario del Consejo de Indias, Pedro de Ledesma, presentara al rey en 1623 un exhaustivo manuscrito —*Pesca de perlas y busca de galeones*— en el que describía, de manera muy pormenorizada, diversos métodos para rescatar los tesoros y cargamentos hundidos. La obra, que aún se conserva, consta de dos partes. La primera, como ya anticipa su título, está dedicada a la pesca de perlas; en la segunda, titulada *Otro modo y segura invençión para que una o dos o más personas abaxen a el fondo de la mar en parte donde aya diez y seis hasta veinte y cinco braças de agua y que esté tres y cuatro oras* se explica la "forma segura" para bajar al fondo del mar y recuperar tesoros. Según el texto, que también presenta diversos ejemplos gráficos sobre cómo levantar los pecios, o los restos de ellos, con algunos de los inventos descritos se podía llegar bajo el agua a una profundidad de entre 27 y 42 metros.

No era la primera vez que se presentaba un estudio como ese. Los problemas asociados a la Carrera de Indias implicaron que, desde el siglo XVI, se idearan fórmulas para solucionar el problema del rescate de los barcos hundidos, tanto de sus partes estructurales como de sus cargamentos. Los frecuentes hundimientos y las cargas que desaparecían con los galeones hicieron que la Corona, a través de la Casa de la Contratación, promocionara al máximo los inventos o técnicas que sirvieran para aumentar la seguridad, lo que impulsó desde época muy temprana los avances en los métodos de construcción naval y las ciencias de la navegación, así como la correspondiente infraestructura tecnológica en apoyo de ambas.

Además, dada la necesidad que tenían tanto la Corona como los particulares de recuperar los valiosos cargamentos hundidos en los galeones, las técnicas de recuperación submarina o las reparaciones en alta mar bajo la línea de flotación hicieron cada vez más imprescindible la presencia de buzos a bordo de los buques que, al mismo tiempo, utilizaban en su arriesgada actividad toda clase de ingenios. Los sistemas de buceo no siempre eran útiles por sí solos, lo que obligaba a combinarlos en muchas ocasiones con procedimientos de mayor alcance, que convertían el buceo en una actividad complementaria a otros trabajos desarrollados desde la superficie. Hay múltiples ejemplos, como el diseño de diferentes trajes individuales o la construcción de aparatos, en sus inicios casi todos con forma de campana, que al introducirlos bajo el agua dejaban una burbuja de aire interna que se podía aprovechar para respirar. Ese era el método empleado por la campana inventada por José Bono en 1582, que fue aceptada por Felipe II para bucear y recuperar tesoros hundidos en todos los territorios de su reino.

Hubo que esperar más de tres siglos para que el *Atocha* escribiera la última página de su historia. A finales de la década de 1960, un instructor de buceo californiano, Mel Fisher, dio con la pista de los pecios españoles de aquella aciaga jornada gracias a los documentos del Archivo de Indias. Fisher no era un novato, había participado en la búsqueda de otra flota española hundida también por un huracán en los Cayos de Florida, pero en 1715 —hablaremos de ella más adelante—, cuyos restos había localizado en 1959 un constructor local, Kip Wagner, mientras daba un paseo por la playa. El *Atocha* era un objetivo igual de apetecible y Fisher decidió lanzarse en su busca.

Se procuró inversores, consiguió tecnología de exploración puntera en la época —un magnetómetro de protones y un sistema de posicionamiento Loran, precursor del GPS— y creó una empresa de rescate de pecios, *Treasure Salvors*, en la que implicó a toda su familia, además de a un buen puñado de buzos e inversores. Como Wagner, Fisher tampoco tenía ninguna formación académica, por lo que se hizo con los servicios de un especialista, Duncan Mathewson, un joven e inexperto arqueólogo desempleado que nunca había trabajado en un pecio.

Las prospecciones empezaron en 1971 y no tardaron en descubrir al Sur de Key West un ancla de grandes dimensiones. Dieron por hecho que se trataba del Atocha, pues a su alrededor encontraron astrolabios, cadenas de oro y lingotes de plata, pero no hallaron ningún resto del buque.

Hasta 1975 no se encontró la prueba definitiva de que se trataba del Atocha: se toparon con dos grupos de cañones de bronce, 5 en total, cuyas inscripciones coincidían con los números de registro de la lista de mercancías del galeón. Era imposible que el buque y su fabuloso tesoro estuvieran muy lejos. En ese momento el estado de Florida quiso quedarse con los hallazgos, pero un tribunal dictaminó que estaban fuera de las aguas estadounidenses.

La búsqueda prosiguió durante años. Fisher pensaba que el barco descansaba en aguas someras, mientras que Mathewson insistía en buscar en aguas más profundas. En 1980, su paciencia se vio por fin recompensada: Kane Fisher, uno de los hijos de Mel, dio con los restos del *Margarita*, que conservaba aun parte de la carga que no había podido ser rescatada en el siglo XVII, eso les permitió conseguir los fondos y la reputación necesaria para continuar la búsqueda. El 20 de julio de 1985, apareció el *Atocha*. Estaba a 16 metros de profundidad, tal y como había quedado reflejado en los documentos oficiales españoles. La misma teoría que sostenía Mathewson.

El cargamento recuperado ascendió a más de 1000 lingotes de plata, 125 barras y discos de oro, 114 000 monedas de plata —reales de a 8—, monedas de oro, y una amplia colección de objetos personales, tanto de la tripulación como de los pasajeros más ricos. Entre las piezas halladas encontraron un cinturón de oro con rubíes, platos y copas de oro ricamente decorados, una completa colección de útiles médicos; cajas de marfil labradas procedentes de Ceilán y traídas desde allí por el Galeón de Manila, y una fabulosa muestra de joyería y orfebrería religiosa compuesta por rosarios, cruces y anillos engastados de rubíes y piedras preciosas.

La relación de los hallazgos del Atocha confirmó la importancia que siempre había tenido el contrabando en la Carrera de Indias: aparecieron 700 esmeraldas de las minas de Colombia —entre ellas un cristal hexagonal sin cortar de 77,76 quilates valorado en 1 000 000 de euros—, unas 2500 piedras preciosas que no figuraban en el sobordo[96] y grandes y pesadas cadenas de hasta 3 kilogramos de oro, que al estar ya manufacturado, no pagaba impuestos. Una auténtica fortuna cuyo valor material superaba los 300 millones de euros.

Una pequeña parte de los tesoros del Santa Margarita *y el* Nuestra Señora de Atocha, *—en su caso aproximadamente la mitad de su carga, el resto aún no se ha encontrado—, forman la colección más importante del Mel FisherMaritime Heritage Society Museum, en Key West, Florida. La mayoría de los hallazgos fueron subastados en la sala Christie's de Nueva York, en 1988. Solo el ancla, que hoy puede verse en Salinas, fue devuelto a España.*

---

[96] El manifiesto del buque, en el que debían relacionarse todas sus mercancías.

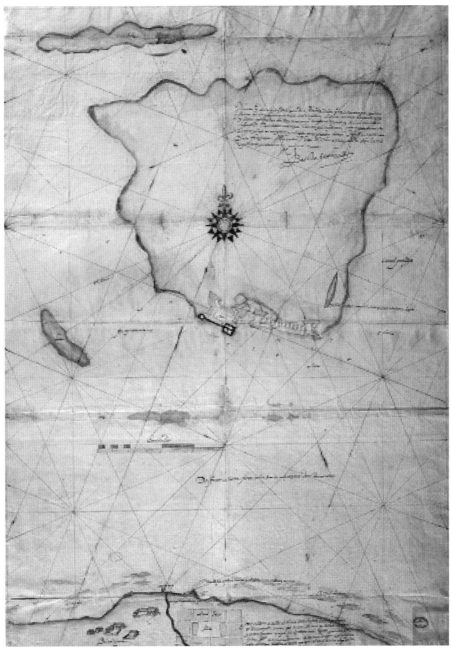

Mapa del puerto de San Juan de Ulua, Veracruz. La Armada de Barlovento se financiaba a través del impuesto de Alcabala y tenía su base en Veracruz, Nueva España. En 1598, el año del fallecimiento del rey Felipe II, se creó con los 14 galeones que iban a ir a América como escolta de la flota de Indias. El plan era muy ambicioso y costoso, por lo que la falta de dinero impidió la formación completa de esta primera flota de barlovento que se convertiría en el siglo siguiente, cuando finalmente fue organizada, en un elemento esencial del poder español en el Caribe. Biblioteca Nacional, Madrid.

3.3.2 Malos tiempos. Los galeones de Rande

En octubre de 1700, cuando apenas un mes antes de su muerte Carlos II nombró como heredero a Felipe de Anjou, nieto del monarca francés Luis XIV, holandeses e ingleses que veían esta combinación de poder como una grave amenaza, decidieron que tal vez mereciera la pena declarar la guerra a España.

El conflicto, que acabaría por ser conocido como Guerra de Sucesión, comenzó oficialmente en mayo de 1702 y, por primera vez, las rutas que cruzaban el Atlántico dejaron de ser realmente seguras.

Para entonces hacía casi tres años que el almirante Manuel Velasco Tejada amontonaba en sus galeones anclados en Veracruz oro, plata, pieles, cueros, plantas, animales exóticos, piezas de metales preciosos, joyas y alhajas. Según un documento hallado mucho después en el Archivo de Indias, el valor de lo registrado superaba los 50 000 millones de euros al cambio actual. Cuando los buques estaban rebosantes y sin apenas espacio, Velasco ordenó deshacerse de todo objeto inútil a bordo para hacer sitio a más mercancías. Así, cañones, munición y buena parte del material bélico fue desembarcado. En consecuencia, la potencia de fuego de los galeones, que inicialmente era de 40 cañones, quedó reducida a menos de la mitad

Velasco tomó la decisión de partir a finales de ese mismo mes de mayo, cuando fue informado de lo que ocurría en Europa. En los mercantes no había sitio ni para una moneda de oro más, pero había un problema: de los 17 galeones con los que debía llevar aquella fortuna a la metrópoli, solo 3 eran naves de guerra propiamente dichas. Optó por esperar nuevas órdenes.

Con el convoy listo para zarpar, recibió la noticia de que una escuadra francesa se encargaría de su custodia. Iba al mando del marqués de Chateau-Renaud, uno de los mejores almirantes de Luis XIV. Los franceses, que llegaban con 16 navíos de línea, esperaban que sus honorarios por servir de escolta incluyesen una buena porción de la fortuna que reposaba en las bodegas de los cargados galeones. El 11 de junio dejaron Veracruz y pusieron rumbo La Habana. De allí zarparon hacia el viejo continente el 24 de julio, con la fragata *Favori*, de 8 cañones, y el navío *L´Esperance*, de 70, en vanguardia, con sus vigías muy atentos a cualquier vela que apareciese en el horizonte.

Durante la travesía, un brote de fiebre amarilla en el *Volontaire* y el *Dauphine*, obligaron a ponerlos en cuarentena. El bochorno y la humedad no hicieron sino acrecentar la virulencia de la epidemia. Velasco, aterrorizado ante la posibilidad de que sus efectivos quedasen fuera de combate antes de llegar a destino por culpa de la flota de escolta, se opuso enérgicamente a la sugerencia de Chateau Renault de que los enfermos fuesen recluidos y tratados en uno de los galeones de carga, y la marinería de este se sumase a los navíos de guerra. Tras una agria discusión el almirante francés accedió a que los enfermos se quedasen en sus navíos y prohibió que nadie abandonase o accediese a los mismos sin una orden específica suya. Antes de llegar a las Azores, 49 cadáveres —entre los que se encontraba su cirujano— habían sido arrojados por la borda del *Volontaire*. Del otro navío no hay datos fidedignos, pero algunas fuentes señalan cerca de un centenar de fallecidos.

En la tercera semana de navegación y con viento favorable la flota avistó el archipiélago portugués. Dos de sus corbetas fueron despachadas para avisar a las autoridades que despejasen parte del puerto principal de la isla Terceira para albergar a los cerca de 40 buques y se preparasen camas y hospitales para recibir a los enfermos. Una vez en las Azores las noticias no fueron demasiado tranquilizadoras: dos potentes flotas formadas por buques británicos y holandeses patrullaban la costa atlántica de la Península, por lo que era muy probable que los puertos de todo ese litoral estuviesen bloqueados.

Tras un descanso de 4 días se reunió el consejo de guerra a bordo del *Fort*, el buque insignia de Chateau-Renaud. Allí se habló por primera vez de dirigirse al puerto gallego de Ferrol, aunque ambos almirantes sabían que los únicos puertos autorizados por la corona para comerciar con ultramar y recibir sus mercancías eran Cádiz o Sevilla. Ningún otro contaba con funcionarios capaces de fiscalizar y contabilizar la carga, por lo que si se dirigían a cualquier otro destino no sería más que una parada eventual para reaprovisionarse y seguir rumbo una vez que las circunstancias lo permitieran.

También se presentó la propuesta francesa de arrumbar a Brest y descargar allí, una sugerencia que apoyaba claramente Luis XIV con la intención de hacerse cuanto antes con la parte que le correspondía del tesoro de la flota. Por ello, y por ninguna otra razón, Chateau-Renaud insistió en que ese puerto era mucho más seguro que cualquiera de los españoles, pues los buques ingleses —defendía—, podrían muy bien entorpecer o incluso frustrar el atraque en Cádiz o Sevilla.

Llevaban ya tres jornadas de navegación en alta mar sin haber tomado una decisión definitiva cuando una balandra de pesca portuguesa con base en Lisboa les informó que frente a Ferrol estaba anclada una numerosa flota británica con órdenes de bloquear el puerto, y que otra más de la misma nacionalidad, con abundantes efectivos, había sido vista al cruzar frente a la capital lusa con destino al estrecho de Gibraltar.

Resurgieron las rencillas entre Velasco y Chateau-Renaud acerca del puerto en el que atracar la flota. La disquisición quedó zanjada cuando José Sarmiento y Valladares, conde de Moctezuma y Tula, natural de Redondela, que había sido virrey de Nueva España durante 5 años y viajaba de regreso a bordo del galeón *Santo Cristo de Maracaibo* con su familia, enfatizó la apuesta de Velasco por las Rías Bajas, aduciendo su conocimiento de la región y garantizando el magnífico recibimiento que sus paisanos dispensarían a la flota y su escolta. No hubo más que hablar, se varió el rumbo y el 18 de septiembre se divisaron desde las cofas las costas de Pontevedra. Cuatro días después los galeones anclaban en el fondeadero de San Simón, en el interior de la ría de Vigo. Avisada la corte en Madrid, envió un contador facultado especialmente para la ocasión, Juan de Larrea, con autorización para fiscalizar la mercancía y desembarcar y registrar primero el quinto real, es decir, llevarse a palacio una quinta parte de lo embarcado en los galeones.

Mientras todo esto ocurría, la escuadra angloholandesa que dirigía el almirante Rooke, que había salido de Lagos, Portugal, con 10 navíos y 6 fragatas menos de las que había iniciado su crucero, después de haber intentado sin éxito sitiar y someter Cádiz durante más de un mes y sufrir importantes bajas[97], recibió la información de que se esperaba en España, posiblemente en Sevilla, la llegada de una flota de barcos mercantes atiborrada de plata mexicana y tesoros de América.

Despachó en su busca tres fragatas con la misión de peinar la costa desde Barbate hasta la desembocadura del Guadalquivir. El 30 de septiembre, a la altura de Conil, el capitán de navío Andrew Lake, que había abandonado su buque, el *Torbay*, para dirigir la búsqueda desde la fragata *Weasel*, recibió información de pescadores portugueses. Le aseguraron que las riquezas americanas habían pasado hacia el Mediterráneo el día anterior, y que probablemente se hubiesen cruzado con la escuadra de Rooke mientras se retiraba a Lagos. Leake regresó veloz para comunicárselo al almirante pero se encontró con que la escuadra había partido en dirección Norte. Mientras estaba a la altura del cabo portugués de San Vicente había recibido la visita de un patache de la escuadra del vicealmirante Cloudesley Shovel, al frente de la flota de bloqueo en el Ferrol, para comunicarle que los buques de la flota española habían sido vistos en dirección a las Rías Bajas. Era la oportunidad de Rooke de lavar su imagen por su fiasco ante Cádiz y no había dudado en derrotar vigorosamente en esa dirección, al tiempo que ordenaba Shovel que se mantuviera dónde estaba, preparado para atacar el puerto enemigo.

La escuadra aliada llegó a la altura del cabo Finisterre el 20 de octubre. Fondeó y envió a sus balandras a explorar las rías. Descubrió la flota en la de Vigo y mandó a buscar a Shovell que cubría bordada tras bordada buena parte de la cornisa cantábrica.

Durante el tiempo que Rooke y sus aliados emplearon en ubicar al enemigo, los galeones perdieron peso drásticamente. La mayor parte de las mer-

---

[97] A pesar de esas bajas, la flota angloholandesa la formaban todavía 27 navíos de línea, 5 fragatas, 6 cañoneras, 10 barcos incendiarios y 9 buques mercantes. Transportaba 10 000 infantes de marina británicos a las órdenes del duque de Ormond y 5000 holandeses dirigidos por el barón Sparr y el general Pallandt.

cancías preciosas fueron transportadas en carros a Santiago de Compostela, Lugo, Toledo, Valladolid y Madrid, con el peligro de asaltos que esa decisión conllevaba[98].

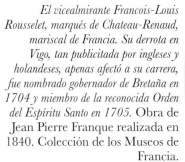

El vicealmirante Francois-Louis Rousselet, marqués de Chateau-Renaud, mariscal de Francia. Su derrota en Vigo, tan publicitada por ingleses y holandeses, apenas afectó a su carrera, fue nombrado gobernador de Bretaña en 1704 y miembro de la reconocida Orden del Espíritu Santo en 1705. Obra de Jean Pierre Franque realizada en 1840. Colección de los Museos de Francia.

Tras un viaje extenuante a través de caminos y veredas, el quinto real, más de 20 millones de pesos en monedas, lingotes y objetos preciosos, llegó a la corte madrileña el 30 de octubre. El resto de valores que pudieron ser evacuados antes del ataque de Rooke, casi 80 millones de pesos, fueron recogidos personalmente por comerciantes y financieros en depósitos bancarios de Toledo y Valladolid en noviembre y diciembre. Casi la mitad eran de holandeses, ingleses y alemanes, que habían negociado con la corte española a escondidas de sus gobiernos. En el caso holandés, si se hubiese descubierto que comerciaban con España o Francia lo habrían pagado con la muerte.

Aún se vaciaban los galeones cuando dos goletas que batían la entrada de la bahía trajeron la noticia de que una ingente flota enemiga se había apos-

---

[98] Por ejemplo, camino de la corte, algunos carros fueron atacados a la altura de la localidad orensana de Rivadavia, muertos sus guardianes y robado su contenido.

tado a 10 kilómetros al Oeste del cabo Finisterre. Saltaron todas las alarmas. La primera orden fue atascar el acceso a la rada mediante escollos y cables tendidos entre ambos extremos de la bocana de la ría viguesa. Incluso se llevaron y hundieron en el punto más estrecho, con algo menos de un kilómetro de orilla a orilla, 3 mercantes nuevos que había en la dársena de Redondela. Luego Chateau-Renaud dispuso su escuadra en facha y en paralelo a los galeones, con el *Esperance*, de 70 cañones, al Sur, bajo el castillo de Rande y el *Bourbon*, de 58, al Norte, protegido por el baluarte de Corbeiro. Ambos perpendiculares a la barrera, Sus baterías fueron reforzadas con piezas de los buques franceses, pues las propias estaban en estado semiruinoso.

Velasco, a su vez, situó su buque, el *Jesús, María y José* y los de los hermanos contraalmirantes José y Fernando Chacón —*Bufona*, la almiranta, y la capitana— entre los galeones y la línea francesa, formada en este orden y de norte a sur, por el *Solid, Prudent, Oriflamme, Dauphine, Fort, Sirene, Superbe, Propmte, Assure y Ferme*. Las fragatas *Triton, Entreprenant* y *Chocant* quedaron dispuestas en ambos extremos de la línea de galeones, la primera en el Norte y las dos últimas en el Sur.

El 22 de octubre, al levantarse la bruma matinal, pudo verse desde la fortaleza de Monte Real, en Bayona, a la enorme flota conjunta de Shovell y Rooke, anclada frente a los peñascos de Cangas, justo a la entrada de la ría de Vigo. Desde allí se envió un emisario para avisar a Velasco y a Chateau-Renaud para que ultimaran los detalles de la defensa. Todavía quedaban 4 galeones por descargar.

Durante la madrugada siguiente y con todos los faroles encendidos en las cubiertas y antorchas en los botes, los soldados ingleses y holandeses fueron desembarcados en la ensenada de Teis, Pontevedra, y en las playas de Moaña. Los buques de transporte escoltados por los ingleses *Pembroke* y *Essex*, y los holandeses *Veluwe* y *Alkmaar* sufrieron el fuego de las baterías ribereñas de Teis, Rande y Corbeiro, que disparaban en una noche cerrada a la luz que venía del oleaje. El bote en el que viajaba el duque de Ormond, el general que dirigía el desembarco, se empotró contra las rocas de la playa de O Con y el oficial inglés a punto estuvo de perder la vida. En total 15 botes fueron hundidos y se cree que perecieron más de 100 hombres. Hacia las 11 de la mañana 2500 habían acampado ya en la playa de Teis y otros tantos en el lado opuesto, sin demasiada dificultad.

En cuanto despuntó el día, Rooke ordenó a la escuadra de Shovell que se mantuviera a la salida de la ría por si la flota de Chateau-Renaud intentaba alcanzar mar abierto, levó anclas y dividió sus buques en dos grupos. El *Torbay*, de 80 cañones, con el vicealmirante Hopson a bordo, que normalmente tenía su insignia en el *St. George*, encabezó la formación de la división inglesa. Lo seguían el *Mary, Grafton, Kent* y *Monmouth*, todos de 70 cañones. El vicealmirante había sido comisionado por Rooke para perforar la barrera que taponaba la entrada a la ría. Inmediatamente detrás del *Monmouth* navegaba una línea holandesa de apoyo de tres navíos —*Slot Muyden, Dordrecht* y *Zeven Provinciën*—, en el que el vicealmirante Philips van der Goes izaba su estandarte.

Mientras, las tropas angloholandesas acampadas ya habían colocado sus cañones y bombardeaban las baterías de Teis, Rande y Corbeiro. Velasco se desplazaba en un bote desde su navío hasta el arenal para dar órdenes precisas respecto a la estrategia bélica. Conocedor de la importancia de mantener la ventaja de las piezas costeras en un choque como este, prohibió despilfarrar la munición —muy escasa— y permitió que las mujeres de las poblaciones accediesen y colaborasen en labores de avituallamiento a los cuarteles accidentales. A las 10 de la mañana del lunes 23 de octubre el estruendo era general en tierra firme, animado por algún cañonazo aislado desde los navíos, principalmente angloholandeses que apoyaban el avance de sus tropas en tierra. Chateau-Renaud rezaba para que el viento, un suave poniente, no repuntase y frustrara la maniobra del *Torbay*. La bruma se había despejado de la bahía, pero insistía en mar abierto.

Poco antes de las 11 de la mañana dos andanadas disparadas desde el *Esperance* y el *Bourbon* precedieron a un enorme estrépito. El *Torbay*, impulsado por un repentino cambio en la fuerza del viento, se había empotrado contra los cables, abierto una brecha en la barrera y quedado atascado a la mitad. Acto seguido, los buques franceses de la línea de defensa de los galeones se unieron al *Esperance* y al *Bourbon* y empezaron a machacar al inmóvil buque inglés. Cuatro botes fueron arriados a cada lado desde el navío para terminar de abrir la empalizada y liberarlo. Las baterías de Rande repartían su fuego entre los soldados desembarcados que sitiaban al castillo y las lanchas del *Torbay*.

Desde la fortificación de Corbeiro una lluvia de metralla caía inmisericorde sobre el barco de Hopson, que alentaba a sus marinos desde el castillo de proa a la vez que repelía el ataque sobre los guardianes de la entrada y los castillos de tierra con andanadas desde ambos costados. Otra salva procedente del insignia galo L´*Fort* se precipitó sobre la cubierta del barco británico. El *Torbay* era ahora el blanco de 5 líneas de fuego. En menos de 10 minutos, su sección anterior estaba carcomida por los impactos y el bauprés, desprendido. Una nueva racha de viento metió el maltrecho navío en la ría y orzó todo a estribor para dirigirse hacia el *Esperance*. El morro del *Torbay* parecía haber sido mordido por un megalodón gigantesco. En su derrota hacia el barco guardián francés, Hopson vio cómo su barco encajaba varios cañonazos desde la línea gala que protegía los galeones.

El *Esperance* soltó dos andanadas casi seguidas sobre el *Torbay* y un incendio se declaró en uno de sus juanetes. Hopson observó cómo tras él se deslizaban dentro de la ría todos los demás buques de su división. Al mismo tiempo y rompiendo la barrera por el lado norte el primero de los holandeses, *Zeven Provincien*, penetró también seguido de sus hermanos. Rooke, con su navío *Somerset* al frente, dirigió el resto de la flota bahía adentro y ordenó disparar al casco enemigo, abordar sin dilación y decomisar la mercancía, ya que lo exiguo del espacio para casi 80 barcos hacía imposible toda maniobra —el grueso de la batalla se desarrolló en las inmediaciones del fondeadero de San Simón, un área aproximada de 2 km cuadrados— y algunos buques ingleses, que desconocían los bajíos, quedaron encallados momentáneamente cerca del islote que da nombre a la ensenada, al querer operar en busca de posiciones ventajosas.

El Zeven Provincien, *con 80 piezas de artillería, tenía una longitud de 163 pies, una anchura de 43 y una tripulación de 420 personas. El buque, con más de 2000 metros cuadrados de vela fue construido entre 1664 y 1665 en el antiguo astillero del Almirantazgo holandés, en Rotterdam.* Obra anónima, probablemente del siglo XIX. Colección particular.

Entretanto, los castillos de Rande y Corbeiro habían claudicado ante el empuje de una fuerza muy superior y sus piezas se dirigían ahora a la flota franco-española. Chateau-Renaud se desesperaba al ver cómo los navíos que protegían a los galeones eran ahora atacados por babor —navíos enemigos— y estribor —fuertes capturados— y quedaban en medio de un mortífero fuego cruzado. Una vez abierta la barrera, había dentro de la bahía casi 60 navíos invasores cercando y cercenando a menos de 20 francoespañoles. El número de cañones anglo-holandés era 3 veces mayor que el franco-español, sin contar las piezas de tierra.

En medio de la confusión general, Chateau-Renaud envió la fragata incendiaria *Favori* , al mando del teniente Halis Chevalier de L'Escalette, contra el *Torbay* mientras este estaba enzarzado con el *Esperance*. Hopson ordenó mojar el aparejo y alejarse de la derrota de la fragata, pero su curso fue frenado por el inglés *Berwick*, que estaba emparejado con el *Superbe* francés. Poco después una deflagración convirtió la cubierta del *Torbay* en una ciclópea antorcha y la mitad de su tripulación se lanzó por la borda. Hopson maldecía mientras veía cómo el fuego devoraba el navío y las rescoldos se propagaban por el *Berwick*, cuya vela mayor prendió al instante. La *Favori* explotó y vomitó su carga de hoja de tabaco y plantas aromáticas sobre los buques más próximos. El capitán Martin, del *Berwick*, se arrojó al agua y cayó sobre el cuerpo sin vida del teniente francés L´Escalette, que era bamboleado por las olas provocadas por la explosión. Casi al instante, el castillo de proa del *Berwick* se incineró como una enorme cerilla y el viento propagó rápidamente las llamas por toda la batería superior.

La batalla de la Bahia de Vigo. Obra de Ludolf Bakhuizen

El material incendiario que había en la galería del combés y que estaba siendo utilizado en los abordajes —pez, grasa, cáñamo, etc- sirvió de pábulo al fuego y convirtió al *Berwick* en un descomunal cebador y en pasto de las llamas en pocos minutos. La situación amenazaba con una voladura y la tripulación restante abandonó sus puestos para hacer una fila humana por donde discurrían rápidamente cubos de agua para sofocar el incendio. Chateau-Renaud vio aquí su oportunidad y señaló a la fragata *Entreprenant*, de guardia en el extremo de la línea francesa, levar anclas y maniobrar para disparar sobre el *Berwick*. En el alcázar de la *Entreprenant*, el capitán Gastineau ordenó todo a babor y cuando se disponía a cumplir la orden, la impresionante aguja del bauprés del *Ranelagh* del capitán Wynn, que irrumpió en medio de la nebulosa, perforó la vela mayor de la fragata y el tajamar abrió una brecha en el casco francés. Gastineau vociferó para descargar de enfilada al coloso inglés e instantes después un crujido ronco sacudió la primera batería del *Ranelagh*. En menos de 15 minutos de abordaje, la tripulación inglesa redujo a Gastineau y sus hombres y la fragata fue capturada. Rooke observó con su catalejo como el incendio del *Berwick* era sofocado, pero el navío quedó completamente carbonizado, sobre todo en su sección anterior.

Mientras, la división encabezada por el *Zeven Provincien* y el *St. George* destrozaba la línea francesa. Los navíos holandeses fueron los más letales, pues 3 de ellos, el *Vrijheid*, insignia del almirante general Van Almonde, el *Beschermer*, insignia del almirante Gerard Callenburgh y el *Unie*, insignia del contraalmirante Van Wassenaar, tenían 90 cañones o más y llegaron a la línea de protección de los galeones cuando estaba ya muy debilitada, con el añadido del fuego enviado desde los castillos de Rande y Corbeiro, que llevaban ya más de 2 horas machacando a los franceses.

El *Beschermer* se alineó con el ya maltrecho *L'Fort* de Chateau-Renaud y descargó 2 andanadas con el costado de babor mientras que con los cañones guardatimones agujereó la amura de estribor de la *Sirene*, que había derivado hacia sus aguas. Por su parte el *Vrijheid*, un descomunal buque de casi 2 000 toneladas, una vez superada la empalizada y ya dentro de la ría, apenas podía moverse en aquel mínimo espacio pero, armado con cañones de 36 libras, rociaba continuamente en derredor. Su comandante había sacado 20 piezas de los costados de la 3ª batería y los había colocado en los castillos. A una altura de 20 metros por encima del mar, las casi 40 bocas negras que cubrían el contorno de su cubierta demolieron metódicamente el aparejo y la tablazón del *Prompte*, de 76 cañones y el *Ferme*, de 74, este, intentando zafarse de los fogonazos, cortó sus cables y acabó varado al lado del islote de San Simón.

Los galeones más alejados de la dársena, el *Santo Cristo de Maracaibo, San Diego de San Francisco Javier y Nuestra Señora del Rosario*, todavía conservaban parte de su carga y los ingleses *Monmouth, Grafton* y *Kent*, todos armados con 70 cañones, se aproximaban peligrosamente. El capitán Jennings, del *Monmouth*, había recibido en una chalupa enviada desde los fuertes capturados el informe de que esos tres galeones eran los únicos que portaban algún tesoro, pues los demás estaban vacíos desde hacía días. Avisado Rooke, mandó que sus tres navíos hiciesen todo lo posible por romper la línea de defensa y abordasen los galeones. Desde sus respectivos navíos, Chateau-Renaud y Velasco observaron sin poder hacer nada la derrota del *Monmuth, Grafton y Kent* y la carnicería que dejaron a su paso en los franceses *Prudent y Assure*, ambos de 60 piezas. El *Assure* arrió su bandera tras ser ametrallado por cuarta vez por el *Grafton* y el *Prudent* fue literalmente apartado a cañonazos del rumbo del *Monmouth* y el *Kent*, a quien se rindió sobre las 4 de la tarde.

Cuando casi había callado el estrépito, con todos los navíos francoespañoles maltratados y muchos en llamas, Rooke, temeroso de perder el oro, envió en un bote desde el *Bedford* al capitán Fitzpatrick con una carta para el almirante francés, en donde le conminaba a rendir la flota. Chateau-Renaud, viendo como el *Monmouth* y el *Grafton* estaban atascados por el apelotonamiento de navíos, contestó algo así como que si quería la flota tendría que venir a buscarla. Cuando estaba escribiendo su respuesta, Chateau-Renaud ya había consensuado con Velasco la posibilidad de quemar y hundir sus barcos y los galeones como mal menor. Convertida en una ratonera ciscada de escombros, esa sección de la ría de Vigo no ofrecía ninguna garantía para la navegación fluida, amén de que las arboladuras de los barcos franco-españoles estaban casi amputadas. La posibilidad de huida era nula. Cuando la lancha del *Somerset* surcaba las sangrientas aguas de la bahía de vuelta a su navío, una sucesión de pequeños incendios empezaron en los buques de la flota de la plata. Material inflamable había sido extendido por las cubiertas y aparejo y el contralmirante José Chacón en persona prendió fuego a la vela mayor de su nave, la *Bufona*. Al ver las intenciones del enemigo, Rooke se apresuró a señalar que parasen los disparos definitivamente y se intentase sofocar el fuego, principalmente de los últimos galeones de la línea: *Santo Cristo de Maracaibo, San Diego de San Francisco Javier y Nuestra Señora del Rosario.*

Tras una resistencia simbólica, el capitán Harlowe, del *Kent*, fue el primero en abordar el *San Diego de San Francisco Javier*. La dotación de presa se olvidó del fuego y se dirigió sin vacilar hacia las bodegas. Fuertemente selladas, tardaron más de 30 minutos en forzar la cerradura. Entre una humareda negra el propio Harlowe descargó varios disparos con su arma para hacerla saltar. Los ingleses sacaron cofres, baúles y sacos llenos de mercancías y los arrojaron por la borda, donde hasta 10 botes recogían todo lo que no se hundía. Las llamas y el humo se extendieron por el buque, donde ya se hacía imposible respirar. Harlowe mandó cortar los cables del galeón y el *San Diego de San Francisco Javier* empezó a moverse lentamente. Con él, el *Santo Cristo*, con sus palos y velamen casi intactos, también quedó a merced de las olas. Lo remolcó el *Monmouth* del capitán Jennings en dirección norte, con intención de sacarlo de la ría.

Mientras esto sucedía, Velasco ordenó quemar su galeón. Cuando el navío ardía como una tea, se arrojó por la borda y nadó hasta una lancha británica, en la que ya estaba preso el contralmirante Fernando Chacón. Ambos fueron enviados al *Bedford*, del contralmirante Fairborne. Desde su cabina Velasco vio hundirse definitivamente el *Jesús, María y José*.

Las cajas llenas de joyas y monedas de oro y plata arrojadas por la borda del *Santo Cristo* durante su lenta marcha eran apiñadas en chalupas atestadas de hombres empapados y chamuscados. Al mismo tiempo, una tremenda explosión sembró de astillas quemadas y miembros calcinados los alrededores del galeón *Nuestra Señora del Rosario*. La fragata francesa *Dauphine* había estallado con su tripulación a bordo, que había cumplido celosamente la directriz del almirante de la flota combinada de no abandonar el buque hasta cerciorarse de que se quemaba o hundía.

Moneda inglesa acuñada en conmemoración de los sucesos de Rande. En el anverso la reina Ana. En el reverso, una vista del puerto de Vigo, con la quema de los buques españoles y franceses ante el ataque de los buques británicos y holandeses.

Dando ejemplo a sus oficiales, Chateau Reanult fue el último en abandonar el *Fort*, en un bote arriado a última hora. Junto a él, 15 marineros y su capitán remaron vigorosamente con cualquier cosa a su alcance para intentar alejarse del navío en llamas. El que fuera insignia de la flota francoespañola ardía ahora con fuerza en medio de la ría de Vigo y su humo se sumaba a la nebulosa que envolvía aquel escenario tétrico. Una vez apresado, el almirante francés fue enviado al navío holandés *Beschermer*, cuyo almirante, Callemburgh, era un viejo conocido suyo desde sus tiempos de capitanes en aguas del canal de la Mancha.

El *San Diego de San Francisco Javier* y el *Nuestra Señora del Rosario* fueron sacados de la ría por los ingleses al día siguiente. Del primero consiguieron unas 15 000 libras y del segundo algo menos de la mitad. Ambas cantidades, una vez entregada a las tripulaciones su parte del botín, sirvieron a la corona británica para acuñar una serie de monedas conmemorativas de la batalla.

El tercer galeón capturado, el *Santo Cristo*, remolcado por el *Monmouth*, se precipitó contra la amura de estribor del buque inglés a la altura de las islas Cíes, cuando este chocó contra unas rocas. Una enorme brecha se abrió en su proa mientras las olas empujaban contra los peñascos al *Santo Cristo* que, tras la colisión, había roto 6 de los 8 cables de remolque. Con la marea alta los dos buques quedaron fuera de control ante la atónita mirada de Roorke. Jennings se adelantó a enviar más efectivos al *Santo Cristo* con objeto de asegurar el botín, pero los dos cables que unían aún ambos buques se rompieron y el *Monmouth* y el galeón quedaron separados. Todos los botes fueron arriados y casi 100 hombres llegaron hasta el *Santo Cristo* para trepar por sus escalerillas y rescatar el botín.

El galeón se escoraba a babor y las olas y el viento dejaban una imagen borrosa de su contorno, que, debido al agua en su interior, ya empezaba a quedar a la altura de la superficie marina. Los hombres de Jennings descargaban apresuradamente y tiraban al mar todo lo que podían. Casi 50 individuos se hacinaban en los pañoles de carga del galeón moviendo bultos y elevándolos a la cubierta mediante eslabones de brazos que conectaban el encharcado almacén con la borda. Otro crujido atravesó la mañana gallega. El *Santo Cristo* se había partido en dos y hacía agua por doquier. La dotación enviada por Jennings y la que ya había en el galeón se esforzaron por desalojar de sus bodegas todo lo tuviese valor. Ante el inminente hundimiento, el propio Jennings se sumó al desfalco y abandonó al *Monmouth* a su suerte. Para ello arrió otro bote y remó entre enormes olas hasta el casco del galeón. Soldados, infantes de marina, oficiales y subalternos guardaban a puñados en los bolsillos lo que ofrecían las arquillas y las cajas.

Cuando Rooke consiguió arribar a las proximidades del *Santo Cristo* ya estaba en el fondo del Atlántico. El almirante recolectó de las chorreantes casacas de sus hombres monedas y joyas por un total de 20 000 libras. El resto del cargamento, que hay quien cifra en cerca de 1000 toneladas de oro, plata y piedras preciosas que alcanzarían hoy un valor de 3500 millones de euros, aún continúa en el lecho marino bajo miles de toneladas de lodo. Unas riquezas tan fabulosas que Julio Verne hizo que el capitán Nemo, protagonista de su novela *20 000 leguas de viaje submarino*, enviara a Rande a los tripulantes del *Nautilus* para aprovisionarse de oro.

3.3.3 *Los tesoros del* San José

El 10 de marzo de 1706, en plena Guerra de Sucesión, la flota de galeones de Tierra Firme partió de nuevo desde Cádiz. El convoy la componían diez mercantes escoltados por el *San José* como capitana, al mando del general José Fernández de Santillán, conde de Casa Alegre; el *San Joaquín* como almiranta, bajo las órdenes del almirante Agustín de Villanueva y el patache *Santa Cruz*, un navío mercante armado de 44 cañones, con 300 hombres, bajo el mando de Nicolás de la Rosa, conde de Vega Florida.

El *San José* y el *San Joaquín* eran dos galeones gemelos de 1 200 toneladas, 71 codos de eslora y 22 de manga, financiados por la armada de la avería. Se comenzaron a construir en 1697 en los astilleros de Mapil, cerca de San Sebastián, y se entregaron dos años después, en 1699. Aunque disponían de dos cubiertas, castillo y portas para setenta cañones, nunca llegaron a embarcarlos. El *San José*, por ejemplo, en el momento de salir para América llevaba 26 cañones de 18 libras, 26 de 10 libras y 8 o 10 cañones de seis libras.

Como era habitual, la flota de Tierra Firme y la de Nueva España hicieron la travesía del Atlántico «en conserva». Esta última con trece navíos mercantes y tres de guerra a cargo de Diego Fernández de Santillán, sobrino del conde de Casa Alegre, que izaba su insignia en el *Nuestra Señora de Guadalupe*, capitana de la Armada de Barlovento. Sin contrariedades y con buen tiempo, llegaron a Cartagena de Indias el 27 de abril. Poco después lo hizo también la escuadra del francés Jean Duchase que acompañó a los buques de Diego Fernández hasta Veracruz.

Mientras, la flota de Casa Alegre permaneció en Cartagena de Indias a la espera de que el recién llegado virrey del Perú, Manuel de Oms y de Santa Pau, que iba embarcado con Diego Fernández, organizara la feria de Portobelo. Los comerciantes no se mostraban demasiado entusiasmados, pues los precios estaban muy altos, pero como siempre, la venta de las mercancías era muy necesaria para la Corona, sobre todo para propiciar el regreso de la flota con los caudales que tanto necesitaba. Aparte de para financiar los enormes gastos que ocasionaba el mantenimiento de los buques y tripulaciones.

Por las presiones del rey se logró que el 19 de diciembre de 1707 los comerciantes limeños zarparan de El Callao rumbo a Panamá. Dos meses después, el 2 de febrero de 1708, lo hizo desde Cartagena de Indias la flota de Casa Alegre, que llegó a Portobelo el día 10 para organizar todo lo necesario. La feria no terminó de funcionar por una serie de contratiempos y desavenencias entre los comerciantes y el general, que no estaba dispuesto a aceptar los métodos desplegados para defraudar a la Hacienda Real, algo tan común que se había convertido en norma.

Se dio por finalizada entre la última semana de abril y la primera de mayo y Casa Alegre se dispuso a regresar a Cartagena, donde debía reparar las naves antes de poner rumbo a La Habana. Llevaban embarcados 22 millones de monedas de a ocho escudos de oro y plata. De ellos se cree que el *San José* iba cargado con entre 7 y 11 millones, valorados en 105 millones de reales de la época. Aparte, llevaba otras mercancías y unos 600 pasajeros y tripulantes, lo que en caso de necesidad, no lo hacía muy apto para el combate naval.

En Jamaica, con absoluto conocimiento de la presencia de la flota del conde de Casa Alegre, se encontraba la escuadra del comodoro Charles Wager compuesta por el *Expedition*, su buque insignia de 74 cañones, los navíos *Kingston* y *Pórtland* —de 60 y 50 cañones respectivamente—, la fragata *Severn*, de 48 y el brulote *Vulture*[99], de 8. Desde el 6 de abril se encontraban de patrulla entre las islas del Rosario y los bajos de Salmedina para atacar a los buques españoles y hacerse con el tesoro. Incluso ese mismo mes llegaron a fondear en la isla de Pequeña Barú, —hoy isla El Rosario—, y se permitieron enviar botes a tierra para realizar la aguada y reponer alimentos frescos, sin ninguna oposición.

Ni siquiera su presencia era algo que desconocieran las autoridades españolas. José de Zúñiga, gobernador de Cartagena de Indias, había mandado embarcaciones a Portobelo para informar a Fernández de Santillán de los movimientos de la escuadra inglesa.

Pese a que la flota española, podía invernar protegida en Portobelo, mientras los ingleses se verían obligados a hacer lo mismo en aguas infestadas de mosquitos, que diezmarían sus tripulaciones con la fiebre amarilla y el paludismo, Casa Alegre zarpó el 28 de mayo con rumbo a Cartagena. Quería regresar a España antes de que comenzasen los huracanes y era posible que, si se retrasaba en llegar a La Habana, la escuadra francesa de Ducasse, destinada a darle escolta, se marchara sin él. La flota la formaban los galeones *San José* y *San Joaquín*, con 64 cañones cada uno; el navío *Santa Cruz*, de 44; la urca *Nuestra Señora de la Concepción*, de 40; el patache *Nuestra Señora del Carmen*, de 24; 11 mercantes, algunos de ellos artillados, y un refuerzo de 2 fragatas francesas, *Le Mieta* y *Saint Spirit*, de 34 y 32 cañones respectivamente, llegadas a Portobelo desde Cartagena. Con estas fuerzas, además del aviso vizcaíno *San José y Ntra. Sra. de las Mercedes*, confiaba en salir victorioso, a pesar de que contaba con cañones de menor calibre y alcance y que debía dar escolta a los 11 mercantes de la Flota. Esa era una gran ventaja para el enemigo, sus buques no llevaban carga alguna y podían maniobrar con ligereza.

Wager desconocía la derrota que tomaría la flota de Santillán, y creyó que su intención era dirigirse a La Habana sin pasar por Cartagena. Por ello destacó a la fragata de dos puentes *Severn* a patrullar la costa.

El 7 de junio, después de una navegación tranquila a pesar de los vientos contrarios, la flota avistó a estribor la isla de San Bernardo. Cambió ese día el viento a favorable y pudieron reunirse los buques en un grupo compacto excepto dos de ellos, que habían quedado rezagados. Esa noche, a pesar de la luna llena, se ordenó anclar para evitar encallar en los bajíos de la isla de

---

[99]   El *Expedition* lo mandaba el capitán Henry Long; el *Kingston* el capitán Simon Bridges; el *Portland* el capitán Edward Windsor; la fragata *Severn* el capitán Humphrey Pudner y el *Vulture* el capitán B. Crooke.

Pequeña Barú. Al amanecer, bajo la lluvia, con un viento suave, se reanudó la travesía. Poco antes del mediodía, la flota se encontraba ya a la altura de la isla, a unas veinte leguas de su destino, con la bahía de Cartagena a la vista. También lo estaba la escuadra de Wager que, en perfecta formación, se dirigía hacia ellos con todas sus velas desplegadas.

Charles Wager —aquí lo vemos retratado por Godfrey Kneller en 1710—, que nunca llevó bien no haberse hecho rico frente a Cartagena de Indias, intentó más adelante, cuando ya era primer lord del almirantazgo, obtener un éxito aún mayor: tomar la ciudad. En 1741 se lo encargó a Edward Vernon. Cuando se enteró del desastre ocurrido a su escuadra, no se hizo responsable. National Maritime Museum, Londres.

El viento se detuvo. Hasta les tres de la tarde no comenzó a soplar de nuevo una suave brisa que permitió a los buques ocupar su puesto de combate. Se tocó zafarrancho y se organizó la línea de batalla. En el centro se colocó el *San José*, a su costado la fragata francesa *Saint Sprit*, a proa, la urca *Concepción* y, a popa, el patache *Carmen*, el aviso vizcaíno y la otra fragata francesa. En retaguardia, para cerrar la formación, quedó el *San Joaquín*. En vanguardia, navegaba el *Santa Cruz*, de Nicolás de la Rosa. Los mercantes se colocaron a sotavento de la escuadra.

Wager, que suponía el tesoro embarcado en los tres buques de mayor calado dirigió hacia ellos sus tres navíos. A las cinco de la tarde el *Kingston* abrió fuego contra el *San Joaquín*. Le rompió la verga del palo mayor pero, pesar de tener que disminuir su velocidad, continuó su camino siempre con el apoyo de la *Concepción*.

El *Expedition* fue directo en busca del *San José*. Se abrió paso a cañonazos hasta encontrarse a unos trescientos metros de distancia. Desde allí le lanzó su primera andanada, a la que respondió el *San José* por su costado de estribor. Con intenciones claras de abordaje los ingleses disparaban al velamen y al timón mientras se acercaban. Casa Alegre ordena virar para zafarse del castigo pero no lo consiguió. Con muy poca puntería por parte del *San José*, los dos buques se acercaron hasta menos de 60 metros. Cuando a las siete y media de la tarde, mientras ya oscurecía, la tripulación del *Expedition* se preparaba para el abordaje, una terrible explosión destrozó el *San José*. Se hundió tan rápido que de las 600 personas embarcadas no se salvaron más de veinte, recogidas por botes ingleses.

El San José *se hunde junto al* Expedition *el 8 de junio de 1708. El cuadro se lo pagaron al pintor Samuel Scott los amigos del comodoro Charles Wager. Nunca se supo con certeza que ocurrió. A pesar de ello, todas las versiones británicas hablan de una explosión tras un valiente combate. No así la del capitán de mar y guerra Pedro García de Asarta, que nos describe: «La capitana —el* San José— *se abrió y fue a pique por lo mal carenado, o por la varada que dio a la salida de Cartagena para Portovelo».* National Maritime Museum, Madrid.

Wager, con su navío dañado por la explosión de la capitana, fue en busca de otra presa. Hacia las dos de la madrugada atacó erróneamente al *Santa Cruz*, pensando que era el *San Joaquín*.

El buque español resistió dos horas de duro combate, hasta que llegaron los otros tres navíos ingleses y, a punto de hundirse, pidió cuartel. Cuando subieron a bordo el capitán Long y algunos marineros para hacerse cargo de la presa y el tesoro, no encontraron nada.

El *San Joaquín*, que se había retirado para reparar sus daños en velas y jarcia, regresó al combate sobre las tres de la madrugada. No encontró a nadie. Al amanecer del 9 de junio, solo, puso proa a Cartagena. Cuando lo localizaron el *Kingston* y el *Portland*, Wager, que con todos los daños que tenía el *Expedition* en su arboladura no podía unirse a ellos, ordenó su persecución. A las dos de la tarde del 10 de junio, en los bajos de Salmedina, justo a la entrada de Cartagena, el *San Joaquín* recibió la primera andanada de los cañones ingleses. La respuesta de Villanueva fue inmediata: los artilleros españoles desarbolaron parcialmente a uno de los navíos enemigos. Después, el galeón continuó su camino para ponerse a salvo frente al castillo de Bocachica, al que los ingleses no tenían ninguna intención de acercarse.

Mientras, los mercantes entraron también en el puerto ante la indiferencia de los británicos. La fragata francesa *Saint Sprit*, que se encontraba a estribor, por la proa del *San José*, descargó sus baterías contra el *Expedition* al principio del combate, asistida por la urca *Concepción*. Luego, como ya poco podía hacer contra los navíos enemigos, se retiró también a Cartagena, seguida por la fragata *Le Mieta* y el resto de los mercantes.

Después de la explosión de la capitana, la urca *Concepción* y el patache *Carmen* navegaron al suroeste y luego viraron al este para intentar refugiarse en aguas poco profundas. Al día siguiente, 9 de junio, el patache se dirigió hacia Cartagena por el canal de Barú, lo que no pudo hacer la urca, de mayor calado. Lo intentó al día siguiente por el Rosario sin viento suficiente. Su capitán decidió refugiarse en las costas de Barú. La tripulación encalló el buque y, a la vista de los ingleses, avisados por un mercante sueco, lo incendió.

El día 19 Wager se retiró a Jamaica con la única presa conseguida. Atrás, en las inmediaciones de Cartagena, dejó a los dos navíos y al brulote *Vulture*, con la intención de que los buques españoles no pudieran escapar.

Para los ingleses fue un fracaso, ya que su verdadero objetivo no se había cumplido. Los capitanes Bridge y Windson fueron expulsados de la *Royal Navy* por su pobre comportamiento en la persecución del *San Joaquín*. Solo Wager se vio favorecido, lo ascendieron a contralmirante el 2 de diciembre de 1708.

Villanueva acusó de cobardía a los capitanes de la Flota, lo que le obligó a refugiarse en un convento ante el temor de ser asesinado. Los consejeros franceses del rey aprovecharon para convencerlo de que solo se podía confiar en buques franceses para traer los caudales salvados por Villanueva. Hubo que esperar 3 años, hasta finales de mayo de 1711, a que llegaron los buques del jefe de escuadra Jean Ducasse.

El 3 de agosto, a las órdenes de Ducasse, la flota del tesoro partió desde Cartagena rumbo a la Península. Junto a los mercantes viajaban el *San Joaquín*, a las órdenes de Villanueva, el navío *Saint-Michel*, de 70 cañones, capitana de Ducasse, el navío *Hercule*, de 60, y la fragata *Griffon*, de 40. En Cartagena se quedaba para defender la ciudad la fragata *Gallarde de Nantes*.

Al día siguiente de la partida un fuerte temporal dispersó la flota. Ducasse con sus tres navíos y la mayor parte de los mercantes regresó a Cartagena sin avisar a Villanueva. El día 7 el *San Joaquín*, con la única compañía de un patache, avistó una escuadra que identificó como la de Ducasse. En realidad era la del comodoro británico James Littleton, que había zarpado de Port Royal el 26 de julio, con su navío insignia de 50 cañones, el *Salisbury*, y le acompañaban otros 4 navíos de 50, 1 de 60 y una fragata de 40[100].

Cuando Villanueva se dio cuenta del error era demasiado tarde, y decidió entablar combate. El *San Joaquín* acabó por rendirse ante un enemigo muy superior, pero solo tras la muerte de Villanueva por un disparo de mosquete.

No había ningún tesoro en el buque. Era un señuelo. Una orden personal de Felipe V había obligado al orgulloso Villanueva a trasladarlo a los buques franceses antes de la partida. Con él a bordo, y sin ningún percance, Ducasse partió de Cartagena tres días después del combate. Dividió sus fuerzas hacia Port du Paix y Martinica y llegó finalmente a puerto español. El rey lo colmó de honores.

3.4 Tesoros sumergidos

Apenas una docena de pecios de los buques hundidos durante la Carrera de Indias han llegado a nuestros días. Los que lo han hecho, siempre han protagonizado historias muy controvertidas, similares a las del galeón *Atocha*.

En 1804, en combate contra los ingleses, se hundió el buque *Nuestra Señora de las Mercedes*. Una fragata construida en La Habana, botada en 1786, para cubrir las nuevas rutas entre América y España.

A la altura del Cabo de Santa María, el buque se vio atrapado por cuatro fragatas de la armada británica. Una de ellas, la *Amphion*, fue la que la produjo daños irreversibles cuando realizaba la travesía desde Montevideo a la Península con un cargamento de oro, plata, telas de vicuña, quinta y canela. En el naufragio perecieron 249 marineros. Los 51 supervivientes restantes fueron apresados y trasladados al Reino Unido.

El pecio de la *Mercedes* lo descubrió la empresa estadounidense Odyssey Marine en mayo de 2007. A bordo seguía un tesoro de 500 000 monedas de

---

[100] El navío de 60 era el *Jersey*; los de 50, *Salisbury Prize*, *Newcastle*, *Weymouth* y *Anglesay* y la fragata, la *Fowey*.

plata acuñadas en Perú a finales del siglo XVIII. El Gobierno español decidió llevar a la compañía Odissey a los tribunales por los derechos del pecio y la carga, un litigio que duró hasta 2012, cuando el Tribunal Supremo de Estados Unidos obligó a la compañía a devolver a España todas las monedas, un equivalente 17 000 kilos de oro y plata . El pleito se ganó gracias a la colaboración de tres ministerios —Exteriores, Cultura y Defensa—, que aportaron pruebas ante la justicia estadounidense de que el tesoro pertenecía a la *Mercedes*.

La explosión de la fragata española Nuestra Señora de las Mercedes *en el combate del Cabo Santa María, el 5 de octubre de 1804.*

El éxito de España en el litigio ante los tribunales estadounidenses sobre la fragata *Nuestra Señora de las Mercedes* no se basó en el carácter de patrimonio cultural subacuático del pecio, sino en que se trataba de un buque de guerra perteneciente a la Armada española y, por tanto, protegido por la inmunidad de jurisdicción que el Derecho internacional reconoce a los buques de Estado.

En el concepto de buques de Estado se incluyen los de guerra y cualesquiera otros de titularidad estatal siempre que estén dedicados a fines no comerciales. Así es aceptado, con carácter general, en el ámbito internacional, como se pone de manifiesto en la Convención de las Naciones Unidas sobre el Derecho del Mar de 1982 —CNUDM—.

La CNUDM considera buque de guerra a todo aquel que pertenezca «a las fuerzas armadas de un Estado que lleve los signos exteriores distintivos de los buques de guerra de su nacionalidad, que se encuentre bajo el mando de un oficial debidamente designado por el gobierno de ese Estado cuyo nombre aparezca en el correspondiente escalafón de oficiales o su equivalente, y cuya dotación esté sometida a la disciplina de las fuerzas armadas regulares» (art.

29) y se refiere también, para dispensarles el mismo tratamiento, a «otros buques de Estado destinados a fines no comerciales» (arts. 31 y 32) o, de manera más precisa, a los «buques pertenecientes a un Estado o explotados por él y utilizados únicamente para un servicio oficial no comercial» (art. 96).

A los efectos que nos ocupan es muy importante subrayar que un buque de Estado no pierde esta condición por encontrarse hundido como consecuencia de un naufragio. Se trata de una regla de Derecho internacional que actualmente tiene expreso reconocimiento en la Convención de la Unesco, que incluye la siguiente definición: Por «buques y aeronaves de Estado» se entiende los buques de guerra y otros navíos o aeronaves pertenecientes a un Estado o utilizados por él y que, en el momento de su hundimiento, fueran utilizados únicamente para un servicio público no comercial, que sean identificados como tales y que correspondan a la definición de patrimonio cultural subacuático (art. 1.8 CPPCSA).

Parte de las monedas de plata que transportaba en su viaje la fragata Nuestra Señora de las Mercedes. Archivo General de Indias, Sevilla.

Pese a que Estados Unidos no es parte en la Convención de la Unesco, sus tribunales no dudan en reconocer el carácter de buques de Estado a los pecios correspondientes a buques de guerra extranjeros. Precisamente en esto se basaron las decisiones de los tribunales de Tampa y Atlanta en el caso de la *Mercedes*, en el que, una vez identificado el pecio y establecido que correspondía a un buque de guerra español, no se cuestionó en ningún momento la aplicación de ese régimen de inmunidad de los buques de Estado.

Del mismo modo, un juez federal estadounidense dictaminó en 1999 que la empresa estadounidense de rescates de tesoros Sea Hunt, que descubrió ese mismo año el pecio de la fragata *Juno*, no tenía que ser compensada con una indemnización, ya que actuó sin ningún permiso de las autoridades españolas.

La *Juno*, hasta entonces un barco mítico de los buscadores de tesoros, que se basaban en datos equivocados, naufragó en aguas de la isla de Assateague, Virgina, Estados Unidos, en 1802. Había salido de Veracruz, pero una tormenta lo obligó a refugiarse en el puerto de San Juan de Puerto Rico, en donde se quedó durante siete meses hasta ser reparado. Transportaba al principio a más de 400 personas y 2,5 millones de pesos —el equivalentes a unas 600 o 700 toneladas de plata—, pero se trasladaron a otro buque, el *Asia*, que también tuvo problemas al salir de San Juan y cuyo cargamento a su vez se trasladó al *San José*. Este buque, el *San José*, sería el que finalmente transportara ese valioso y buscado cargamento a España.

El pasaje y la tripulación del *Juno* siguieron su camino libres de tan pesada carga. En la mañana del 24 de octubre, la goleta estadounidense *La Favorita*, de patrulla rutinaria por sus aguas avistó las señales de alerta que con banderas le hacía la *Juno* y salió a socorrerla. Los dos barcos navegaron juntos hacia el Norte durante dos días, pero en la noche del 27 el tiempo empeoró y *La Favorita* perdió de vista al navío español, que al día siguiente se declaró desaparecido. El diario *La Gaceta de Maryland* publicó, por entonces, que con la *Juno* se había hundido un valioso tesoro de monedas en plata, pero la realidad era muy diferente.

A pesar de ello, el juez federal del almirantazgo de Norfolk, Virginia, rechazó en su momento la petición de indemnización por casi 85 millones de dólares que solicitaba Sea Hunt por el rescate de la *Juno*, una vez que los tribunales decidieron que la fragata, estuviera donde estuviera, era propiedad española.

El magistrado decidió que, por ello, la empresa no podía realizar ningún rescate y que debía entregar a España todo lo que estuviera en su posesión de la *Juno*, así como los que en un futuro se pudiera encontrar y que perteneciera a esa fragata. Con aquella sentencia la *Juno* consolidó jurídicamente los pecios de los más de 160 navíos españoles hundidos durante siglos en aguas que ahora le pertenecen a Estados Unidos, tanto en el Pacífico como en el Atlántico.

El caso contrario sería el del Sussex, un galeón hundido en 1694 en el Estrecho de Gibraltar con 10 toneladas de oro y plata. En 2007, la compañía estadounidense Odyssey y el Gobierno británico se lanzaron a la busca del tesoro con el permiso de las autoridades españolas.

Otro caso muy conocido fue el del galeón *Nuestra Señora de la Limpia y Pura Concepción*, el buque insignia de la flota española en el nuevo mundo. Zarpó de Veracruz con destino a España en 1641 y naufragó en una tormenta cerca de la República Dominicana. Llevaba 500 personas a bordo entre tripulantes y pasajeros de los que solo sobrevivieron 200.

En 1687, William Phips, a bordo del *James and Mary* y del *Henry*, junto con el capitán Francis Rogers, buscaron los restos del naufragio y lo describieron con exageración como el barco más rico que jamás había zarpado de las Indias Occidentales. Recogieron 30 toneladas de monedas, barras y planchas de plata, más de 11 kilogramos de oro en lingotes y varios sacos de piedras preciosas.

Extraer las riquezas de los barcos hundidos era una práctica habitual mucho más extendida de lo que parece, y se lograron algunos éxitos muy notables. En España, destacó el método de buscar tesoros con la denominada Campana de Toledo, fabricada en 1538, con la que se hizo una demostración en aguas del Tajo al emperador Carlos V ante más de diez mil espectadores. Se demostró que funcionaba, si bien era poco práctica pues los ocupantes de la campana se sumergían con una vela encendida y después de cierto tiempo en inmersión salían con la vela encendida para demostrar que habían bajado al fondo, pero era poco práctica para trabajar. Con una artefacto similar, la campana de Bono, se logró en 1582 recuperar un ancla en el puerto de Lisboa, pero es la máquina de Jerónimo Ayanz, la más interesante.

En 1603, diseñó una barca submarina, construida de madera calafateada y embreada, recubierta de lienzo pintado con aceite para impermeabilizarla, con la que realizó una demostración en el Pisuerga ante la Corte de Felipe III.

También hubo un traje de buceo bien desarrollado por Pedro de Ledesma, secretario del Consejo de Indias de 1623 y serios trabajos para la extracción de tesoros hundidos, como las maquinas elaboradas por Francisco Núñez Melián en 1626 para recuperar la carga de la *Santa Margarita*, hundida en las costas de Florida, o la «campana de Cadaqués» propuesta en 1654 por el mecánico Andreu Ximénez, que permitió recuperar un tesoro hundido en dicha población[101].

Pero volvamos al *Concepción*, en 1978 el cazatesoros Burt Webber, localizó el pecio del buque y recató 60 000 monedas de plata además de otros objetos de oro. Una carga que se tasó en 30 millones de dólares actuales.

A pesar de la normativa de la UNESCO, que sostiene que todo lo que está sumergido forma parte del patrimonio de una nación y no puede venderse, el gobierno de la República Dominicana comercializó una buena parte de ellas y se quedó con los beneficios tras darle a Webber el 50 % que tenía establecido en su contrato.

Un caso claro de que muchas veces no se depende de una ley internacional, si no de la forma en que los países están dispuestos a acatarla.

---

[101] En realidad el traje de buzo moderno no se logró hasta que los hermanos John y Charles Deane consiguieron, mediante cascos de bomberos mejorados, diseñar un traje de buzo en 1829, gracias al cual pudieron rescatar varios pecios.

Una fragata española de 40 cañones vista por la popa navegando a un largo. Muy similar a la Juno *y a la* Galga, *hundidas ambas en aguas de Virginia, Estados Unidos.* Obra de Agustín Berlinguero. Museo Naval, Madrid.

En España, el Proyecto de Ley de Navegación Marítima incluye un precepto dedicado a los buques de Estado naufragados o hundidos, a los que considera bienes de dominio público estatal, inalienables, imprescriptibles e inembargables, y protegidos por la inmunidad de jurisdicción, cualquiera que fuera el momento en que se produjo su pérdida y el lugar en que se encuentren (art. 382).

Para determinar si un pecio merece la protección correspondiente a los buques de Estado hay que atender al uso a que estaba destinado el buque en el momento del hundimiento. Esta precisión, incorporada de manera expresa en la definición de buques y aeronaves de Estado contenida en la Convención de la Unesco, tiene indudable trascendencia, pues despeja las dudas que podrían suscitar casos como el del galeón *San Diego* que, con una tripulación de 400 hombres cubría la ruta comercial entre Nueva España y Manila, hundido en las costas de Filipinas en el año 1600, en combate contra los navíos holandeses *Eendracht, Hope* y *Mauritius*.

Este buque era de propiedad particular, pero ante la amenaza de los navíos holandeses que se aproximaban a Manila, fue requisado y armado con 14 cañones por las autoridades españolas de Filipinas, a fin de acondicionarlo como buque de guerra. La cuestión no llegó a plantearse, pues el pecio del *San Diego* fue encontrado en 1991 por el catamarán *Kaimiloa*, a 52 metros de la superficie, y excavado durante esa década con autorización de las autoridades Filipinas y sin oposición por parte de España[101], pero, de haberse suscitado, la Convención de la Unesco habría constituido un sólido apoyo para atribuir el carácter de buque de Estado al galeón hundido.

El galeón Nuestra Señora de la Pura y Limpia Concepción, *que naufragó en aguas de la República Dominicana en 1641. El valor total de la carga del buque fue estimado en 2008 en unos 100 millones de euros.*

Hoy por hoy, la inmunidad de los buques de Estado, en cuanto institución anclada en el Derecho internacional clásico, presenta un carácter universal del que todavía carecen las previsiones de la Convención de la Unesco, cuya vigencia se limita a cuarenta y cinco Estados. Esto implica que la inmunidad pueda ser invocada prácticamente ante los tribunales de cualquier Estado para oponerse a cualquier pretensión sobre pecios correspondientes a buques de Estado. Atendida su finalidad, la inmunidad solamente garantiza que, en caso

---

[102] En su interior se encontraron 6.000 objetos entre monedas, joyas de oro, porcelanas de la dinastía Ming, armas y cañones, El tesoro fue depositado en el Museo Naval de Madrid —un 70 %— y el 30 % restante en el Museo Nacional de Filipinas.

Uno de los sistemas ideados para recuperar tesoros hundidos fue el de Diego de Ufano, ingeniero militar español, que trabajó al servicio del ejército español en Flandes bajo las órdenes del general de artillería Luis Velasco, y que inventó en 1613 un equipo para recuperar los cañones y barcos hundidos del fondo del mar.

de ser estimada por los tribunales ante los que se invoca, dichos tribunales se abstendrán de pronunciarse sobre cualquier pretensión de reconocimiento de derechos de propiedad, excavación, hallazgo o salvamento.

Esto permite utilizar la inmunidad para obstaculizar los intentos de expoliación de pecios por parte de empresas cazatesoros y, en caso de haberse producido ya el expolio, puede facilitar también, en función de las circunstancias, que los objetos de valor histórico extraídos sean entregados al Estado al que pertenezca el buque naufragado.

Pero la eficacia de la inmunidad que el Derecho internacional reconoce a los pecios de buques de Estado es, como se ha dicho, limitada, y no solo porque queden fuera de su cobertura los buques que en el momento del naufragio eran de propiedad privada, sino también porque la inmunidad, por sí sola, no impone al Estado del pabellón ninguna obligación positiva de adopción de medidas para la protección del pecio que vayan más allá de impedir la extracción y explotación comercial de los restos del buque naufragado y de su cargamento.

3.4.1 Los pecios y el problema legal de su recuperación

Los más de 300 años de presencia española en América dejaron, como el lógico, un rastro de barcos hundidos por causas naturales o por la acción humana que ha ido ganando importancia, no solo por factores culturales, sino también por razones políticas e incluso económicas, pues afecta a buques de todos los tiempos y condición. Se calcula que en los fondos oceánicos hay aproximadamente 3.000.0000 de pecios sin localizar, y solo en las costas de América del Norte se estima que desde comienzos del siglo XVI se han hundido 65 000 barcos. En cuanto a las costas españolas se cree que puede haber unos 1500.

El problema del valor es complejo. Es verdad que el especialista y buscador de tesoros Mel Fischer calculó en 400 millones de dólares el valor de la carga del galeón *Nuestra Señora de Atocha*, pero eso es muy relativo, y lo es por varias razones, entre otras que el valor «monetario» actual del oro o la plata que un barco de hace siglos pudiera llevar no es lo mismo que su valor cultural, arqueológico o histórico, y también porque las naciones avanzadas no se rigen por ese criterio.

En este sentido, la Asociación por el Rescate de los Galeones Españoles, estima, por ejemplo, que solo en el área de la Bahía de Cádiz hay unos 850, de los que 180 tienen, casi con seguridad, algún valioso tesoro, con un valor entre todos estimado en unos 25 000 millones de euros, por eso, el descubrimiento cada cierto tiempo de galeones españoles hundidos dispara la imaginación de muchos.

Lo primero que habría que distinguir es entre barcos españoles hundidos en aguas territoriales españolas, en aguas internacionales o en aguas de terceros estados, pues además de lo que establece nuestra propia legislación, hay que atender a lo dispuesto en las normas internacionales y en los convenios y acuerdos bilaterales, sin olvidar que al no existir un organismo mundial de control, las discusiones, y negociaciones se establecen en la práctica sobre cada caso.

El derecho internacional del mar está en la actualidad codificado en el Convenio de las Naciones Unidas sobre Derecho del Mar (CNUDMAR), que establece las obligaciones y derechos de los estados sobre los pecios, y dos artículos, el 149 y el 303, contienen reglas generales —párrafos 1, 3 y 4 del art. 303— como normas específicas para dos zonas marítimas, la Zona Contigua —párrafo 2 del art. 303 que cita el art. 33— y la Zona Internacional de los Fondos Marinos —art. 149—, pero no hay incluida referencia alguna al carácter histórico y cultural.

Los problemas prácticos que se plantean son amplios y variados. Por una parte hay que tener en cuenta que estamos hablando en muchos casos de barcos hundidos hace mucho tiempo, a veces siglos, por lo que incluso en casos se producen problemas derivados de la inexistencia de esos estados hoy en día,

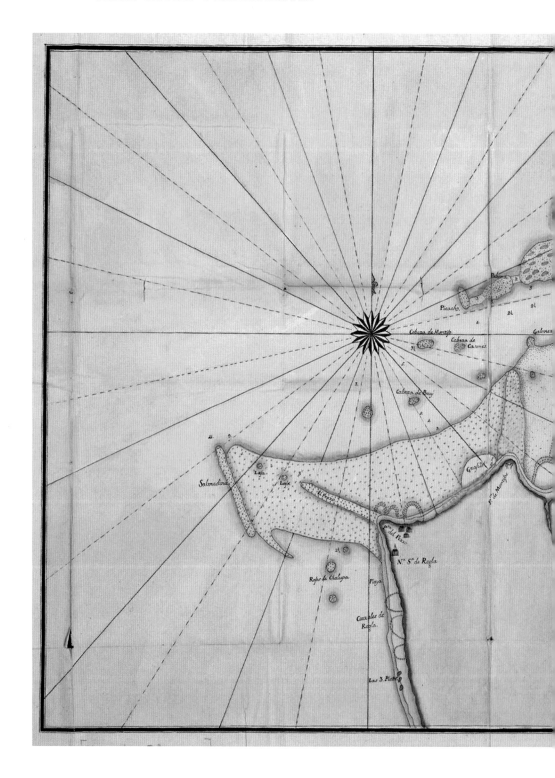

Plano de la Barra de Sanlúcar de
Barrameda, en Cádiz, realizado en
1716, por Julián de Arriaga. El
banco arenoso móvil que se desplaza
según las corrientes —la Barra—,
provocó numerosos naufragios en el
tráfico de la Flota de Indias tanto en
la bahía como en la misma salida
del río Guadalquivir. Muchos de
ellos, con sus importantes cargas,
están perfectamente documentados,
pero las condiciones que ofrecen
los cazatesoros para recuperarlas
son, la mayor parte de las veces,
incompatibles con la legislación
española. Archivo General de
Simancas.

siempre sin olvidar que en los casos de los propietarios privados del barco hundido estuviesen identificados, puede darse el caso en personas físicas de que hay herederos y en de las jurídicas, que existan, que se hayan extinguido o hayan sido absorbidas por otras.

Los ordenamientos jurídicos de todos los estados establecen reglas para la reclamación de los derechos de propiedad sobre los buques hundidos y, por ejemplo, en el caso español, a los seis años sin reclamación la propiedad se pierde, el problema no obstante se mantiene sobre los pecios en aguas territoriales de un estado, pues la discusión se sigue manteniendo por la primacía de la bandera o del territorio, y en el caso de la bandera es importante indicar que no es lo mismo un mercante de propiedad privada que un buque de guerra, si bien las variantes y condicionantes son tantos que cada caso es un mundo, y si tenemos en cuenta que solo en España se considera que hay unos 1 500 barcos hundidos en sus aguas territoriales, nos podemos dar cuenta de la verdadera dimensión del problema.

España, por sistema, defiende que los buques de estado con bandera española son propiedad del estado español, en tanto que las empresas privadas de caza tesoros, suelen defender que los buques encontrados en aguas internacionales son de quienes los localizan si están «abandonados», y si están en aguas territoriales de una nación, defienden que son de ese país, pero intentan negociar una cantidad como «compensación» por el esfuerzo y el trabajo de recuperar la carga —cantidad que oscila en torno al 25%— animando de esa forma a que la nación soberana de las aguas les permita trabajar. Por su parte, España jamás considera abandonados a sus buques de estado, por lo que la polémica cada vez que se descubre el pecio de un galeón español está servida.

En la actualidad, la definición de la UNESCO de 2001, en la Convención para proteger el patrimonio cultural subacuático, en su concepto de pecio, no ayuda tampoco mucho a mejorar o aclarar el problema, pues se limita a decir que se trata de «aquellos rastros de la existencia humana que estén o hayan estado bajo el agua, parcial o totalmente y que tengan un carácter cultural o histórico».

A pesar de esa falta de precisión, los principios esenciales de la Convención, son muy útiles si los aplicamos al caso de los pecios pues establece que los estados deben preservar y proteger los objetos hundidos que tengan un valor histórico, cultural, arqueológico o científico, estableciendo de este modo al menos unos principios básicos de protección.

Igualmente, considera que el patrimonio ha de ser conservado en el lugar donde el barco se encuentra, y si bien es lógico que la única forma de que el valor de los objetos que cargaba el barco hundidos puedan ser mostrados es sacándolos del fondo del mar, apoya una mínima garantía de que para ello no se destruirán o dañarán irreversiblemente los restos.

Otros asunto interesante es la explotación comercial, pues la Convención determina que los bienes sumergidos como parte del patrimonio cultural subacuático, no deben ser explotados comercialmente con fines de lucro o especulativos, ni tampoco deben ser diseminado de forma irremediable.

Buques de la armada francesa realizan trabajos para recuperar los pecios de Rande según el grabado publicado en 1870 en el semanario parisino L'Univers Illustré. *Desde que concluyera la batalla se han realizado al menos 75 expediciones controladas en la ría de Vigo. Todas buscaban los míticos tesoros del galeón* Santo Cristo de Maracaibo.

Esta disposición es conforme a los principios éticos que ya se aplican al patrimonio cultural en tierra firme es, tal vez, la mejor garantía de que aunque no hay normas de derecho positivo que protejan con claridad los tesoros hundidos, no deja de ser un acuerdo internacional que de una forma u otra debe inspirar a los jueces en los casos de conflicto, y además debería al menos garantizar que si el pecio de un buque abanderado por el estado español es descubierto fuera de sus aguas territoriales, España deberá ser consultada para que dé su consentimiento antes de emprender cualquier intervención sobre sus restos, y si es descubierto en aguas jurisdiccionales, que se pida igualmente su opinión, pues el estado del pabellón deberá ser advertido del hallazgo.

Las acciones de Odissey son un caso perfecto de la forma de actuación de las empresas caza tesoros, pues sus trabajos, que exigen una elevada inversión y contar con una gran capacidad en tecnología moderna, y muy avanzada, hace que sus accionistas presionen para obtener rendimientos y cuando no logran un acuerdo con la nación en la que se encuentra el buque o la nación que reclama su propiedad, tienen problemas para obtener los rendimientos que esperan, y acaban actuando claramente al margen de la ley, al tiempo que tratan de confundir a la opinión pública de la verdadera naturaleza de los hechos.

Otro asunto interesante que apareció en el juicio sobre la fragata *Nuestra Señora de las Mercedes* fue el papel desempeñado por los herederos de los tripulantes y pasajeros de la fragata, muchos de ellos civiles, que alegaron que, aunque se reconociese la inmunidad a la fragata, el cargamento, que en parte era de propiedad privada, tenía que ser separado de la inmunidad pero en este caso el tribunal de apelación decidió que cómo no se había citado ninguna norma jurídica especial sobre ese asunto, no cabía separar la carga del resto del naufragio a los efectos de inmunidad.

No obstante, es evidente que los problemas y los conflictos de jurisdicción, e incluso el hecho de que en ellos participen intereses públicos y privados, hace que cada caso acabe, siempre, convertido en un largo pleito judicial, pues es muy difícil que los intereses coincidan. Basta ver el reciente ejemplo del *San José* que, como hemos visto, cargado de varias toneladas de doblones, barras de oro y de plata, así como de kilogramos de joyas y piedras preciosas, además de otras mercancías; todo con un valor total de 11 millones de pesos de la época, fue atacado por barcos ingleses y se hundió en la península de Barú, en Colombia, el 8 de junio de 1708.

En los años ochenta del siglo pasado, varias empresas de búsqueda de tesoros intentaron extraer del mar el tesoro valorado en 10 000 millones dólares, y aún a pesar de que un tribunal federal de Estados Unidos declaró el 25 de octubre de 2011 el tesoro como propiedad del gobierno de Colombia, la empresa Sea Search Armada presentó un recurso de apelación contra la República de

Colombia, ante la Corte de Apelaciones del Distrito de Columbia —Washington— en el que reclamaba sus «derechos» sobre la carga del San José.

En este caso, a diferencia de lo que hemos expuesto, la Corte Suprema de Colombia, había concedido a la compañía la mitad del tesoro, si este se rescatase de las profundidades, pues reconocía el hecho de que ni Colombia, en cuyas aguas se encontraba, ni España, país de bandera del buque, tenían la más mínima posibilidad de hacer nada para extraer el tesoro.

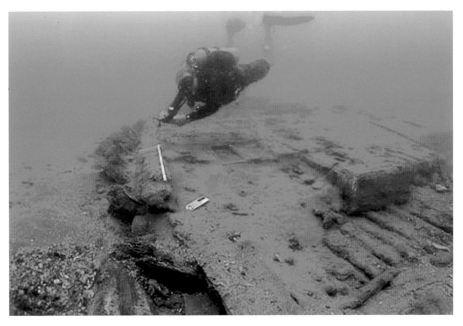

Frederick Hanselmann, jefe de la expedición y arqueólogo submarino en el Centro Meadows de la Universidad de Texas, nada junto al pecio del mercante Nuestra Señora de la Encarnación, *hallado en 2011. El buque, construido en Veracruz, formaba parte de la Flota de Tierra Firme. Se hundió en 1681, durante una tormenta, en la desembocadura del río Chagres, Panamá. Iba cargado con hojas de espada, tijeras, zapatos, herraduras para mulas y cerámica, todos objetos de uso común.*

No hay que olvidar, que con independencia de la legislación de Estados Unidos o España, la de Colombia, Ley 1675 de 2013, por medio de la cual «se reglamentan los artículos 63, 70 y 72 de la Constitución Política de Colombia en lo relativo al patrimonio cultural sumergido», dispone que deberá buscarse la forma para rescatar los naufragios históricos que se encuentren en mares colombianos, lo cual incluye también entre ellos, al galeón *San José*, que si bien era español, no debe olvidarse que Colombia es también un estado sucesor de España y su legislación sí permite a quien saque tesoros de mar obtener hasta la mitad de lo conseguido.

Robert Sténuit, de la expedición financiada por la compañía cazatesoros Atlantic Salvage Co. liderada por John Potter, saca cañones de los pecios de Rande durante la campaña que realizó en 1955. Fotografía publicada en el semanario francés Journal Tintin *el 8 de septiembre de 1960.*

Se trata por lo tanto de un asunto complejo, que llevará mucho tiempo regular y en el que siempre habrá intereses contrapuestos, y eso sin olvidar que por mucho que se quiera defender el patrimonio y evitar el comercio ilícito de las piezas y joyas transportados durante siglos por los barcos de España, hay mucha gente que sabe que en el fondo del mar hay mucho más oro que las 10 toneladas custodiadas en la Cámara del Oro del Banco de España, donde se guardan unos 11 000 millones de euros en lingotes. Y eso, es mucho.

EPÍLOGO

ACABAR CON UNA LEYENDA

Es FRECUENTE ESCUCHAR como una monótona queja en España que es un país «de funcionarios», y que este hecho, aparentemente insustancial, dice mucho sobre el verdadero alma del país y sobre nuestra supuestamente escasa capacidad para el emprendimiento y la innovación. Por supuesto es falso, pero si es cierto que el imperio español contó siempre con eficaces y meticulosos funcionarios, competentes y abnegados, que con independencia de su jerarquía o rango, desde escribanos a contadores y desde inspectores a secretarios, llevaron un preciso control de toda la actividad española en las Indias, desde la correspondencia a los inventarios, y actuaron, en general, con una sorprendente eficacia y seriedad, y gracias a ellos, sabemos la verdadera dimensión del oro y la plata sacados por España de América.

Igualmente, es también frecuente que los actuales latinoamericanos se quejen constantemente de las riquezas que los españoles les «arrebatamos» con nuestra «cruel, malvada y depravada» política colonial, y que esa es la causa de su pobreza, como si no llevasen ya 200 como naciones independientes, ataque ante los que muchos españoles actuales se defienden usando como argumento otros dos errores que demuestran la enciclopédica ignorancia del español medio ante su historia y el complejo que hemos adquirido ante las mentiras y falsedades que han sembrado las naciones enemigas de la nuestra durante los tres últimos siglos; la primera es decir que el oro no llegó a España por culpa de los piratas, lo que no es verdad; la segunda que se perdió en su mayor parte en tormentas y naufragios, lo que tampoco.

En cuanto al oro y la plata, hay que poner todo en su justa medida, los españoles enviaron a Europa en torno al 20% de los metales preciosos que extraían, el llamado «Quinto Real», quedando el restante 80% en América, donde se usó para la edificación de ciudades, catedrales e iglesias, universidades, puertos, puentes, carreteras, imprentas, y factorías, que llevaron a la América de habla hispana a uno de sus periodos, por supuesto con sus aspectos oscuros, más tranquilos, prósperos, y productivos de su historia.

Por si fuera poco, tampoco es auténtica la leyenda del desperdicio del dinero en España al llegar, pues en general, si bien es cierto que se usó para pagar deudas de la Corona y financiar guerras, también permitió que los conflictos endémicos de la Europa de la época y las destrucciones y sufrimiento que provocaron las terribles guerras de religión apenas afectaran a España,

Atacar un galeón de la Carrera de Indias no era una empresa al alcance de cualquiera. Los soldados españoles que los protegían eran consumados y expertos luchadores, además, el poder de fuego de un bajel de más de 500 toneladas era devastador. Ellos fueron los guardianes y defensores del oro de América, y jamás en 300 años nadie consiguió que dejasen de serlo. Ilustración de Ferrer Clauzel.

pues en la medida de lo posible eran los soldados españoles los que combatían en territorio enemigo y no al revés.

Además, ni siquiera el 20% del quinto real fue estable, pues se adaptó a la situación socioeconómica de cada momento, y llegó incluso, para buscar un empuje y estímulo a la decaída economía del reino, a bajar en el siglo XVIII a solo un 10%.

Según los datos de Earl J. Hamilton, los datos extraídos de los meticulosos informes y datos contables de los metódicos y eficaces funcionarios de la Corona, no dejan lugar a dudas. España extrajo en los siglos XVI y XVII, 16 900 toneladas de plata y 181 toneladas de oro, o lo que es lo mismo, el resultado del redondeo de sus precisas anotaciones: «16 886 815 303 gramos de plata y 181 333 180 gramos de oro».

Si tenemos en cuenta que en 2014 México produjo 110,4 toneladas de oro, y le sumamos la producción del resto de Latinoamérica, nos encontramos que el tremendo «expolio» del oro de América equivale a la producción actual de un año, y en lo que a plata se refiere, actualmente entre los 20 primeros productores en el mundo, hay siete naciones americanas, México, Perú, Chile, Bolivia, Argentina, Guatemala y la República Dominicana, que produjeron juntas en 2014 más de 13 300 toneladas de plata, por lo que solo seis años de la actual producción americana equivalen a 300 de la época imperial.

Respecto a los piratas, está todo dicho y escrito, por supuesto para quién quiera verlo. No es más que un mito más, asociado a la leyenda negra. Entre 1540 y 1650, que es el periodo de mayor intensidad en el transporte de oro y plata, de los 11 000 buques que hicieron trayecto de América a Europa se perdieron 519 barcos, prácticamente todos por tormentas y causas naturales diversas, y solo menos del 1% cayó en manos de enemigos.

Ha pasado más de medio milenio desde que las naves de Colón regresaran a España desde su primer viaje, y casi 200 desde que se arriase la bandera de España en el reducto de El Callao, y creemos que ya es hora de que nos acerquemos a nuestra historia conscientes de los errores cometidos, pero también de las cosas bien hechas y de la inmensa aportación que al mundo realizó España.

Los piratas, los corsarios, e incluso las grandes flotas de las naciones enemigas no pudieron durante medio siglo ni siquiera cruzar el Atlántico y amenazar el imperio que con un esfuerzo casi sobrehumano, estaban construyendo exploradores y marinos, conquistadores, encomenderos, religiosos, comerciantes y colonos, y durante los doscientos cincuenta años siguientes, tampoco lograron hacer mucho más que dar ligeros picotazos que jamás pusieron en peligro la sólida construcción edificada por el genio y el esfuerzo de generaciones de españoles y sus descendientes nacidos en América.

Esta, y no otra, es la verdad.

BREVE DICCIONARIO DE TÉRMINOS NAVALES

ABARLOAR: Situar un buque al lado de otro o de un muelle, etc., de modo que esté en contacto con su costado.

ABATIR: Desviarse un buque de su rumbo, por efecto del viento.

ABORDAR: Chocar una embarcación con otra.

ABRIGO: Lugar defendido de los embates del mar, vientos o corrientes.

ACODERAR: Dar una codera, cuando el barco está fondeado, para presentar un costado.

AGUADA: Provisión de agua dulce. Sitio en tierra donde se toma el agua dulce.

BAJÍO: Bajo de arena o piedra en forma de banco, donde se corre el riesgo de varar.

BARLOVENTO: La parte de donde viene el viento, con respecto a un punto o lugar determinado.

BOLINA: Navegar de bolina: Ceñir.

CABUYERÍA: Conjunto de cabos, y por consiguiente todos los del barco.

CORONAMIENTO: La borda en la parte de popa del barco.

DEMORA: Ángulo comprendido entre el eje de crujía y la marcación de un punto notable.

DERROTA: Trayectoria descrita por una embarcación.

ESLORA: Longitud del barco tomada del extremo de la roda al extremo del codaste.

FANAL: El farol o linterna que tienen los barcos, para aviso de los navegantes.

JARCIA: Aparejos y cabos de una embarcación.

MANGA: Ancho máximo de una embarcación.

OBENQUE: Cada uno de los cables que sujetan los palos por los costados.

OBRA MUERTA: La parte del casco que va de la borda a la línea de flotación.

OBRA VIVA: La parte del casco que va sumergida.

PAÑOL: Cualquiera de los compartimentos que se hacen en diversos lugares del buque, para estibar objetos.

SOTAVENTO: Lado contrario a donde viene el viento. Antónimo de Barlovento.

Además de los navíos y fragatas, la Armada Española contaba con un gran número de embarcaciones que rindieron muy buenos servicios. Sus características más importantes sin extendernos en términos técnicos serían las siguientes:

BERGANTÍN: Era un barco de dos palos que tenía todo su aparejo formado por velas cuadradas. Apareció en la segunda mitad del siglo XVI y se empleó de forma generalizada hasta el siglo XIX.

BOMBARDA: De dos palos, con dos morteros situados por delante de palo mayor, se utilizaba para bombardear plazas marítimas o escuadras fondeadas; otro tipo, el Queche también montaba morteros de la misma forma y tenía aparejo redondo. Fueron utilizadas por primera vez durante el bombardeo de Argel en 1689.

BOMBO: Era una embarcación sin arboladura que se empleaba en los puertos armada con cañones o morteros como batería flotante.

BRULOTE: Del francés brûlot, una bebida alcohólica de Aquitania que se flambeaba, era una embarcación cargada de materiales explosivos, combustibles e inflamables y dotada de garfios para poder engancharse a los buques que atacaba. Se utilizaba también para destruir las obras de los puertos y los puentes tendidos sobre los ríos.

CORBETA: Embarcación con aparejo semejante a los navíos y fragatas, se diferenciaba de estos, además de por su menor tamaño, por el número de cañones que portaba, inferior a dieciséis por banda, las denominadas corbetas de puente llevaban además otra batería debajo de la cubierta superior.

FALUCHO: Era una embarcación de un solo palo con vela latina que estaba destinada al servicio de guardacostas, muy maniobrable y con la posibilidad de utilizar remos si la ocasión lo requería. Los faluchos de 1ª llevaban sesenta hombres de dotación y los de 2ª cuarenta. El Laud era similar al falucho pero más pequeña y estrecha, la dotación podía ser de 16 a 25 hombres y se usaba sobre todo como guardacostas en el Mediterráneo.

FRAGATA: Buque de tres palos, más ligero que el navío de línea. Formaban el núcleo principal de las escuadras y disponía, como máximo, de dos cubiertas. Una de ellas iba artillada, y la segunda contaba normalmente con una pequeña batería. En total, el número de piezas artilleras disponibles estaba entre 30 y 50.

GALEOTA: era una galera menor que constaba a lo sumo de dieciséis o veinte remos por banda y llevaba un hombre en cada uno. Tenían, normalmente, dos palos, algunos cañones pequeños y una sola cubierta sin ninguna obra para defensa.

GOLETA: Eran embarcaciones no muy grandes, unos 100 pies de eslora, con dos palos y velas cangrejas, aunque su diseño podía variar agregándole otro palo a popa de menor dimensión o masteleros; llevaban de 6 a 8 cañones normalmente aunque las había que portaban 16 cañones por banda.

JABEQUE: Tenía tres palos y su uso era propio del Mediterráneo, montaban 24 cañones y los más grandes hasta 32.

LANCHA: Podían ser cañoneras, bombarderas y obuseras según el tipo de armas con que estuviesen equipadas; propulsadas a remo o a vela era la más grande de las embarcaciones menores.

MÍSTICO: Embarcación de dos o tres palos con aparejo similar al latino que se utilizaban para el servicio de guardacostas y que iban armados de cuatro a diez cañones.

PAQUEBOTE: Embarcación semejante al bergantín. Se diferenciaba porque sus líneas eran más anchas y llevaba vela mayor redonda, como las fragatas.

PATACHE: De dos palos, se dedicaba en las escuadras para hacer descubiertas, llevar avisos, guardar las entradas de los puertos o reconocer las costas.

POLACRA: Era una embarcación de dos palos, algunas veces tres, de casco semejante al jabeque y aparejo redondo.

URCA: Embarcación, similar a la fragata, muy ancha en su centro y de unos 40 metros de largo, que podía ser de carga o de guerra. Fue utilizada hasta finales del siglo XVIII.

Pesos y medidas

Fechas

No hay ninguna diferencia entre países en cuanto a las fechas hasta 1582-1583, cuando los estados católicos aceptaron la modificación que hizo el papa Gregorio XIII sobre el calendario juliano. Según esta, el día 5 de octubre de 1582 pasó a ser 15 de octubre. La mayor parte de los estados protestantes adoptaron la modificación en 1700, pero Gran Bretaña no lo hizo hasta 1752. En los documentos de esta época hay que tener siempre en cuenta diez días de retraso entre los países protestantes y los católicos.

Distancias

Aunque en todos nuestros libros utilizamos el sistema métrico decimal, las distancias en esta época se dan frecuentemente en leguas, la unidad más común empleada en el mar para medir la distancia.

La «legua marina», es de origen portugués. Tiene una medida de 4 millas romanas; 3,2 millas marina, o 5,9 kilómetros. Según la estimación ptolemaica de la circunferencia del globo, que muy posteriormente se demostró errónea, los españoles computaban 16 leguas y 2/3 por grado, en lugar del valor portugués de 17 y ½, que resultaba mucho más acertado. Es un factor muy importante en los debates entre españoles y portugueses sobre la división y reparto del globo.

Para las travesías, la longitud media de un grado de latitud, o de un grado de longitud en el Ecuador, es aproximadamente de 111 kilómetros.

Moneda

Las unidades monetarias españolas de la época se dan en maravedíes, ducados o pesos. Los dos primeros se convirtieron a partir de 1497 en meras unidades contables. Un ducado equivalía a 375 maravedíes, unidad en que se expresaban, por ejemplo, los salarios.

La acuñación de moneda se hacía en reales, subdivisiones o múltiplos de los mismos. Las más corriente eran los pesos mexicanos de a ocho reales o pesos corrientes —8 reales eran 272 maravedíes—. Eran las «piezas de ocho» o «dólares mexicanos» que se utilizaron como divisas internacionales.

La unidad más común en todas las fuentes de la época es el peso que, a pesar de que puede tener distintas medidas nosotros la ajustamos en su valor de pesos de oro de 16 reales.

En cualquier caso, gran parte de la «circulación monetaria» se hacía en barras de plata sin acuñar. Las fluctuaciones económicas de los siglos xvi, xx y xxi, con enorme inflación, o del xvii, con una brutal devaluación, hacen imposible, aunque muchos lo intenten, trasladar su valor de forma auténtica a un equivalente moderno.

PESO Y VOLUMEN

La medida del tonelaje de los navíos es tan compleja o más que el uso de la moneda.

La «tonelada» deriva del tonel —en francés *tonneau*— del comercio de vinos de Burdeos. Cuando estaba lleno, incluido el peso del recipiente, se calculaba en 2 000 *livres* francesas —979 kilogramos—, que en Inglaterra eran 2 240 libras —1.016 kilogramos—. Luego un barco de 100 toneladas podía transportar 100 toneles de vino. Su equivalente en volumen, con un margen de tara desperdiciado por la forma de los recipientes, se establecía en 60 pies cúbicos —1,7 m3—.

Evidentemente —y es un error muy común pensar lo contrario—, durante mucho tiempo el pago de los fletes se hizo por volumen, y no por peso, puesto que si la carga fuera más ligera que el vino, el barco estaría lleno antes de que el transportista hubiera podido asumir todo su peso. De ahí que en Inglaterra, por ejemplo, el espacio obtenido al pagar por una tonelada de peso de flete se fijara enseguida en 40 pies cúbicos —1,13 m3—.

En España, desde principios del siglo xvi, las equivalencias eran claras: 1 tonelada de peso muerto equivalía a 1 *tonneau de mer* y a 1 tonelada sevillana. Todas se aproximaban a una carga de 1 tonelada métrica y, de forma muy conveniente, a 1 tonelada en el sistema de medidas de peso anglosajón.

El peso muerto del tonelaje era la diferencia entre el desplazamiento del barco vacío y cargado, es decir, el máximo peso de carga que podía ser transportado con seguridad. Se empleaba para cargas pesadas, que llevarían al barco a su capacidad máxima antes de que estuviera «lleno», como pasaba con el Galeón de Manila.

Las unidades variaban cada cierto tiempo, de un sitio a otro, según la función. Así un buque podía tener 100, 120 o 150 toneladas, según dónde y cómo fuera medido. Se producía un juego constante entre el deseo de mantener bajo el tonelaje nominal, con el fin de minimizar los portes aduaneros y el de elevarlo para poder cargar más en el momento en que el barco era fletado, o alquilado por el rey para la guerra. De ahí el desarrollo de diversos «tonelajes registrados», complicados por distintas fórmulas para equiparar las dimensiones de un barco con el cálculo de su tonelaje, según se aplicaran métodos de medida españoles, franceses o ingleses.

Aunque en 1520 la tonelada española y la inglesa eran prácticamente iguales, el sistema de cómputo español cambió en el transcurso del siglo con el fin de ajustarlo a una especie de «tonelada» basada en las dimensiones de los barcos más que en las toneladas métricas. La fecha oficial que se fija generalmente para ese cambio es 1590, lo que supone que, hacia 1620, la tonelada española registrada supusiera solo 0,6 toneladas inglesas.

La consecuencia es que un barco de 500 toneladas de fines del reinado de Carlos I, equivaldría a solo 350 toneladas inglesas a finales del de Felipe II; o que un barco inglés de 100 toneladas fuera el equivalente de un barco español de unas 145, más o menos.

Todo eso sin contar con que existía una diferencia adicional entre el tonelaje español «comercial» y de «guerra»: al tonelaje nominal de los navíos mercantes incorporados a la Armada Real, se les añadía siempre un 20 %.

Pese a que solo sirvan para hacerse una idea relativa, los tonelajes a los que hacemos referencia en el libro son siempre los de su fuente, sea española, holandesa, británica o francesa.

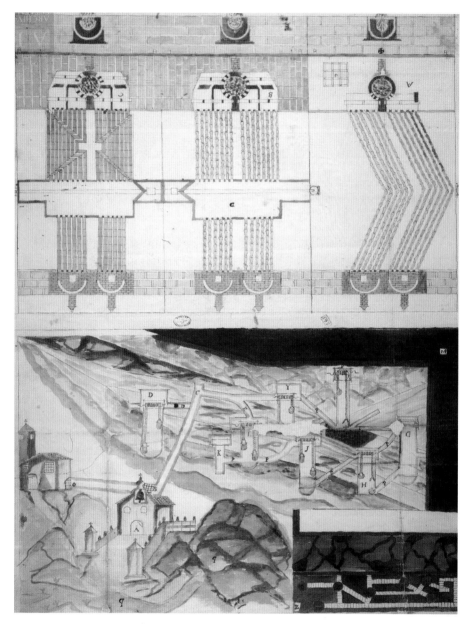

Horno de Nuestra Señora de la Concepción, del sistema Bustamante o de aludeles, en Almadén. El conjunto alcanzaba los 3 metros de altura y la carga correspondía a unas 10 toneladas de mineral y 2 de cuarcita estéril, de las que se obtenían unos 850 kilogramos de mercurio. La cochura duraba 3 días. La cavidad inferior era el hogar y cenicero de la leña utilizada como combustible. Los gases atravesaban la solera y se mezclaban con los producidos por el mineral, luego, mediante el oxígeno aportado por el tiro del horno se producía la reacción química necesaria para obtener el mercurio. Finalmente, el tercer día, se dejaba enfriar todo hasta poder iniciar la descarga. Biblioteca Nacional de España.

Los metales preciosos de América

Entre 1545 y 1610 la producción de oro se estableció en 11 centros principales. De Norte a Sur eran los siguientes:

México: Totalizó, según reflejan todos los estudios realizados por varios autores, 4 900 000 pesos. La producción decreció con rapidez hasta la década de 1565 a 1575, por lo que las cantidades a partir de 1576, casi 4 500 000 pesos corresponden al oro que llegaba de Filipinas y Oriente a través del Galeón de Manila.

A partir del siglo XVII la mayor parte del oro mexicano se obtuvo de los yacimientos de aluvión de Sonora y de las minas de San Antonio, en Oaxaca. También apareció mezclado con la plata, pero en muy pequeña proporción

Por generalizar, según cifras de la Casa de la Moneda de México, concernientes al oro allí acuñado entre 1690 y 1803 la media anual oscilaba en torno a los 730 000 pesos, lo que supondría que se obtuvo un máximo no superior a los 80 000 000 de pesos.

Nueva Granada: Se puede agrupar en cuatro centros productores: Popayán, Cartago, Antioquia y Santa Fe, que configuraron el núcleo de mayor riqueza aurífera de toda América. Popayán obtuvo 3 700 000 pesos de oro fino, con una producción media quinquenal algo inferior a los 300 000 pesos. Principalmente se exportaba a la Península a través del puerto de Buenaventura, en el Pacífico, vía Panamá y Portobelo.

Cartago tuvo una producción alta, 3 300 000 pesos, con un periodo de auge máximo entre 1556 y 1585 en que obtuvo por encima de los 350 000 pesos por quinquenio. A partir de entonces comenzó un descenso muy pronunciado que a finales del siglo XVI y principios del XVII llevó al agotamiento de sus yacimientos.

Antioquia recogía los metales de Zaragoza, Cáceres y Guamoco. En su área estaban las famosas minas de Buriticá. Sus cifras de producción fueron altas, 14 200 000 pesos, sobre todo a partir de 1581, año en que se llegó a los 4 000 000 para luego descender, pero siempre por encima del 1 500 000 quinquenal. Desde finales del siglo XVI a finales del XVII la extracción sufrió altibajos, y gran parte del mineral escapó al control de la Real Hacienda.

Santa Fe era el segundo centro aurífero de Nueva Granada, recogía la producción de Remedios y Pamplona. Tenía un promedio bastante regular por quinquenio, casi siempre superior a los 500 000 pesos. Para el periodo entre 1545 y 1610 totalizó la cantidad de 9 500 000 de pesos de oro fino.

En total, Nueva Granada, a pesar de las dificultades de explotación y control, obtuvo una producción de aproximadamente 30 800 000 pesos, prueba de la riqueza de la zona.

A finales del siglo XVIII y principios del XIX la producción osciló según las peculiaridades de cada región. Mucho más cuando comenzó a influir en los principales centros productores el descenso demográfico indígena, los problemas de abastecimiento de esclavos negros o alimento y la dependencia de los mineros de los comerciantes y proveedores, que dejaron de recibir los géneros de las ferias.

El fraude en el virreinato en este periodo, incluso por parte de las propias autoridades, se estima en un 80 %. Buena prueba de ello es que la Casa de la Moneda de Santa Fe, que entre 1638 y 1684 acuñó unos 2 600 000 pesos, calculó el quinto del rey sobre una suma no superior al millón de pesos. A la Península se exportaron por entonces apenas unos 28 000 kilogramos de oro, cuando la producción superó los 100 000, buena prueba también de que gran parte del material ya quintado permaneció en territorio americano, salió al extranjero como contrabando o se utilizó como pago del comercio ilícito.

ECUADOR: Reunía cuatro zonas mineras: Valladolid y su entorno, Zamora, Zarauma y el conjunto de Quito, Cuenca y Jaén. Fue de rendimientos muy interesantes durante el siglo XVI, pero luego decayó. En algunos yacimientos por total agotamiento.

Valladolid, junto con Santiago de las Montañas y Loyola, se fundaron entre 1557 y 1558 gracias al hallazgo de oro y estuvieron bajo el gobierno de Juan de Salinas. El máximo rendimiento quinquenal de la región se obtuvo entre 1561 y 1585 para decaer por completo a principios del siglo XVII. Su producción global hasta 1610 alcanzó los 2 300 000 pesos.

Zamora, en el sureste ecuatoriano tuvo un menor rendimiento. Hasta finales del siglo XVI aportó aproximadamente 1 300 000 pesos.

Zaruma, la región del sudoeste, era un ejemplo de producción a gran escala con abundancia de útiles y medios, y que se continuó durante toda la existencia del virreinato. La media quinquenal superaba los 500 000 pesos, y hasta 1610 produjo cerca de los 6 100 000 pesos.

La producción de Quito, Cuenca y Jaén tuvo al principio una gran rentabilidad de unos 700 000 pesos al quinquenio, pero luego decayó hasta los apenas 50 000. Hasta 1610 la suma total fue de algo más de 1 300 000 pesos. En conjunto, las minas de Ecuador obtuvieron buena rentabilidad y totalizaron unos 11 200 000 pesos de oro fino.

En el territorio ecuatoriano la producción durante el resto del siglo XVII, el XVIII y los primeros años del XIX, bajo sensiblemente. Tanto, que la Corona ordenó rebajar la tasa de impuestos de 1/5 a 1/10 como incentivo para la extracción, y ante la falta de mano de obra. En 1665, por ejemplo, Loja aportaba aproximadamente unos 30 000 pesos anuales; un siglo después, en 1783, hubo que pedir al rey que renovara la mita y creara en la zona una alcaldía mayor de minas, porque no había forma de explotar los yacimientos.

PERÚ: Así como producía grandes cantidades de plata y mercurio, el oro era relativamente escaso. La producción de Carabaya era casi la única. Obtuvo unos rendimientos elevados al principio, luego decayó, quizá a causa de centrarse todos los recursos en la plata de Potosí, y prosiguió en explotación durante los siglos siguientes. Su producción obtuvo un total de 3 100 000 pesos.

En los siglos XVII y XVIII el papel del oro peruano quedó ya definitivamente oscurecido por la plata de potosí y el mercurio de Huancavelica, a donde se dirigía toda la mano de obra y de donde se obtenían los mayores beneficios. Se encontraron algunos nuevos filones como el de Puno, pero no pudieron suplir a los ya agotados. Solo ya muy avanzado el siglo XVIII las nuevas técnicas mineras permitieron aprovechar los minerales menos ricos.

En cuanto a cifras, la Casa de la Moneda de Lima emitió 17 500 000 pesos entre 1754 y 1772; 11 000 000 de 1773 a 1791 y unos 860 000 de 1797 a 1801, muestra clara de que las cosas ya no eran como antes, en ningún sentido.

CHILE: Fue un importante foco aurífero. Alcanzó cifras de producción altas, de 1,5 millones a 2 millones por quinquenio, hasta el periodo de 1581 a 1585, cuando las sublevaciones indias redujeron notablemente el ritmo de extracción. Aun así, en 1610 se habían obtenido 11 800 000 pesos.

Durante el siglo XVII la guerra contra los araucanos y la pobre situación general del país llevó a una decadencia casi general de la minería del oro, que ni siquiera llegó a los 3000 pesos de producción anual. Solo en la última década del siglo la producción volvió a despegar, lo que unido a la explotación de los nuevos yacimientos de Copiapó, Talca, Huasco y San José de Maipo, con mucho mejor rendimiento, permitió pasar de 19 200 pesos, en la última década del siglo XVII, a los 490 000 del periodo de 1760 a 1769.

El crecimiento fue aún mayor hasta 1810, basado en la abundancia de mano de obra y el endeudamiento de los peones de las minas. Entre 1800 y 1809 se alcanzaron los 620 000 pesos, sin contar, obviamente, el oro salido hacia el virreinato peruano o al del Río de la Plata. En una aproximación muy general, a la producción total de Chile, el valor de las acuñaciones de la Casa de la Moneda a partir de 1749 muestra que de poco menos de 4 500 000 pesos se pasó a 6 300 000 entre 1780 y 1789 y a 7 100 000 de 1800 a 1809. En total, la cifra acuñada de 1749 a 1809 fue aproximadamente de 37 200 000 pesos.

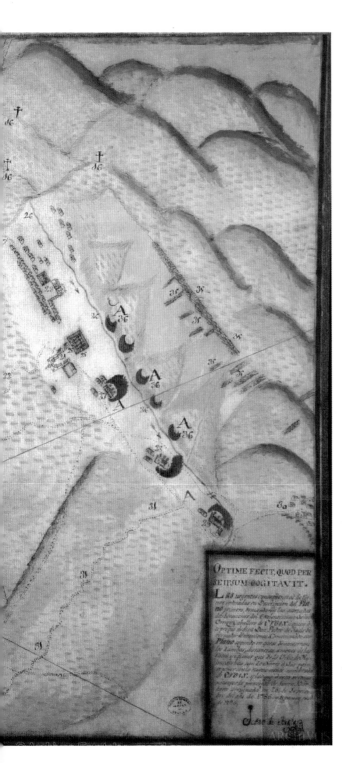

Brocal de la mina Santa Bárbara, en Huancavelica, Perú, una de las más imponentes de la época, con 501 metros de largo. Por su boca, se podía entrar a caballo, y en su interior se encontraban todos los recintos necesarios para el aloja-miento de los mineros y la manipulación del mineral. En 1786 se produjo un derrumbe en el que murieron más de 200 personas, uno de los mayores accidentes de la época. Por la alta toxicidad del mercurio Santa Bárbara tuvo uno de los índices de mortalidad más elevados de toda América. Biblioteca Nacional, Madrid.

El caso de Centroamérica era muy distinto a los anteriores. Tenía minas de poca entidad, con pequeños yacimientos en Verapaz, Nicoya, Nueva Segovia, Tegucigalpa y San Miguel, pero en áreas tan poco controladas por la Real Hacienda, y con rendimientos tan irregulares, que la Corona gravó a las explotaciones con un tributo menor del quinto tradicional para poderlas hacer rentables.

Algo diferente es el caso del Virreinato del Río de la Plata, que en 1775 incorporó a su territorio el Alto Perú y, por supuesto, las minas allí existentes: Laracaja y Choyonta. Solo la segunda producía oro suficiente como para acuñar 150 000 pesos al año. Además, había que sumar las cantidades obtenidas en los lavaderos de San Luis y las de los yacimientos de La Rinconada y Santa Catalina, en Salta del Tucumán, aunque no fueran demasiado productivos.

En total, en todo el periodo de 1546 a 1610 se obtuvieron un total de 66 000 000 de pesos de oro fino, en peso aproximadamente unos 287 000 kilogramos. A esa cantidad habría que añadirle el valor del metal no registrado, proveniente de prácticas fraudulentas o destinado al contrabando, no más de un 10 % del total referido a la suma del oro y la plata conjuntamente. En cuanto a la importancia del oro extraído, en relación con la plata, pasó del 5 a 1 de mediados del siglo XVI al 7 a 1 de principios del XVII, para aumentar desde entonces ese margen a cantidades ya muy superiores.

De los siglos XVII al XVIII las estimaciones ya no pueden hacerse de manera tan concreta. Sobre todo por el descontrol de la propia Real Hacienda, la corrupción fiscal generalizada y la mayor salida de oro no quintado, bien por contrabando, bien por haber sido fundido en objetos de orfebrería. En cualquier caso, la mayoría de las minas de oro llegaron prácticamente a su agotamiento, y los nuevos descubrimientos, centrados en Nueva Granada y Chile, no llegaron nunca a compensar las pérdidas.

Los hombres de la Carrera de Indias

Las Instrucciones a los generales de la Carrera de Indias, firmadas por el rey en Madrid a 26 de octubre de 1674 y recogidas en la Recopilación de 1680, decían en su capítulo dieciséis: «El principal fin para que mantenemos dichas armada es para defensa y socorro de los navíos mercantes. Mandamos que ningún navío corra riesgo, atendiendo más a esta preservación, que a solicitar ocasiones de pelear, por lo mucho más que aventura en que les tome o se pierda un solo navío, que se podrá lograr en rendir ningún pirata». La flota la dirigieron los siguientes:

1543. Blasco Núñez de Vela.
1544. Juan López de Archuleta.
1545. Diego Gil de Paredes Diego.
1545. García de Escalante.
1546. Francisco Ceynos.
1546. Pedro de la Gasca.
1548. Diego López de las Roelas.
1549. Pedro de las Roelas de las Pedro.
1549. Juan Rodríguez de Mondragón.
1550. Sancho de Biedma.
1550. Bernardino de Mendoza.
1550. Hernando Blas.
1551. Pedro de Leiva.
1552. Alonso Pejón.
1552. Bartolomé Carreño.
1552. Juan Sano Guerra.
1553. Cosme Rodríguez Farfán.
1553. Diego Felipe.
1553. Álvaro de Bazán, el viejo.
1554. Juan Tello de Guzmán.
1554. Juan de Ojeda.
1554. Juan de Mendiarechaga.
1554. García Carreño.
1554. Alvarado García de Escalante.
1555. Juan Carreño.
1555. Tristán de Luna.
1555. Alvar Sánchez de Avilés.
1555. Pedro Sánchez de Benesa.
1555. Pedro Menéndez de Avilés.
1555. Martín de Orbe.
1555. Gonzalo de Carvajal.
1555. Luis de Carvajal.
1558. Jaime Rasquín.
1558. Antonio de Aguayo.
1559. Nicolás de Cardona.
1560. Pedro de Cabeza de Vaca Orellana.
1560. Otuño de Ibarra.
1560. Juan Menéndez de Avilés.
1560. Álvaro de Bazán.
1561. Bernardo de Andino.
1562. Bartolomé Menéndez de Avilés.
1563. Bernardino de Córdoba.

1564. Bernardino de Osorio.
1564. Gaspar Hernández.
1564. Juan de Barrio de Velasco.
1564. Martín de las Alas.
1564. Esteban de las Alas.
1565. Sancho de Arciniega.
1565. Juan de Ubilla.
1565. Pedro Gamboa.
1565. Cristóbal de Eraso.
1566. Alonso Hernández.
1566. Pedro de Guevara.
1567. Diego Valdés de Flores.
1567. Íñigo de Lecoya.
1568. Francisco de Luján.
1569. Diego Maldonado de Mendoza.
1570. Jerónimo Narváez y Padilla.
1570. Álvaro Flores de Valdés.
1571. Sancho Martínez de Leiva.
1571. Diego de la Rivera.
1571. Rodrigo Adan de Yarza.
1571. Juan de Mendoza.
1572. Alonso de Leiva.
1572. Juan Ortiz de Zárate.
1572. Antonio Manrique.
1572. Juan de Alcega.
1572. Sancho Pardo Osorio.
1573. Alonso Galindo de Chaves.
1573. Juan de Losada.
1573. Francisco Carreño.
1574. Álvaro Manrique de Lara.
1574. Diego de Alcega.
1575. Bernabé Ortegón.
1576. Antonio Navarro de Prado.
1576. Rodrigo de Vargas.
1576. Bernardino Ovando.
1577. Francisco de Eraso.
1577. Juan de Lezuaga.
1578. Alonso de Eraso.
1578. Gil de Andrade.
1578. Rodrigo Junco.
1578. Gonzalo de Eraso.
1579. Francisco Feijoo de Novoa.

Mapa del mundo elaborado por Diego Gutiérrez el joven y grabado en cobre por Hieronymus Cock en Amberes, en 1562. Utilizado para la Carrera de Indias, es el primero de este tipo que se dedica exclusivamente a las Américas. Titulado América Sive Qvartae Orbis Partis, Nova et Exactissima Descriptio, *pone de relieve la soberanía del rey Felipe II de España, al que se representa deslizándose sobre las olas entre monstruos marinos suntuosamente dibujados.* Biblioteca Británica, Londres.

1579. Melchor de Anaya.
1579. Bartolomé de Villavicencio.
1579. Alonso de Sotomayor.
1580. Gonzalo Ronquillo de Peñalosa.
1580. Alonso de Grado.
1580. Juan de Guzmán.
1580. Diego de Sotomayor.
1581. Juan Martínez de Recalde.
1581. Felipe Andrés.
1581. Bernardo Martín Monte.
1581. Rodrigo de Benavides.
1581. Francisco Tello.
1582. Álvaro Flores de Quiñones.
1582. Pedro Vique y Manrique.
1582. Pedro Ortega Valencia
1582. Ruy Díaz de Mendoza.
1582. Francisco Martínez de Leiva.
1582. Juan Uribe de Apallúa.
1582. Francisco Maldonado.
1584. Antonio Osorio.
1584. Francisco Valverde de Mercado.
1584. Gregorio de las Alas.
1584. Martín Pérez de Olazabal.
1585. Martín Padilla.
1585. Alonso de Bazán.
1586. Diego Noguera de Valenzuela.
1586. Miguel de Eraso y Aguilar.
1586. Rodrigo de Rada.
1587. Pedro Menéndez Márquez.
1588. Gonzalo Monte Bernardo.
1589. Luis de Velasco.
1589. Juan de Tejada.
1589. Pedro Pantoja.
1589. Juan Ramos.
1589. Toribio de Escalante.
1589. Luis de Sotomayor.
1590. Sebastián de Arancibia y Sariola.
1590. Luis Alfonso de Flores.
1590. Marcos de Aramburu.
1590. Aparicio de Arteaga.
1590. Cristobal Pantoja.
1591. Gabriel de Vera.
1591. Pablo de Aramburu.
1591. Vicente González.
1591. Pedro de Alcega.
1591. Cristóbal García de la Vega.
1591. Juan de Salas de Valdés.
1592. Santorum de Vengolea.
1592. Juan Gutiérrez Garibay.
1592. Juan de Aguirre.
1592. Pedro Sarmiento de Gamboa.
1593. Francisco Coloma.
1594. Pedro de Esquivel.
1594. Domingo Martínez de Avedaño.
1595. Gonzalo Méndez.

1595. Pedro de Ibella.
1595. Francisco del Corral y Toledo.
1595. Bernardino González Delgadillo y Avellaneda.
1595. Antonio de Urquiola.
1595. Juan Portocarrero.
1595. Pedro Tello de Guzmán.
1595. Luis Fajardo.
1595. Juan Pereira.
1595. Juan Escalante de Mendoza.
1596. Diego de Urrutia.
1596. Domingo de Vera Ibargüen.
1596. Bernardino de Mújica y Ayala.
1596. Pedro Meraz.
1597. Pedro Collel.
1597. Juan de Ávila.
1597. Luis de Silva.
1598. Martín de Vallecilla.
1598. Juanes de Villaviciosa Lizarza.
1598. Bernardo de Mata y Larrea.
1598. Juan Gómez de Medina.
1598. Pedro de Zubiaur.
1598. Pedro de Toledo y Osorio.
1598. Juanes de Urdayre.
1599. Beltrán de Castro y de la Cueva.
1599. Juan de Valdés.
1599. Alonso de Cuenca.
1599. Pedro Sánchez Escudero.
1599. Miguel de Valdés.
1599. Diego Brochero de Anaya.
1599. Esteban de Oliste.
1599. Juan de Esquivel.
1600. Fulgencio de Meneses Toledo y Padilla.
1600. Martín de Gorostiola.
1600. Pedro de Escobar Melgarejo.
1600. Álvaro de Sosa y de Vivero.
1601. Miguel Cerdán.
1601. Juan de Celaya.
1601. Lope Díez de Aux y Armendáriz.
1602. Juan de Monasterio Vide.
1602. Pedro Galindo.
1602. Juan Ochoa.
1602. Luis Fernández de Córdoba y Sotomayor.
1602. Martín de Nosa Castillo.
1602. Juan Pérez de Portu.
1603. Juan de Vergara.
1603. Ginés de Bustamante.
1603. Jerónimo de Portugal y Córdoba.
1603. Pedro Vázquez de Victoria.
1604. Gaspar Alonso Pérez de Guzmán.
1604. Pedro de Izaguirre.
1606. Juan Álvarez de Avilés.
1606. Martín Fernández Cerón de Varte.

1606. Juan Álvarez Noble.
1606. García Pérez de Cáceres.
1606. Antonio de Oquendo.
1607. Ambrosio de Castro.
1607. Juan de Silva.
1608. Tomás de Larraspuru.
1608. Juan de Borja Henríquez.
1608. Juan Flores Rabanal.
1608. Fernando Muñoz de Aramburu.
1609. Andrés de Ibarra.
1609. Luis de Godoy.
1610. Juan de la Cueva y Mendoza.
1610. Franciso Ferrera.
1610. Diego Ruiz de Salazar.
1611. Martín Saez de Urbago.
1611. Jerónimo Gómez de Sandoval y Zúñiga.
1611. García de León Garavito y Mendoza.
1612. Juan de Benavides Bazán.
1613. Lorenzo de Zuazola y Loyola.
1614. Diego de Santurce Orozco.
1615. Lope de Hoces y Córdoba.
1615. Juan de Salinas.
1615. Juan Fajardo.
1615. Domingo de Licona.
1616. Álvaro de Bazán 3º.
1616. Fermín de Lodosa y Andueza.
1617. Francisco de Venegas.
1617. Fadrique de Toledo y Osorio.
1617. Pedro Sofias.
1617. Juan de Lara Morán.
1618. Carlos de Ibarra.
1618. Antonio de Aliri.
1618. Pedro de Solís.
1618. Fernando Becerra de Zuazo.
1619. Fernando de Sosa Suárez.
1619. Mateo de Besga.
1619. Diego Garcés.
1619. Miguel de Echazarreta.
1620. Diego Enríquez.
1621. Martín de Badillo.
1621. Juan de Vega Bazán.
1621. Francisco Maldonado de Saavedra.
1621. Gonzalo García Nodal.
1622. Pedro Pasquier y Esparza.
1622. Íñigo de Ayala y Mendoza.
1622. García Álvarez de Figueroa.
1622. Juan de Noguerol.
1622. Sancho de Urdanibia.
1622. Doncel Luis Férnández de Córdoba.
1623. Tomás de la Fuente Montoya.
1623. Gaspar de Figueroa y de Mendoza.

1623. Ricardo Malin.
1624. Gaspar de Acevedo Bonal.
1624. Gabriel de Chaves.
1624. Pedro Díaz de Zárate y Zuazola.
1625. Gaspar de Vargas.
1625. Juan de Leoz.
1625. Francisco Díaz Pimienta.
1625. Alonso de Mújica y Buitrón.
1626. Pedro Pérez de Aristizabal.
1626. Lucas de Rojas.
1626. Roque Cénteno y Ordóñez.
1627. Melchor de Torralva.
1627. Álvaro de la Cerda.
1627. Luis de Velasco.
1628. Francisco de Vallecilla.
1629. Lorenzo Gómez.
1630. Antonio de Oytayza.
1630. Manuel Serrano.
1630. Hernando Guerra.
1630. Andrés de Aristizabal.
1631. José Hurtado.
1631. Juan de Campos.
1631. Francisco de Ucastegui.
1631. Gabriel Spinola de Santiago.
1632. Nicolás de Masibradi.
1633. Nicolás Iudice Fiesco.
1634. Juan López de Echaburu.
1634. Gaspar de Carasa.
1634. Antonio de Isasi Idiáquez.
1634. Pedro de Ursúa y Arismendi.
1635. Luis de Aguilar y Manuel.
1635. Martín de Orbea.
1635. Diego de Guzmán.
1636. Juan de Vargas y Mendoza.
1636. Juan Núñez de Villavicencio.
1636. Francisco Bernardo Mesía de la Cerda.
1637. Pablo Fernández de Contreras.
1637. Francisco de Santillán y Argote.
1637. Beltrán de Guevara.
1638. Lorenzo de Córdoba y Zúñiga.
1638. Francisco Rodríguez de Ledesma.
1639. Diego de Narvaez y Rojas.
1639. Asensio de Arriola.
1640. Rodrigo Lobo de Silvera.
1640. Cosme Couco Barbosa.
1640. Juan de Urbina.
1641. Lorenzo Fernández de Córdoba y Zúñiga.
1641. Martín de Vidazabal.
1641. Antonio de la Plaza Eguiluz.

Defensa de Cádiz contra los ingleses. *En noviembre de 1625, una escuadra inglesa compuesta por 100 naves y 10 000 hombres al mando de sir Henry Cecil, vizconde de Wimbledon, atacó la ciudad. La defensa de la plaza estuvo al mando de Fernando Girón y Ponce de León, veterano de las campañas de Flandes y consejero de guerra, que había sido nombrado gobernador por el rey. Enfermo de gota y prácticamente impedido, tuvo que dirigir las operaciones sentado en un sillón. Le auxiliaron García de Toledo y Osorio, al mando de doce galeras, Pedro Rodríguez de Santisteban quien mandaba otros catorce navíos recién llegados de Indias y Manuel Pérez de Guzmán, quien se encargó de movilizar las milicias de los pueblos cercanos y llegó a reunir 6 000 hombres. Los ingleses entraron en el puerto de Cádiz el primero de noviembre y, tras cañonear y lograr la rendición del fuerte del Puntal, desembarcaron 10 000 hombres que se apoderaron de la Almadraba de Hércules. Su avance quedó detenido ante el puente de Zuazo. Desmoralizados y hostigados por las fuerzas españolas, abandonaron el campo de batalla el día 8. Dejaron sobre él unos 2 000 hombres entre muertos y ahogados.* Obra de Francisco de Zurbarán realizada en 1634. Museo del Prado, Madrid.

1641. Pedro Ruiz de la Vega.
1642. Diego Fretes Mascareñas.
1642. Diego de Narváez y Rojas.
1642. Jerónimo de Masibradi.
1642. Diego de Egues Beaumont y
    Navarra.
1643. Francisco Castejón.
1644. Pedro Velaz de Medrano.
1644. Carlos de Mencos Martín.
1644. Juan Pujadas de Gamboa.
1644. Juan de Irarraga.
1645. Bartolomé de Vergara.
1646. Francisco Valencegui.
1646. Matías Orellana.
1646. Paulo de Parada.
1647. Juan de Echeverri Garay y
    Otañez.
1647. Jerónimo de Bañuelos
    Carrillo.
1647. Pedro de Arrese Girón.
1648. José Centeno y Ordoñez.
1649. Diego Ramírez de Haro.
1650. Jaun Castaños.
1650. Luis Fernández de Córdoba.
1651. Diego de Portugal y Córdoba.
1653. Pedro de Oronzoro.
1653. Pedro Núñez de Villavicencio.
1653. Alonso Pérez Franco.
1653. Pérez de Álvarez José
1653. Félix Garci-González de
    León.
1654. Luis Núñez de Guzmán.
1654. Marcos del Puerto.
1655. Diego de Medina.
1655. Juan Montaño.
1655. Diego de Ibarra.
1658. Antonio de Cebericha.
1658. Adrián Pulido Pareja.
1660. Juan Antonio Vicentelo de
    Leca y Toledo.
1660. Nicolás Fernández de
    Córdoba y Ponce de León.
1662. Mendo de Contreras Torres.
1662. Ignacio de Maleo Aguirre.
1663. Francisco Martínez de
    Granada.
1664. Jacinto Antonio de Echeverri.
1664. Manuel de Bañuelos y
    Sandoval.
1664. José Paredes.
1664. Juan Bautista Lazcano.
1665. Juan Domingo de Echeverri.
1666. José Márquez de Luna.

1666. Andrés Davalos.
1667. Agustín de Diustegui.
1667. Alonso de Campos y Espinosa.
1667. Enrique Enríquez de Guzmán.
1668. Gaspar de Argandoña.
1668. Miguel de Vergara.
1669. Bartolomé Gutiérrez.
1671. Antonio Fernández de Córdoba y
    Mendoza.
1671. Juan de Azcue.
1672. Juan Tomás Miluti.
1672. Antonio de Astina.
1672. Juan de Vengolea.
1672. Gonzalo Chacón Medina y Salazar.
1673. Gabriel de Curucelaegui y Arriola.
1673. Manuel Casadevante.
1673. Manuel Gómez del Rivero.
1673. Pedro Corbet.
1673. Francisco Pontejos Salmón.
1675. Diego de Córdoba Laso de la Vega.
1678. Diego Fernández de Zaldivar.
1678. Antonio de Quintana.
1679. Antonio de Legara.
1680. Manuel de Velasco Gaspar.
1680. Juan Peredo de Salcedo.
1681. Francisco Navarro.
1682. Francisco López de Andrade.
1682. Mateo de Laya.
1682. Bartolomé de Soto Avilés y Garibay.
1683. Luis Egues de Beaumont y Navarra.
1684. Francisco Retana.
1684. Martín García Suárez.
1685. Pedro de Guzmán Davalos.
1685. Luis de Rivera.
1686. José Fernández de Santillán.
1686. Guillén de Rivera Casahús.
1686. Manuel Rodrigo Fernández y
    Manrique de Lara.
1687. Jacinto López.
1688. Andrés Tello de Guzmán y Medina.
1688. Nicolás de Gregorio.
1689. Juan Eustaquio Vicentelo.
1689. Federiqui Juan Baltasar
1689. Ignacio de Barrios Leal.
1689. Carlos Gallo Serna.
1690. Pedro Carrillo de Albornoz.
1690. Juan Martínez de Berra.
1692. Pedro Adrian Colarte.
1695. Francisco de Ellauri.
1695. Juan Víctor Núñez de Luarca.
1695. Leonardo de Lara.
1696. Antonio de los Ríos y Garzada.
1696. Juan Gutiérrez de la Calzadilla.

1696. Andrés de Pez.
1698. Juan Bautista Mascarua.
1698. Francisco de Pineda y Salinas.
1699. Manuel de Velasco y Tejada.
1699. José Chacón y Medina.
1699. Diego de Peredo.
1700. Pedro Fernández Navarrete.
1700. Francisco Salmón.
1701. Martín González de Vergara.
1701. Fernando Chacón Medina y
  Salazar.
1702. Bartolomé Urdinzu y Arbelaz.
1703. Francisco Antonio Garrote.
1704. Andrés de Arriola.
1706. Diego Fernández de Santillán.
1706. Antonio de Eguilaz.
1706. Manuel Agustín Villanueva.
1712. Juan Esteban de Ubilla.
1713. Pedro de Rivera.
1713. Antonio Echevers y Subiza.
1715. Nicolás de la Rosa.
1715. Manuel López Pintado.
1715. Antonio González.
1715. Eugenio Martínez de Rivas.

1716. Antonio Serrano.
1719. Francisco Cornejo.
1720. Baltasar de Guevara.
1723. Gabriel Pérez de Alderete.
1723. Carlos Grillo.
1726. Antonio Gastañeta.
1727. Salvador García Pose.
1728. Rodrigo de Torres y Morales.
1729. Domingo Justiniani.
1729. Gabriel Mendinueta.
1729. Esteban de Mari.
1729. Francisco Alzaibar.
1733. Jacinto Ferrero.
1734. Daniel Huoni.
1734. Benito Antonio de Spinola.
1735. Francisco Liaño.
1736. Andrés Reggio.
1736. Ignacio Dautevil.
1737. Blas de Lezo.
1738. Francisco Antonio de Oquendo.
1738. José Pizarro.
1739. Nicolás Geraldino.
1740. Francisco Lastarría.
1740. Antonio de Ulloa.

La recuperación de San Juan de Puerto Rico. *El 25 de septiembre de 1625, una escuadra holandesa mandada por el almirante Boudewijn Hendrickszoon, con 17 naves y un nutrido cuerpo de desembarco, entró en la bahía. Durante los dos días siguientes ocuparon el espacio comprendido entre la ciudad y el castillo de San Felipe, defendido por el gobernador Juan de Haro. El sitio del castillo, batido por la artillería holandesa desde la torre del Cañuelo y el alto llamado del Calvario, duró 28 días, y finalizó, tras negarse Haro por dos veces a la rendición y ser incendiada la ciudad. El 22 de octubre, la salida de la guarnición española, al mando del capitán Juan de Amézqueta obligó a los holandeses a reembarcar. El 3 de noviembre los holandeses abandonaron el puerto y dejaron tras sí 400 muertos y una nave de 500 toneladas con 30 piezas de artillería que quedó encallada. Los personajes del primer término son el gobernador Juan de Haro, y probablemente, Juan de Amézqueta. Tras ellos aparecen las tropas españolas, que empujan a los holandeses hacia el mar.* Obra de Eugenio Cajés realizada en 1634. Museo del Prado, Madrid.

BIBLIOGRAFÍA

APESTEGUI, Cruz: *La construcción naval y la navegación. Navegantes y naufragios*. Lunwerg Editores. Barcelona, 1996.

—*Los ladrones del mar. Piratas en el Caribe. Corsarios, filibusteros y bucaneros (1493-1700)*. Lunwerg Editores. Barcelona, 2000.

ARMERO, Álvaro: *Piratas, corsarios y bucaneros*. Editorial Libsa, Madrid, 2003.

BARGALLÓ, Modesto: *La amalgamación de los minerales de plata en Hispanoamérica colonial*. Compañía Fundidora de Fierro y Acero de Monterrey. Ciudad de México, 1969.

BERNAL, Antonio Miguel: *La financiación de la Carrera de Indias (1492-1824). Dinero y crédito en el comercio colonial español con América*. Tabapres-El Monte. Madrid, Sevilla, 1993.

CASTRO, Javier de: *La recuperación de pecios en la Carrera de Indias*. Universidad de Barcelona, 1990.

CAYUELA FERNÁNDEZ, Juan: *Hombres y naves entre dos épocas*. Editorial Ariel. Barcelona, 2004.

CERVERA PERY, José: *La estrategia naval del Imperio*. Editorial San Martín. Madrid,1982.

— *La Casa de Contratación y el Consejo de Indias. Las razones de un superministerio*. Ministeriode Defensa. Madrid, 1997.

FERNÁNDEZ DE OVIEDO, G.: *Historia general y Natural de las India*. Real Academia de la Historia. Madrid, 1952.

FERNÁNDEZ DURO, Cesáreo: *La Armada Española, desde la unión de los reinos de Castilla y Aragón*. Ed. Museo Naval. Madrid, 1973.

— *Ibid*. Tomo VI. Museo Naval. Madrid, 1973.

FERNÁNDEZ DE NAVARRETE, Martín: *Biblioteca Marítima Española. Obra póstuma*. Imprenta de la viuda de Calero. Madrid, 1851.

FISHER, John Robert: *Relaciones económicas entre España y América hasta la Independencia*. Editorial MAPFE. Madrid, 1991.

GARCÍA FUENTES, L: *El comercio español con América, 1650-1700*. Diputación provincial de Sevilla y Escuela de Estudios Hispanoamericanos. Sevilla, 1980.

GONZÁLEZ-ALLER HIERRO, José Ignacio: *España en la Mar. Una historia milenaria.* Lunwerg Editores. Barcelona, 1998.

GONZÁLEZ DE VEGA, Gerardo: *Mar brava. Historias de piratas, corsarios y negreros españoles.* Ediciones B. Madrid, 1999.

GOLDSMITH, William: *The Naval History of Great Britain.* Londres, 1825.

GOODMAN, Daniel: *El poderío naval español. Historia de la Armada española del siglo XVIII.* Editorial Península. Barcelona, 2001.

HAMILTON, E.: *El tesoro americano y la revolución de los precios en España 1501- 1650.* Editorial Ariel. Barcelona, 1975.

HARING, C. H.: *Comercio y navegación entre España y las Indias en la época de los Habsburgo.* Fondo de Cultura Económica. Ciudad de México, 1979.

HEREDIA HERRERA, Antonia: *La renta del azogue en Nueva España: 1709-1751.* Escuela de Estudios Hispanoamericanos. Sevilla, 1978.

HERNÁNDEZ, José: *Piratas y corsarios.* Ediciones Temas de Hoy, 1995.

KENNEDY, Paul: *Auge y caída de las grandes potencias.* Editorial Plaza & Janes. Barcelona, 1989.

LEDESMA, Pedro: *Pesca de perlas y busca de galeones.* Edición fascímil del original de 1623. Ministerio de Defensa. Madrid, 1985.

LORENZO ARROCHA, Jesús Manuel: *Galeón, naufragios y tesoros.* Caja General de Ahorros de Canarias. Santa Cruz de la Palma, 1999.

LORENZO SANZ, E.: *Comercio de España con América en la época de Felipe II.* Diputación provincial de Valladolid, 1980.

LUCENA SALMORAL, Manuel: *Piratas, bucaneros, filibusteros y corsarios en América.* Ediciones Mapfre. Madrid, 1994.

MARIANA, Juan de: *Historia General de España.* Imprenta y Librería de Gaspar y Roig, Editores, Madrid, 1849. Tomo III.

MARQUÉS DE LOZOYA: *Historia de España.* Seis volúmenes. Salvat Editores. Barcelona,1967.

MARTÍNEZ-VALVERDE Y MARTÍNEZ: Carlos: *Enciclopedia General del Mar.* Ed. Garriga. Madrid, 1958.

ORTEGA Y MEDINA, Juan Antonio: *El conflicto anglo-español por el dominio oceánico. Siglos XVI y XVII.* Editorial Algazara. Málaga, 1992.

PARRY, P.: *El Imperio Español de ultramar.* Editorial Aguilar. Madrid, 1970.

PÉREZ MALLÁINA, Pablo Emilio: *Oficiales y marineros en la Carrera de Indias. Siglo XVI* en las Actas del Congreso de Historia del Descubrimiento. T. III. Real Academia de la Historia. Madrid, 1992.

— *Política naval española en el Atlántico, 1700-1715.* Escuela de estudios hispano-americanos, CSIC. Sevilla, 1982.

PRIOR CABANILLAS, Julián Antonio: *La pena de minas: los forzados de Almadén, 1646-1699.* Fundación Almadén-Francisco Javier de Villegas. Ciudad Real, 2006.

SOUTLEYS, Thomas. *Chronological History of the West Indies.* Tomo II. Londres, 1827.

STÉNUIT, Robert: *Tesoros y galeones hundidos.* Editorial Juventud. Barcelona, 1969.

STORRS, Christopher: *La pervivencia de la monarquía española bajo el reinado de Carlos II. 1665-1700.* Universidad de Dundee. Departamento de Historia.

TORRES, J. E.: *Población, economía y sociedad en Panamá: contribución a la crítica de la historiografía panameña.* Editorial Universitaria «Carlos Manuel Gasteazoro». Panamá, 2000.

ULLOA, Antonio y JUAN, Jorge: *Relación histórica del viaje a la América Meridional.* Real Academia de la Historia. Madrid, 1748.

ZAPATERO, Juan Manuel: *La Guerra del Caribe en el siglo XVIII.* Servicio Histórico Militar y Museo del Ejército. Madrid, 1990.

Los que me conocéis sabéis que, aunque pequeño y poca cosa, no me rindo fácilmente.

Francisco Castracane.

En memoria de un buen amigo y excelente ilustrador.